Nie
wieder
JO-JO-
Effekt

Das große GU
TRENNKOSTBUCH

Das große GU TRENNKOSTBUCH

Für immer schlank!

Rezeptfotos: Michael Brauner
Theorie: Marlisa Szwillus
Rezepte: Johanna Handschmann, Angelika Ilies, Martina Kittler, Brigitta Stuber, Marlisa Szwillus

Der Inhalt dieses Buches

Trennen – ein Kinderspiel

Die Vorteile der Trennkost

In der GU-Trennkost werden im Gegensatz zu manch anderen Trennkostformen alle lebensnotwendigen Nährstoffe in optimaler Menge kombiniert: reichlich Kohlenhydrate, Ballaststoffe, Vitamine und Mineralstoffe, ausreichend Eiweiß, wenig Fett und Alkohol. Diese hohe Nährstoffdichte bringt alle Vorgänge im Körper optimal in Schwung. So werden Sie mühelos und schonend schlank und bleiben es auch – und das ganz ohne lästiges Kalorienzählen. Die Trennkost bewirkt nämlich eine natürliche Entschlackung und Entlastung des gesamten Organismus. Davon profitieren auch alle, die Probleme mit ihrem Stoffwechsel haben, seien es Magen-, Bauchspeicheldrüsen-, Gallen- oder Verdauungsbeschwerden sowie Gicht. Selbst für diejenigen, die weder abnehmen möchten, noch gesundheitlich angeschlagen sind, ist die Trennkost eine wahre Vitalstoff-Tankstelle, die das Wohlbefinden fördert, die Leistungsfähigkeit steigert und das Immunsystem stärkt. Die GU-Trennkost ist keine Diät, sondern eine verblüffend einfache und wirkungsvolle Ernährungsweise für alle Tage, bei der eine lockere, also nicht dogmatische Trennung der Lebensmittel völlig ausreicht, um Lebensfreude und Lebensqualität zu steigern.

Wie funktioniert die GU-Trennkost?

Alle Nahrungsmittel werden in drei Gruppen eingeteilt: eiweißreich, kohlenhydratreich oder neutral. Eiweiß und Kohlenhydrate werden in getrennten Mahlzeiten gegessen, neutrale Nahrungsmittel lassen sich mit den beiden anderen Gruppen beliebig kombinieren. Der Grundgedanke dieser Ernährungsform stammt von Dr. Howard Hay, der in den zwanziger Jahren die These entwickelte, daß unser Körper Eiweiß und Kohlenhydrate nicht gleichzeitig effektiv verdauen kann, weil chemische Vorgänge sich gegenseitig behindern. Diese Theorie ist nach der modernen Enzymforschung heute nicht mehr uneingeschränkt gültig, dennoch hat das Trennen viele Vorteile. Was durch die Erfahrung vieler Trennkost-Geübten bestätigt wird. Die GU-Trennkost ist eine Weiterentwicklung der ursprünglichen Idee. Die Ernährungsempfehlungen entsprechen den neuesten wissenschaftlichen Erkenntnissen und den Anforderungen an eine gesunde und ausgewogene Kost. Sie müssen bei der GU-Trennkost auf nichts verzichten, können gesund genießen und dabei spielend abnehmen.

Für dauerhafte Gesundheit und Fitneß

Als Aufbau- und Betriebsstoff braucht unser Körper jeden Tag über 40 verschiedene lebenswichtige Nähr- und Wirkstoffe, und zwar in der richtigen Menge.

• Kohlenhydrate sind die wichtigsten Energielieferanten für unseren Körper. Sie sind vorwiegend in pflanzlichen Nahrungsmitteln wie Obst, Gemüse und Getreide enthalten. Man unterscheidet zwei Kohlenhydratarten: die »Zucker-Gruppe« mit den isolierten Kohlenhydraten (wie etwa im Zucker), die nur Energielieferanten sind, und die »Stärke-Gruppe« mit den komplexen Kohlenhydraten (in Brot, Kartoffeln, Reis, Gemüse und Obst), die außerdem Wirkstoffe wie Vitamine, Spurenelemente und sekundäre Pflanzenstoffe liefert. Komplexe Kohlenhydrate werden vom Körper langsam verdaut und sorgen für eine anhaltende Sättigung. Täglich sollte man rund 300 Gramm Kohlenhydrate zu sich nehmen, möglichst aus der »Stärke-Gruppe«.

• Ballaststoffe helfen beim Abnehmen, denn sie sättigen, sind aber unverdaulich. Zudem beugen sie Verdauungsproblemen und Stoffwechselkrankheiten vor. Sie regen aufgrund ihres guten Quellvermögens die Verdauungsvorgänge an und beschleunigen sie, binden Schadstoffe und haben einen positiven Einfluß auf den Cholesterinspiegel. Hauptlieferant dieser Pflanzenfasern sind Vollkornprodukte, Kartoffeln und Gemüse. Mindestens 30 Gramm Ballaststoffe pro Tag werden empfohlen.

• Eiweiß (Proteine) braucht der Organismus als Organ- und Muskelbaustoff. Milch, Milchprodukte, Fisch und Fleisch sind die wichtigsten Lieferanten. Pro Kilogramm Körpergewicht sind täglich etwa 0,8 Gramm Eiweiß nötig. Diese Empfehlung wird allerdings von den meisten von uns weit überschritten.

• Fett ist der energiereichste Nährstoff. Mit Hilfe pflanzlicher Fette, die meist gesünder sind als tierische, produziert der Organismus auch Vitamine und Hormone. Dafür genügen schon kleinste Mengen. Zuviel Fett macht dick, weil es als Energiereserve eingelagert wird. Mehr als 70 Gramm täglich sollte niemand zu sich nehmen, wer abnehmen will noch weniger.

- Vitamine, Mineralstoffe und Spurenelemente liefern keine Energie. Diese Wirkstoffe regeln den Ablauf vieler Vorgänge im Körper, stärken die Abwehr und schützen außerdem vor Umweltgiften und Zivilisationskrankheiten. Übrigens: Wer sich an die Empfehlungen der Trennkostpyramide (Seite 13) hält, nimmt ganz automatisch die richtigen Mengen an Kohlenhydraten, Ballaststoffen, Eiweiß und Fett zu sich.

So wird getrennt

Unsere Lebensmittel enthalten naturgemäß fast alle gleichzeitig Kohlenhydrate, Eiweiß und andere Nährstoffe, allerdings in jeweils unterschiedlichen Mengen. Für die tägliche Praxis bedeutet dies, daß zwischen der Gruppe der überwiegend eiweißhaltigen und der Gruppe der überwiegend kohlenhydrathaltigen Lebensmittel unterschieden wird.
Zur Eiweiß-Gruppe gehören unter anderem Fleisch und Wurst, Geflügel, Wild, Fisch und Meeresfrüchte, ganze Eier sowie Eiweiß, magerer Käse unter 45 % Fett i. Tr., Magermilchprodukte und Tofu. Die meisten Obstsorten werden zur Eiweißgruppe gezählt, obwohl sie kein Eiweiß enthalten. Der Grund: Sie harmonieren sehr gut mit eiweißreichen Lebensmitteln. Zur Kohlenhydrat-Gruppe zählen beispielsweise Getreide, Brot, Teigwaren, Reis und Kartoffeln. Ebenso sehr süße Früchte wie Bananen, Feigen, Datteln und Trockenfrüchte.
Die neutrale Gruppe umfaßt zum Beispiel alle Salate, Gemüse, Pilze, Kräuter, Nüsse und Samen, Öle, Fette und vollfetten Käse.
Ausführliche Listen der Lebensmittel, die eiweiß- oder kohlenhydratreich sind, sowie die umfangreiche Liste der neutralen Lebensmittel finden Sie von Seite 14 bis 15.

Mittags Eiweiß, abends Kohlenhydrate

Gute Laune und Power für den ganzen Tag haben und am Abend wohlig müde sein – das ist ein angenehmes und ideales Befinden. Mit einem neuen gesunden Eß-Rhythmus erreichen Sie das ganz leicht. Fünfmal am Tag essen ist optimal – auch wenn man abnehmen will –, denn mehrere kleine Portionen über den Tag verteilt verhindern Heißhunger, Völlegefühl und den nachmittäglichen Leistungsknick. Zwischen den einzelnen Mahlzeiten am besten Abstände von etwa drei Stunden einhalten, die jedoch individuell angepaßt werden können.
Das Frühstück sollte besser üppig als spartanisch sein, denn letzteres schadet der Tagesform, ohne der Linie zu nutzen. Sie können also nach Lust und Laune eiweißreich oder kohlenhydratreich frühstücken oder Sie wecken Ihre Lebensgeister mit viel frischem Obst.
Am Mittag ist eine eiweißreiche Mahlzeit ideal, die mit einem großen Salat beginnt. Ein solches Menü liefert konzentrierte Energie, macht munter und leistungsfähig. Nach Belieben können Sie auch eine neutrale Mahlzeit auswählen. Zum Abendessen gibt es noch mal Salat vorweg und anschließend ein kohlenhydratreiches Essen. Es sorgt für eine natürliche Beruhigung von Körper und Geist und für einen erholsamen Schlaf. Auch am Abend können Sie neutrale Mahlzeiten einbauen.

Zwischen den drei Hauptmahlzeiten sollten Sie unbedingt eine Snack-Pause einlegen. Der Imbiß kann wahlweise aus einer der drei Lebensmittelgruppen stammen.

Keine Regel ohne Ausnahme

Je nach Tagesablauf wird die Reihenfolge der Mahlzeiten schon mal variieren, so bei Einladungen, beruflichen Terminen oder auf Reisen. An diesen Tagen können Sie problemlos die Kohlenhydrate mittags und das Eiweiß abends essen. Es gibt auch eine Reihe von Menschen, denen Kohlenhydrate am Mittag grundsätzlich besser bekommen. Wenn Sie dazu gehören, vergessen Sie die Regeln und folgen Sie Ihrem Bedürfnis.

Sinnvolle Pausen

Zwischen den Hauptmahlzeiten sollten Sie – zumindest, wenn eine eiweiß- und die andere kohlenhydratreich ist – drei bis vier Stunden verstreichen lassen, zwischen Hauptmahlzeit und Zwischenmahlzeit etwa zwei Stunden.

GU-Trennkost – für alle und jeden geeignet

Die GU-Trennkost ist so ausgewogen und gesund, daß sie für alle eine ideale Ernährung ist, denn sie paßt sich problemlos Ihrer Lebensweise an, und ein sonst übliches »Diätkochen« gibt es nicht. Was Sie Ihrer Linie zuliebe zubereiten, schmeckt auch allen anderen. Persönliche Bedürfnisse und Vorlieben kommen hier voll zum Zuge, denn die Trennkost ist unkompliziert und für jeden uneingeschränkt nachvollziehbar.
Je nach Alter, beruflicher Tätigkeit oder persönlicher Konstitution kann sie individuell gestaltet werden. Ob Singles, Familien, Berufstätige, Sportler oder Feinschmecker, alle können von ihr profitieren. Das gilt auch für diejenigen, die sich überwiegend oder ausschließlich vegetarisch ernähren.
Wer von Ihren Mitessern (noch) nicht trennen mag, gewinnt trotzdem vom großen Angebot an Vitaminen, Mineral- und Ballaststoffen in den Gerichten.

Es gibt keine Verbote

Sehen Sie die Trennkost-Regeln nicht als Verbote, sondern als Empfehlung an. Seien Sie nicht zu streng mit sich, genießen Sie weiterhin die Freude am Essen und an der Geselligkeit. Es schadet weder Linie noch Laune, wenn mal etwas Mehl die Sauce zum Fleisch sämig macht, eine Sardelle die Pizza garniert oder Sie gelegentlich Gelüste auf Fisch mit Kartoffeln haben. Die Lebensfreude ist sehr viel wichtiger und ein paar kleine Ausrutscher verträgt die Linie allemal.

Der Jo-Jo-Effekt

Er tritt als Folge von häufigen extremen und unausgewogenen Diäten ein. Bekommt der Körper weniger Energie als er gewohnt ist, setzt er seinen Grundumsatz herab, um seine Reserven zu verteidigen; er kann nämlich nicht zwischen freiwilliger Diät und echter Hungerzeit unterscheiden. Wird nach der Diät wieder normal gegessen, schaltet der Organismus auf Vorratshaltung und nutzt jede Kalorie intensiver als vorher. Je mehr einseitige Diäten also dem Körper zugemutet werden, desto mehr Vorräte hortet er, desto schneller und um so mehr nimmt man hinterher wieder zu. Mit der GU-Trennkost haben Sie das ewige Auf und Ab der Kilos sicher im Griff, weil Sie sich damit schlank schlemmen und nicht schlank hungern. Sie können sicher sein, daß Sie sich mit der GU-Trennkost gesünder und linienbewußter ernähren als viele andere Menschen. Je nach Anzahl der Diäten, die Sie vor der Trennkost gemacht haben, kann es allerdings bis zu einem halben Jahr dauern, bis Ihr neues Gewicht problemlos haltbar ist. Bei dieser Ernährungsweise »vergißt« Ihr Körper nämlich, Reserven für Hungerzeiten anzulegen und Sie haben nie wieder Gewichtsprobleme.

Trennkost gegen Cellulite

Die Trennkost hat sich als besonders effektiv bei der Cellulite-Bekämpfung erwiesen. Cellulite (Orangenhaut) ist ein typisch weibliches Problem und entsteht bei gestörtem Fett-Stoffwechsel.
Fettzellen, die normalerweise nur als Zwischenlager gedacht sind, speichern dann mehr Fett als sie abgeben, vergrößern sich und verhindern, daß Stoffwechselschlacken ausgeschieden werden.
Auslöser für Cellulite können Ernährungsfehler (zuviel Fett, zuviel Eiweiß), aber auch Streß oder hormonelle Umstellung sein. Der große Anteil von frischem Gemüse und Obst bei der Trennkost sorgt dafür, daß die Fettverbrennung angekurbelt wird und Stoffwechselschlacken ausgeschwemmt werden.

Qualitätsbewußt einkaufen

Lebensmittel, die ohne chemische Zusätze, ohne Insektizide und Pestizide, ohne Konservierungsstoffe, künstliche Aromen und Hormone auf den Tisch kommen, schmecken einfach besser, sind bekömmlicher und umweltverträglicher. Die Qualität unserer Nahrung wirkt sich unmittelbar positiv oder negativ auf unsere Gesundheit und unser Wohlbefinden aus. Wo immer möglich, sollten Sie bei frischen und möglichst wenig bearbeiteten, also naturbelassenen, Lebensmitteln zugreifen. Bevorzugen Sie Gemüse und Obst aus ökologisch orientiertem Anbau und Fleisch und Fisch aus artgerechter Haltung. Alle Zutaten, die in den Rezepten verwendet werden, können Sie im Supermarkt, Naturkostladen oder auf dem Wochenmarkt kaufen.

So tanken Sie Vitalstoffe

Essen Sie regelmäßig und reichlich Salat, Gemüse und Obst, denn sie enthalten in großen Mengen Vitamine, Enzyme, Mineralstoffe, Spurenelemente und sekundäre Pflanzenstoffe. Alles zusammen macht fit und fördert das Wohlbefinden auf der ganzen Linie. Sekundäre Pflanzenstoffe sind natürliche Inhaltsstoffe in Gemüse, Obst und Kräutern, die allesamt eine positive Wirkung auf die Gesundheit haben. Damit Ihr Körper möglichst viel von diesen wirkungsvollen Substanzen bekommt, sollten Sie unbedingt einen Großteil der Früchte und des Gemüses roh essen oder das Gemüse schonend garen. Und: Je abwechslungsreicher Sie essen, desto mehr Nährstoffe bekommen Sie.

Trinken Sie viel Flüssigkeit – aber wenig Alkohol

Mineralwasser, gutes Trinkwasser, verdünnte Gemüse- und Fruchtsäfte, Kräuter- und Früchtetees beleben, erfrischen und spielen in der GU-Trennkost eine große Rolle: Sie unterstützen den Körper beim Entschlacken und Abnehmen. Über den Tag verteilt sollten Sie mindestens zwei Liter kalorienarme Flüssigkeit trinken. Auf Alkoholisches müssen Sie zwar nicht verzichten, aber es eignet sich einfach nicht zum Durstlöschen. Zu den Mahlzeiten können kleine Mengen Wein oder Bier (1–2 kleine Gläser) ab und zu das Essen genußvoll abrunden.

Achten Sie aufs Fett!

Von den durchschnittlich verzehrten Fettmengen pro Tag sind nur rund die Hälfte gesundheitlich vertretbar. Die Quittung für das Zuviel: Übergewicht, Stoffwechsel-, Herz- und Gefäßkrankheiten. Zuviel Fett macht fett – auch bei der Trennkost.

Grundsätzlich heißt die Devise für alle: Fett sparen! Ganz besonders wichtig ist das für diejenigen, die ihr Gewicht reduzieren wollen oder müssen. Fett einzusparen ist auf den ersten Blick gar nicht so einfach, aber machbar. Zunächst muß man wissen, wo das Fett überhaupt steckt. Fette, die wir sofort erkennen können und bewußt zu uns nehmen, sind tierische Fette wie Butter, Schmalz und Speck und pflanzliche Fette wie Margarine, Pflanzenöle und Kokosfett. Die sogenannten versteckten Fette sind hauptsächlich tierischen Ursprungs und in Fleisch, Wurst, Käse, aber auch in Kuchen und in vielen Süßigkeiten vorhanden. Nur ein paar pflanzliche Lebensmittel enthalten versteckte Fette, so zum beispiel Nüsse, Avocados und Oliven. Diese Fette sind für die Gesundheit aber weitaus wertvoller als tierische Fette. Unser täglicher Konsum sollte zur Hälfte aus tierischen und zur Hälfte aus pflanzlichen Fetten bestehen.

Sind Sie sauer?

Ein Gleichgewicht im Säure-Basen-Haushalt des Körpers ist Voraussetzung für eine Reihe wichtiger Zell- und Stoffwechselvorgänge. Wir können diese innere Harmonie mit unserer Nahrung beeinflussen. Tierische Lebensmittel wie Fleisch, Wurst und Eier, aber auch Zucker und weißes Mehl enthalten mehr säurebildende Substanzen und lassen einen sprichwörtlich »sauer« werden. Gemüse, Kartoffeln und Obst hingegen enthalten mehr basenbildende Stoffe. Der hohe Anteil dieser Lebensmittel in der GU-Trennkost trägt entscheidend dazu bei, das Gleichgewicht wiederherzustellen und dauerhaft zu halten.

Sport – das beste für Ihre Figur

Regelmäßige Bewegung ist das beste, was Sie neben einer gesunden Ernährung für Ihren Körper tun können. Und zwar weil Ausdauersportarten die Fettverbrennung

ankurbeln und weil man durch gezieltes Muskeltraining seine Figur modellieren, schönere Proportionen bekommen kann. Das effektivste Training für die Beine sind Radfahren, Schwimmen und Laufen. Ballspiele und Seilspringen festigen die Pomuskeln. Die Region um Bauch, Taille und Hüften kommt mit Gymnastik oder Bodybuilding wieder gut in Form. Entscheiden Sie sich für eine Sportart, die Ihnen wirklich Spaß macht. Wichtig dabei ist, daß Sie regelmäßig mehrere kleinere Trainingseinheiten einplanen, z. B. dreimal pro Woche mindestens 30 Minuten und sich dabei langsam bewegen. Mit gut dosiertem Sport und der GU-Trennkost nehmen Sie schnell und gesund an den richtigen Stellen ab und an Fitneß zu.

Für Gäste kochen

Bekannte, Verwandte oder Freunde zum Essen nach Hause einladen – das geht mit der GU-Trennkost problemlos.
Wenn Ihre Gäste nicht in die neue Ernährungsweise hineinschnuppern möchten, servieren Sie am besten eine Eiweiß-Mahlzeit mit Kohlenhydratbeilagen, auf die Sie selbst ja eventuell verzichten können. Dieses Buch bietet eine Fülle von Gerichten, die sich ideal für ein Essen in größerer Runde eignen.

Trennkost in Kantine, im Restaurant und im Urlaub

Wenn Sie mittags in der Kantine essen, sollten Sie zunächst nachfragen, wenn die Zusammensetzung eines Gerichtes nicht eindeutig erkennbar ist. Im Zweifelsfall besser Gemüsesuppe oder Kurzgebratenes mit Salat wählen.

Im Restaurant ist es relativ einfach, die Trennung einzuhalten. Bei mehrgängigen Menüs nehmen Sie am besten als Vorspeise einen Salat. Bei eiweißreichen Fleisch-, Fisch- und Eiergerichten bestellen Sie sich statt der üblichen Beilage eine größere Portion Salat oder Gemüse. Schließen Sie das Essen mit frischen Früchten oder Käse ab. Da Sie bei Eiweiß-Mahlzeiten weder Sekt noch Wein ablehnen müssen, wird niemand auf die Idee kommen, daß Sie sich gerade linienfreundlich ernähren. Für eine Kohlenhydrat-Mahlzeit bieten sich Salatteller oder Rohkostplatten mit knusprigem Brot ebenso an wie Kartoffeln mit Kräuterquark, Nudeln mit Gemüsesauce, Pizza ohne Fleisch- oder Fischbelag oder andere vegetarische Gerichte.
Trennkost im Urlaub? Das ist meist ein Kinderspiel, denn viele Hotels und Restaurants bieten üppige Buffets, von denen Sie sich mühelos abwechselnd eine Eiweiß- oder Kohlenhydrat-Mahlzeit zusammenstellen könnnen. Etwas gegrilltes Fleisch oder gedünsterer Fisch mit viel Gemüse schmecken mit einem köstlichen Weißwein unter wärmender Sonne einfach unübertrefflich. Gerade in den südlichen Urlaubsländern ist das Angebot an frischem Fisch, knackigem Gemüse oder reifen Früchten besonders vielfältig und gut.

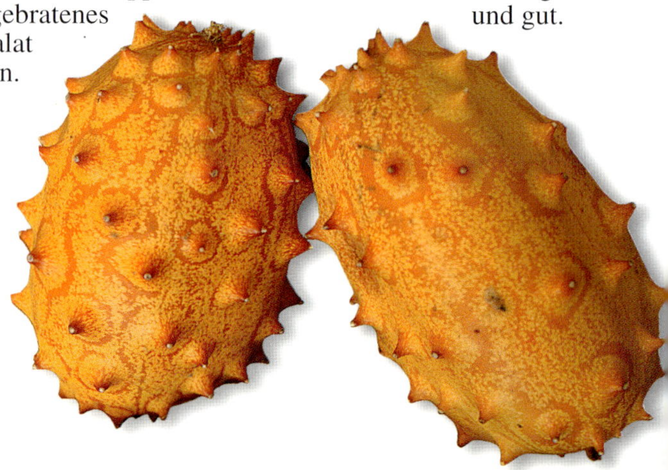

Die Trennkostpyramide

Die Pyramide zeigt Ihnen auf einen Blick, wie eine ausgewogene Ernährung nach den GU-Trennkost-Regeln optimal aussieht. Gemeint ist damit, daß man alle lebenswichtigen Nährstoffe täglich in der richtigen Menge zu sich nimmt. Kein Lebensmittel aus dem riesigen Angebot kann diese Forderung alleine erfüllen. Darum muß unsere Ernährung möglichst vielseitig sein. Das in die tägliche Praxis umzusetzen, ist mit Hilfe der Pyramide kein Problem, denn sie bringt das ganze Wissen auf eine einfache Formel: Das vielfältige Nahrungsangebot läßt sich in sieben Gruppen aufteilen, denn alle Lebensmittel einer Gruppe ähneln sich in ihrer Nährstoffzusammensetzung.

1 Gemüse und Salate bilden die Basis Ihrer täglichen Mahlzeiten. Zwei Drittel der Hauptmahlzeiten sollten daraus bestehen.

2 Kartoffeln, Reis, Mais, Brot, Getreide und süße Früchte gehören zur gesunden »Stärke-Gruppe« der Kohlenhydrate. 40% Ihres Tagesbedarfes sollen aus dieser Gruppe kommen.

3 Zucker, weißes Mehl sowie geschälter und polierter Reis zählen zur nicht so gesunden »Zucker-Gruppe« der Kohlenhydrate. Hiervon sollten Sie daher möglichst nur kleine Mengen zu sich nehmen.

4 Von den vielen Früchten, die zur Eiweiß-Gruppe zählen, mindestens jeden Tag ein Stück/ein wenig essen. Sie eignen sich gut als Zwischenmahlzeit oder als Dessert.

5 Fleisch, Wurst, Fisch und Eier sind die Hauptlieferanten von tierischem Eiweiß. Nicht mehr als zwei- bis dreimal wöchentlich eine Portion von 100 g magerem Fleisch essen. Fisch mindestens zweimal pro Woche essen, dabei Seefische bevorzugen, die Jod enthalten. Die Portion kann 150–200 g groß sein.

6 Mit fettem Käse, Sahne, Crème fraîche und Vollmilchprodukten sollten Sie wegen des hohen Fettgehaltes möglichst sparsam umgehen. Käse enthält zudem viel Salz, das zum Bluthochdruck beitragen kann.

7 Butter, Margarine und Öle ebenfalls äußerst sparsam verwenden, für den Geschmack genügen wirklich winzige Mengen. Beim Öl überwiegend zu kaltgepreßten und unraffinierten Sorten greifen.

Tip!
Achten Sie außerdem darauf, daß Sie ausreichend trinken, z.B. mindestens 2 Liter Wasser.

Auf diesen beiden Seiten finden Sie besonders ausführliche Listen für Ihr Trenn-Programm.

Allgemeines

Innerhalb einer Mahlzeit sollten nach den GU-Trennkost-Regeln Lebensmittel aus der Eiweiß-Gruppe nicht mit Lebensmitteln aus der Kohlenhydrat-Gruppe gemischt werden.
Folgende Kombinationen sind aber möglich:
• Lebensmittel aus der Eiweiß-Gruppe (rote Markierung) und der neutralen Gruppe (grüne Markierung)
• Lebensmittel aus der Kohlenhydrat-Gruppe (blaue Markierung) und der neutralen Gruppe (grüne Markierung)

Damit Sie auf den ersten Blick erkennen, zu welcher der drei Gruppen ein Gericht gehört, sind die Rezepte farblich zugeordnet:
gekennzeichnet sind im Rezeptteil alle eiweißreichen Gerichte;
steht im Rezeptteil für die kohlenhydratreichen Gerichte;
finden Sie im Rezeptteil immer dann, wenn die Lebensmittel aus der neutralen Gruppe stammen.
Übrigens: auf Seite 232 finden Sie alle Lebensmittel alphabetisch geordnet.

Das paßt nicht zur Trennkost

Lebensmittel, die eher selten auf Ihrem Speiseplan stehen sollten, gibt es nur ein paar. Dazu zählen zum Beispiel getrocknete Hülsenfrüchte (wie Erbsen, Bohnen und Linsen, aber auch Erdnüsse) und Eiernudeln. Der Grund liegt darin, daß in diesen Nahrungsmitteln die Nährstoffe Eiweiß und Kohlenhydrate hohe Anteile haben und dies dem Trenngedanken widerspricht. Es schadet aber nicht, wenn Sie sie hin und wieder essen.
Zucker, Marmelade, Süßigkeiten, weißes Mehl und daraus hergestellte Produkte sollten Sie möglichst meiden, da sie keinerlei wichtige Nähr- oder Vitalstoffe bieten.

Extras

Wenn Sie kurz vor oder nach einer Hauptmahlzeit noch eine Kleinigkeit essen wollen, wählen Sie den Snack entweder aus der gleichen Gruppe wie die Hauptmahlzeit oder aus der neutralen Gruppe.

Neutrale Gruppe
Milch, Buttermilch, Dickmilch, Joghurt, etwas Quark, ein Stückchen Käse (ab 45% Fett i. Tr.), Nüsse (außer Erdnüsse), Studentenfutter, rohes Gemüse zum Knabbern, ein paar Oliven

Eiweiß-Gruppe
Früchte der Saison (mit Ausnahme der unter der Kohlenhydrat-Gruppe genannten besonders süßen Früchte), ein Eckchen Käse (unter 45% Fett i. Tr.)

Kohlenhydrat-Gruppe
Bananen, süße Äpfel, frische oder getrocknete Datteln oder Feigen, ungeschwefelte Trockenfrüchte, Knäckebrot, Vollkornbrot mit Butter und Honig oder Butterbrezeln

Eiweiß-Gruppe

• Fleisch und Wurst:
gegartes Muskelfleisch und alle Innereien von Kalb, Rind, Schwein, Lamm, Pferd, Kaninchen, Hase, Reh, Hirsch, Wildschwein. Auch Tatar, magerer Schinken und alle gegarten Wurstwaren (Leber, Nieren und Schweinefleisch möglichst nur von Tieren aus artgerechter Haltung)

• Geflügel:
Ente, Gans, Hähnchen/Huhn, Puter/Truthahn, Perlhuhn, Taube, Wachtel sowie Geflügelwurst und alles Wildgeflügel wie Fasan, Rebhuhn, Wildente

• Fische:
alle gegarten und ungeräucherten Süß- und Salzwasserfische, z. B. Aal, Brasse, Catfish, Forelle, Hecht, Heilbutt, Hering, Kabeljau, Lachs, Makrele, Petersfisch, Rotbarsch, Schellfisch, Scholle, Schwertfisch, Seelachs, Seeteufel, Seezunge, Thunfisch, Viktoriabarsch, Waller, Zander, auch Kaviar

• Meeresfrüchte:
alle Schal-, Krusten- und Weichtiere, z. B. Austern, Garnelen, Hummer, Jakobsmuscheln, Krebse, Langusten, Muscheln, Oktopus, Schnecken, Tintenfisch

• Sojaprodukte:
Tofu und alle aus der Sojabohne hergestellten Produkte, z. B. Brotaufstriche, Sojamehl

• Eier:
alle ganzen Eier wie Hühnereier, Enteneier, Gänseeier, Wachteleier, Möweneier, außerdem das Eiweiß

• Milch:
Magermilch sowie teilentrahmte Milch

• Käse:
alle weichen und mittelfesten Sorten unter einem Fettgehalt von 45% Fett i. Tr., z. B. Butterkäse (30%), Camembert (30%), Edamer (30%), Limburger (20%), Romadur (20% oder 30%), Westlight (30%)

• Früchte:
weiße und blaue Weintrauben; Kernobst wie Äpfel (außer süße mürbe Äpfel), Birnen, Quitten,
alle Steinobstsorten wie Aprikosen, Kirschen, Mirabellen, Pfirsiche, Pflaumen, Renekloden, Zwetschgen,
alle Beerensorten (außer Heidelbeeren, die zur neutralen Gruppe zählen) wie Brombeeren, Erdbeeren, Himbeeren, Johannisbeeren, Stachelbeeren,
alle Wildfrüchte, z. B. Hagebutten, Holunderbeeren, Preiselbeeren, Sanddorn und Schlehen,
alle Zitrusfrüchte wie z. B. Clementinen, Grapefruits, Kumquats, Mandarinen, Orangen, Zitronen,
alle exotischen Früchte (außer Bananen), z. B. Ananas, Cherimoya, Granatapfel, Guave, Kaki, Kaktusfeige, Karambole, Kiwi, Litschi, Mango, Melone, Nashi, Papaya, Passionsfrucht, Physalis

• Außerdem:
Seitan (Weizeneiweiß), Essig und Zitronensaft zum Würzen

• Getränke:
Apfelwein (Cidre), Champagner, Rotwein, Sekt und Weißwein.

Kohlenhydrat-Gruppe

• Getreide:
Amaranth, Buchweizen, Bulgur, Couscous, Dinkel, Gerste, Graupen (Rollgerste), Grieß, Grünkern, Hafer, Hirse, Mais, Quinoa, (Wild-) Reis, Roggen, Weizen, Zuckermais

• Brot:
alle Brotsorten und Brötchen ohne Eiweißzusatz

• Gebäck:
alle Sorten, möglichst aus Vollkornmehl oder frisch gemahlenem Getreide ohne Eiweißzusatz gebacken

• Teigwaren:
alle Teigwaren ohne Ei bzw. ohne Eiweiß wie z. B. Hartweizennudeln, Reisnudeln, Glasnudeln, Buchweizennudeln

• Kartoffeln:
Kartoffeln und Süßkartoffeln

• Früchte:
süße mürbe Äpfel, Bananen, frische oder getrocknete Datteln und Feigen, ungeschwefelte Trockenfrüchte

• Zum Süßen:
Ahornsirup, Apfel- und Birnendicksaft, Honig, Rohrzucker, Ursüße, Zuckerrohrgranulat

• Außerdem:
Backpulver, Carobpulver, Edelkastanien (Maronen), Puddingpulver, Kartoffelstärke, Reispapier, Tapiokastärke, Topinambur (Erdartischocke/Erdbirne), Orangeat, Zitronat

• Getränke:
Bier, 1–2 Gläser fruchtiger Rotwein

Neutrale Gruppe

• Gemüse, Salate, Kräuter:
Blattgemüse und Blattsalate:
Artischocken, Chicorée, Spinat, Mangold, Fenchel und alle Salatsorten
Wurzel- und Knollengemüse:
Möhren, Knollensellerie, Kohlrabi, Pastinaken, Radieschen, Rettich, rote Bete, Schwarzwurzeln, Steckrüben, weiße Rüben
Stengel- und Fruchtgemüse:
Auberginen, grüne Bohnen, grüne Erbsen, Gurken, Kürbis, Paprika, Rhabarber, Spargel, Staudensellerie, Tomaten, Zucchini
Kohlgemüse:
Blumenkohl, Broccoli, Chinakohl, Grünkohl, Romanesco, Rosenkohl, Rot- und Weißkohl, Sauerkraut, Spitzkohl, Wirsing
Zwiebelgemüse:
Frühlingszwiebeln, Schalotten, Zwiebeln

• Kräuter:
alle frischen und getrockneten Kräuter wie Basilikum, Bohnenkraut, Dill, Kerbel, Liebstöckel, Majoran, Oregano, Petersilie, Schnittlauch, Thymian usw.

• Pilze:
alle Zuchtpilze wie Austernpilze, Champignons, Egerlinge, Shiitake-Pilze (Tongku-Pilze), alle eßbaren Waldpilze wie Birkenpilze, Butterpilze, Maronen, Morcheln, Pfifferlinge, Reizker, Rotkappen, Steinpilze, Trüffel sowie alle getrockneten Pilze, u. a. Mu-Err-Pilze (Wolkenohrpilze), Morcheln

• Milch- und Milchprodukte:
Vollmilch, Vorzugsmilch, Stuten-, Schaf- und Ziegenmilch, Kondensmilch (alles vollfett und ungezuckert), süße Sahne und alle gesäuerten Milchprodukte wie Buttermilch, Crème double, Crème fraîche, Dickmilch, Kefir, Joghurt, Quark, saure Sahne und Schmand

• Käse:
alle weichen und mittelfesten Sorten ab einem Fettgehalt von 45% Fett i. Tr., z. B. Bel paese, Brie, Butterkäse, Camembert, Edamer, Edelpilzkäse, Emmentaler, Gorgonzola, Gouda, Greyerzer, Pecorino, Provolone, Raclette, Roquefort, deutscher Taleggio
alle Weißkäsesorten wie Frischkäse, Hüttenkäse, Mozzarella, Mascarpone, Ricotta, Ziegen- und Schafkäse
Auch der Hartkäse Parmesan zählt zur neutralen Gruppe. Er hat zwar nur einen Fettgehalt von 35% Fett i.Tr., jedoch wegen seines geringen Feuchtigkeitsgehaltes einen absoluten Fettgehalt von 22 g pro 100 g.

• Nüsse, Kerne und Samen:
alle Nüsse (außer Erdnüsse) wie Hasel-, Para-, Pekan- und Walnüsse, Kokosnuß, Mandeln und Pistazien,
alle Kerne wie Kürbis-, Pinien- und Sonnenblumenkerne; alle Keime und Samen wie Sesamsamen und Weizenkeime

• Gewürze:
alle Gewürze wie Currypulver und -paste, Gemüse-Extrakt, Paprikapulver, Sesampaste, Sojasauce, 1 Teelöffel Balsamessig oder 1 Spritzer Zitronensaft,
alle Gewürzpflanzen wie Chillies, Ingwer, Knoblauch und Meerrettich,

• Öle und Fette:
alle pflanzlichen und tierischen Fette wie Butter, ungehärtete und naturbelassene Fette und kaltgepreßte Öle

• Rohes und Geräuchertes:
in kleinen Mengen alle rohen und geräucherten Fleischsorten, z. B. Bündner Fleisch, Rohschinken oder Salami und alle rohen oder geräucherten Fische, z. B. Matjes oder Räucherlachs

• Außerdem:
Avocado, Eigelb, Geliermittel, Hefe, Heidelbeeren, Keimlinge, Kokosmilch (aus der Dose), Noriblätter (Seetang für Sushi), Oliven, Sprossen

• Getränke:
verdünnter Gemüsesaft, Kaffee, Kräutertees, Mate-Tee, Schwarztee, Vollmilch, Wasser,
auch klare hochprozentige Spirituosen wie z. B. Korn und Grappa

Die Wunderwoche

Sie möchten rasch ein paar Pfunde abnehmen – auf gesunde Weise und ohne zu hungern? Mit der Wunderwoche lernen Sie die intensive Wirkung der GU-Trennkost von ihrer besten Seite kennen, denn das Abnehmen geht mühelos und selbst auf Gaumenfreuden müssen Sie dabei nicht verzichten.

Entschlackungstage

Noch mehr Erfolg bringt die Wunderwoche, wenn Sie am Wochenende vorher zwei oder drei Entschlackungstage einlegen. Und so geht's:

- **Saft-Tage**
Trinken Sie täglich 1 ½ l kochsalzfreien Gemüsesaft im Verhältnis 1:1 mit stillem Mineralwasser verdünnt. Morgens und abends je ein Glas Saft mit naturreinen Heilpflanzensäften (aus der Apotheke) mischen. Und zwar pro Glas 1 EL Artischocken-, 2 EL Brennessel- und 5 EL Kartoffelsaft nehmen.

- **Reis-Tage**
Pro Tag essen Sie 150 g gegarten Naturreis und 500 g Obst nach Wahl. Idealerweise verteilen Sie Reis und Obst auf 5 bis 6 Portionen. Wer mag, kann auch zwei Reisportionen mit frischen Kräutern vermischen. Dazu 2 l leichten Kräutertee oder Mineralwasser trinken.

- **Kartoffel-Tage**
Täglich 500 g Kartoffeln und 500 g Knollensellerie gut gewaschen und ungeschält in grobe Stücke schneiden, in 2 l ungesalzenem Wasser weich köcheln lassen. Über den Tag verteilt das Gemüse warm oder kalt essen und die warme Brühe (mit frischen Kräutern gewürzt) schluckweise trinken.

- **Molke-Tage**
Pro Tag gibt es 1 Liter Diät-Kurmolke (aus dem Reformhaus) und 100 ml Heilpflanzensaft von Artischocke, Löwenzahn und/oder Brennessel (aus Apotheke oder Reformhaus). Trinken Sie die Molke vermischt mit den naturreinen Pflanzensäften über den Tag verteilt in 5 bis 6 Portionen. Zusätzlich 1 ½ l leichten Kräutertee oder Mineralwasser trinken.

- **Quark-Tage**
Täglich gibt es 750 g – 1 kg Magerquark. Diesen mit Wasser cremig rühren und mit frischen Kräutern würzen, aber kein Salz verwenden. Kräuterquark auf 5 bis 6 Portionen verteilen. Im »Notfall« zusätzlich 2 Scheiben Knäckebrot essen. Dazu 2 l Mineralwasser oder leichten Kräutertee trinken.

Wunderwoche für Berufstätige zum Abnehmen und Genießen

	Frühstück	Mittagessen	Abendessen	Für Zwischendurch
Montag	Vollkornbrot mit Trennkost-marmelade 27	Avocadofächer mit Tomatenwürfeln 34 Sprossen-Gurkenpfanne mit Schafkäse 133	Gemüsemix 231 Sandwich mit Käsecreme 145	1 Stück Obst, ½ l Molke
Dienstag	Schafkäseteller nach türkischer Art 31	Gemüse-Rohkost (Salatsauce für Eiweiß-Menü) 63 Gebratener Tofu mit Petersiliencreme und Nüssen 105	Mariniertes Gemüse mit Knoblauchbrot 35	1 Reiswaffel, 1 Stück Obst
Mittwoch	Hüttenkäse mit Früchten 25	Melonensalat 72 Zucchini-Tomaten-Gratin 134	Petersiliensuppe 52 Bulgursalat 74	1 Stück Obst, 1 Becher Joghurt
Donnerstag	Knäckebrot mit Gurken-Dill-Schmand 30	Möhrenmilch 226 Blattsalat mit Omelettstreifen 88	Schnelle Minestrone 57, mit Vollkornbrötchen	½ l Buttermilch, 1 Stück Obst
Freitag	Heidelbeer-Joghurt-Drink 225	Rucola-Apfel-Salat 65 Sesamfisch auf Gemüse 94	Honigmöhren auf Friséesalat 77	3 Vollkornkekse, 1 Stück Obst
Samstag	Hirsemüsli mit Dattelcreme 26	Curry-Möhren-Suppe 58 Roastbeef-Carpaccio mit Zitronen-Kapern-Sauce 84	Gratinierte Maiskolben 199	1 Stück Obst, ½ l Buttermilch
Sonntag	Bunter Obstsalat mit Nußcreme 25	Lauch in Weißwein 196 Putenröllchen-Saltimbocca mit Tomaten-Bohnen-Gemüse 123	Grüner Blattsalat mit Sahne-Salatsauce 63 Gefüllte Tomaten 146	1 Becher Joghurt, 1 Reiswaffel

Getränke:
Zum Frühstück 1–2 Tassen Kaffee oder Tee mit Milch oder etwas Sahne.
Während des Tages mindestens 1 ½ – 2 l Flüssigkeit wie Wasser, Kräutertee, verdünnter Frucht- oder Gemüsesaft.

Wunderwoche für Genießer zum Abnehmen und Schlemmen

	Frühstück	Mittagessen	Abendessen	Für Zwischendurch
Montag	Flockenmüsli mit Aprikosen-Quark-Creme 23	Salat mit Ananas und Tomaten 66 Hühnerbrust mit Morchelrahm, Zuckerschoten und Möhren (halbes Rezept) 122	Kartoffel-Kohlrabi-Salat 73	1 Stück Obst, 1/2 l Buttermilch
Dienstag	Zitrusfrüchte-Cocktail mit Melonenjoghurt 24	Gurken-Radieschen-Salat 67 Indisches Joghurtgemüse 102	Safran-Gemüse-Reis 153	3 Vollkornkekse, 1/2 l Molke
Mittwoch	Knäckebrot mit Gurken-Dill-Schmand 30	Melonensalat 72 Tofu-Gemüse-Spieße 105	Radieschenblätter-Cremesuppe 57 Gurken-Tomaten-Türmchen 51	1 Stück Obst, 1 Becher Joghurt
Donnerstag	Hüttenkäse mit Früchten 25	Chicorée-Papaya-Salat 76 Mangold mit Parmaschinken 132	Grüner Blattsalat mit Sahne-Salatsauce 63 Kleine Tomaten-Pizzen 38	1 Reiswaffel, 1 Stück Obst
Freitag	Vollkornbrot mit Trennkost-marmelade 27	Spanischer Spinatsalat 76 Gemüse-Tortilla 117	Gefüllte Avocado 49, mit Fladenbrot	1 Becher Joghurt, Weintrauben
Samstag	Bunter Obstsalat mit Nußcreme 25	Eisbergsalat mit Kräuter-dressing 64 Seeteufel mit Broccoli und Safransauce (halbes Rezept) 118	Grüner Spargel mit Möhrendip 135	1 Stück Obst, 1 Reiswaffel
Sonntag	Lachs-Gurken-Brot 29	Mango-Krabben-Cocktail 79 Kalbsgeschnetzeltes mit Fenchel 126	Rote Bete mit Kartoffel-Knoblauch-Creme 164	3 Vollkornkekse, 1 Stück Obst

Getränke:
Zum Frühstück 1–2 Tassen Kaffee oder Tee mit Milch oder etwas Sahne.
Während des Tages mindestens 1 1/2 – 2 l Flüssigkeit wie Wasser, Kräutertee, verdünnter Frucht- oder Gemüsesaft.

Das sollten Sie im Vorrat haben

Milchprodukte / Eier / Fett
- Joghurt
- Quark
- Milch
- süße Sahne
- saure Sahne, Crème fraîche oder Schmand
- milder Weichkäse
- würziger Schnittkäse
- Schafkäse (Feta)
- Eier
- Butter oder Margarine
- Butterschmalz
- Olivenöl, Sonnenblumenöl und Öl zum Braten

Gemüse / Obst:
- Knoblauch
- Knollensellerie
- Kartoffeln
- Lauch
- Möhren
- Zwiebeln
- Äpfel
- Bananen
- Zitronen

Tiefkühlprodukte:
- Broccoli
- Blattspinat
- Erbsen
- Blätterteig
- Fischfilet (roh, ohne Sauce)
- Gemüsemischung (pur, ohne Sauce)
- Hähnchenbrustfilet
- Riesengarnelen
- verschiedene Kräuter

Aus Glas und Dose:
- Gewürzgurken
- Konfitüre (mehr Frucht, weniger Zucker)
- Mais
- Thunfisch naturell
- Tomaten (Dose oder Tetrapack)
- Oliven

Trockene Vorräte:
- Knäckebrot
- Getreideflockenmischung
- Mehl
- Nudeln
- Reis
- Trockenobst
- Trockenhefe
- Backpulver
- Gelatine
- verschiedene Nüsse
- Sesamsamen, Sonnenblumen- und Kürbiskerne

Zum Süßen und Würzen:
- Ahornsirup, Apfel- oder Birnendicksaft
- Honig
- Essig (verschiedene Sorten)
- Vanillinzucker
- Gemüse- und Fleischbrühe (Instant)
- Gewürze
- Senf
- Tomatenmark
- jodiertes Salz
- Kräuter- oder Selleriesalz
- Pfeffer, weiß und schwarz
- Sojasauce
- Tabasco

Getränke:
- Fruchtsäfte
- Gemüsesäfte
- Kräuter- und Früchtetees
- Mineralwasser

Sinnvolle Vorräte

Keine Zeit zum Einkaufen, Überstunden, unvorhergesehene Gäste – es gibt viele Gelegenheiten, um froh über einen Vorrat zu sein. Einige andere Convenience-Produkte, die nicht unbedingt im Vorrat, aber schnell besorgt sind, der Lebensmittelgruppen-Aufteilung der Trennkost entsprechen, verkürzen die Arbeitszeit in der Küche auf angenehme Weise. Mit dieser Basisausstattung zaubern Sie schnell etwas Leckeres auf den Tisch.

Convenience-Produkte

- Geflügel-Fond
- Gemüse-Fond
- Kartoffel-Gnocchi (aus dem Kühlregal)
- Kräuter-Crème-fraîche
- Pesto (Basilikum-Öl-Paste)
- Pizzateig, gekühlt
- Tiefkühlteige
- geräucherte Forellenfilets (vakuumverpackt)
- gegrilltes Hähnchen (fertig gekauft)
- getrocknete, in Öl eingelegte Tomaten

Tips zu Salatsaucen

Erst die Sauce macht einen Salat zum kulinarischen Genuß. Bei der Trennkost unterscheidet man zwei Arten von Salatsaucen (siehe auch 63):
- die klare Vinaigrette auf Basis von Essig oder Zitrone und Öl
- die sahnige Salatsauce auf Basis von Milchprodukten wie süßer oder saurer Sahne, Vollmilchjoghurt, Crème fraîche oder Sahnedickmilch – aber ohne Säure.

Alle Varianten der sahnigen Salatsauce und der Vinaigrette mit wenig Essig oder Zitronensaft gehören zur neutralen Gruppe, können also beliebig kombiniert werden. Enthält allerdings eine Vinaigrette mehr als 1 Teelöffel Essig oder Zitronensaft pro Portion, zählt diese Salatsauce wegen der größeren Säuremenge zur Eiweiß-Gruppe, obwohl sie selbst kein Eiweiß enthält.

Praktischer Vorrat

Praktisch und zeitsparend ist es, wenn Sie die Grundsaucen schon für ein paar Tage im voraus zubereiten und in Schraubgläsern im Kühlschrank aufbewahren. So können Sie jeweils eine Portion entnehmen und diese ganz nach Belieben variieren. Zum Beispiel mit frischen Kräutern, feingehackter Zwiebel, durchgepreßtem Knoblauch, wenig Senf, heller Sojasauce, Tomatenpüree oder ein paar Tropfen Tabasco.

Vinaigrette
Grundsauce für 2–3 Portionen:
2 Teelöffel Weinessig oder Zitronensaft, Meer- oder Kräutersalz, frisch gemahlener Pfeffer, 2 Eßlöffel Gemüsebrühe und 2–3 Eßlöffel kaltgepreßtes Öl kräftig miteinander verschlagen.

Sahne-Salatsauce
Grundsauce für 2–3 Portionen:
2–3 Eßlöffel Vollmilchjoghurt, saure oder süße Sahne, Sahnedickmilch oder Crème fraîche mit 1–2 Eßlöffeln kaltgepreßtem Öl, Meer- oder Kräutersalz und Pfeffer verrühren.

Gemüse hält gesund und fit

	Vitamine & Mineralstoffe	Bioaktive Substanzen	Wirkung
Blumenkohl	Vitamine C, B_5, K, Kalium, Folsäure	Glucosinate, Flavonoide	stärkt Immunsystem u. Nerven; krebshemmend; hat antimikrobielle Wirkung
Broccoli	Vitamine C, B_2, K u. Folsäure, Kalium, Calcium, Selen	Carotinoide, Glucosinate, Chlorophyll	stärkt Immunsystem, Nerven u. Knochen; schützt vor Krebs
Erbsen	Vitamine B_1, B_2 u. K, Kalium, Magnesium	Saponine, Flavonoide	muskel- und nervenstärkend
Fenchel	Vitamine A, B, E, K u. C Eisen, Kalium, Calcium	Carotinoide, Monoterpene, Phenolsäuren	stärkt Immunsystem, Knochen u. Nerven; krampflösend
Grüne Bohnen	Vitamine A, B, C u. E, Folsäure; Kalium, Mangan	Saponine, Phytionsäuren, Flavonoide	entwässern u. entgiften
Grünkohl	A, K u. C, Niacin; Kalium, Eisen, Mangan	Glucosinolate, Carotinoide, Phenolsäuren	stärkt Knochen, Nerven u. Abwehrkräfte
Kartoffeln	Vitamin C; Kalium	Phenolsäuren, Saponine	senken Cholesterinspiegel; schützen vor Dickdarmkrebs
Kohl (Rot-/Weiß-)	Vitamine K u. B_6	Glucosinate, Flavonoide, Phenolsäuren	wirkt antibakteriell; schützt vor Tumorerkrankungen
Kohlrabi	Vitamine C u. Niacin, Eisen	Glucosinolate, Flavonoide, Phenolsäuren	stärkt Nerven u. Immunsystem
Lauch	Vitamine B u. C; Kalium, Eisen, Phosphor	Carotinoide, Chlorophyll, Phenolsäuren	schützt vor Arteriosklerose
Mangold	Vitamin A; Kalium, Eisen	Carotinoide, Chlorophyll, Phenolsäuren	beugt Herzinfarkt vor u. fördert Blutbildung
Möhren	Vitamin A; Eisen	Carotinoide, Polyphenole, Phytosterine	stärken Sehkraft u. Immunsystem; schützen vor Herzinfarkt
Paprikaschoten	Vitamine C, E und B_6	Carotinoide, Phenolsäuren	stärken das Immunsystem; fördern die Verdauung
Radieschen/ Rettich	Vitamin C	Glucosinolate, Flavonoide, Phenolsäuren	stärken das Immunsystem; fördern die Verdauung
Rosenkohl	Vitamine C, B_6, K u. Folsäure; Eisen	Glucosinolate, Carotinoide, Flavonoide	senkt Cholesterin; beugt Krebs vor
Rote Bete	Folsäure; Eisen, Kupfer, Mangan	Flavonoide, Phenolsäuren	wirken blutbildend u. entgiftend
Schwarzwurzeln	Vitamin E; Eisen, Kupfer	Polyphenole	blutbildend
Sellerie	Vitamine A, E, B u. C; Kalium	Monoterpene, Polyphenole	blutdrucksenkend, entgiftend
Spargel	Vitamine A u. E, Kalium	Sulfide, Saponine, Phenolsäuren	blutdrucksenkend, senkt Cholesterinspiegel
Spinat	Vitamine A, K, C, B_2 u. Folsäure; Eisen, Mangan	Carotinoide, Chlorophyll, Phytosterine	beugt Herzinfarkt vor, stärkt Immunsystem
Tomaten	Vitamine A u. C	Carotinoide, Saponine	schützen vor Tumoren, Arterienverkalkung, stärken Abwehrkräfte
Zwiebeln	Vitamine A u. C, Kalium	Sulfide, Flavonoide, Phenolsäuren	lindern entzündliche Prozesse, verhindern Thrombosen

Gemüse hält gesund und fit
Die wertvollen Inhaltsstoffe im Gemüse, vor allem Vitamine, Mineralstoffe und die Bioaktiven Substanzen, machen es zu einem wahren Vitalstoffpaket. Vitamine und Mineralstoffe regeln unter anderem den Ablauf vieler Vorgänge im Organismus, stärken die Abwehr und sorgen für Leistungsfähigkeit und Wohlbefinden. Bioaktive Substanzen sind natürliche Stoffe, wie z. B. Farbstoffe, Duftstoffe und Ballaststoffe in Gemüse und Obst. Sie haben eine gesundheitsfördernde Wirkung auf unseren Körper.
Damit Sie möglichst viel von den wohltuenden Inhaltsstoffen bekommen, sollten Sie unbedingt einen Großteil des Gemüses roh essen oder schonend garen.

75 cl

Rezepte in Hülle und Fülle

Möhren-Apfel-Müsli

Zutaten für 2 Personen:
200 g Möhren
1 süßer Apfel (z.B. Gala oder Golden Delicious)
2 TL Zitronensaft
50 g Crème fraîche
50 g Haselnußkerne
1 EL ungeschwefelte Rosinen
50 g Haferflocken

Zubereitungszeit: 15 Min.
Pro Portion: 1745 kJ/415 kcal
8 g E · 28 g F · 35 g K

Schnell · Gelingt leicht

➡ Die Möhren und den Apfel waschen, dünn schälen und fein raspeln. Mit dem Zitronensaft und der Crème fraîche in einer kleinen Schüssel vermischen.

➡ Die Nüsse reiben oder im Blitzhacker fein hacken. Die Rosinen mit kochendem Wasser überbrühen, dann abtropfen lassen. Die Nüsse, die Haferflocken und die Rosinen unter die Möhrenmischung rühren.

Tip!
Statt Apfel können Sie für dieses Müsli auch 1 süße Birne, 1 Banane oder einige Datteln nehmen.

Flockenmüsli mit Aprikosenquark

Zutaten für 2 Personen:
50 g getrocknete ungeschwefelte Aprikosen
125 g Quark (20 %)
3–4 EL Vollmilch
2 EL Apfel- oder Birnendicksaft
1/4 TL Zimt
50 g ungeschwefelte Rosinen
70 g gemischte Getreideflocken

Zubereitungszeit: 10 Min.
Pro Portion: 1390 kJ/330 kcal
13 g E · 6 g F · 53 g K

Schnell · Preiswert

➡ Die Aprikosen heiß waschen und abtropfen lassen, dann in sehr feine Würfel schneiden. Den größten Teil davon mit dem Quark, der Milch, dem Apfel- oder Birnendicksaft und dem Zimt verrühren.

➡ Die Rosinen ebenfalls heiß waschen, auf Küchenpapier abtrocknen und mit den Getreideflocken mischen.

➡ Die Flocken neben der Quarkcreme anrichten, die übrigen Aprikosen auf die Quarkcreme streuen.

Tip!
Packungen, in denen verschiedene Getreideflocken enthalten sind, bekommen Sie in Reformhäusern und Bioläden. Sie können aber auch nur eine Flockensorte, etwa Haferflocken, verwenden.

Müsli mit Bananenschaum

Zutaten für 2 Personen:
125 g gemischte Trockenfrüchte (z. B. Aprikosen, Birnen, Feigen, Pflaumen, Rosinen)
6 EL kernige Haferflocken
1 EL Sesamsamen
1 EL gehackte Haselnüsse
1 Banane · 1 EL Ahornsirup
1 TL Zitronensaft
100 g saure Sahne

Zubereitungszeit: 20 Min.
(+ 12 Std. Quellen)
Pro Portion: 1615 kJ/385 kcal
7 g E · 12 g F · 67 g K

Gelingt leicht · Gut vorzubereiten

➡ Trockenfrüchte in kleine Stücke schneiden, knapp mit lauwarmem Wasser bedecken und über Nacht quellen lassen.
➡ Am nächsten Tag Haferflocken, Sesam und Nüsse in einer trockenen Pfanne ohne Fett goldbraun rösten, etwas abkühlen lassen, auf zwei Schälchen verteilen.
➡ Trockenfrüchte in einem Sieb gut abtropfen lassen, die Einweichflüssigkeit dabei auffangen. Früchte bis auf 2 TL unter die Flockenmischung mengen.
➡ Die Banane schälen und grob zerteilen. Mit Ahornsirup, Zitronensaft und 5 EL Einweichflüssigkeit cremig pürieren. Die saure Sahne untermixen. Den Bananenschaum über die Müsliportionen verteilen und mit den übrigen Trockenfrüchten bestreuen.

Zitrusfrüchte-Cocktail

Zutaten für 2 Personen:
1 rosa Grapefruit
1 große Orange
200 g Honig- oder Galiamelone
1 TL Puderzucker
75 g Sahnejoghurt
1 EL gehackte Pecan- oder Walnüsse

Zubereitungszeit: 20 Min.
Pro Portion: 525 kJ/125 kcal
3 g E · 4 g F · 22 g K

Schnell · Für die schlanke Linie

➡ Grapefruit und Orange mit einem scharfen Messer so schälen, daß auch die weiße Haut unter der Schale entfernt wird. Die Filets aus den Trennhäuten lösen, in ein Sieb geben und den abtropfenden Saft auffangen.
➡ Die Honig- oder Galiamelone schälen, in Stücke schneiden und mit dem aufgefangenen Saft und mit dem Puderzucker pürieren. Joghurt daruntermixen, die Sauce auf zwei Schälchen verteilen.
➡ Grapefruit- und Orangenfilets dekorativ darauf anrichten, mit Pecan- oder Walnüssen bestreuen.

Tip!
Ebensogut schmeckt die Melonensauce mit Sahne-Dickmilch statt mit Joghurt.

Frischkäse mit Früchten

Zutaten für 2 Personen:
40 g Mandelstifte
1/2 unbehandelte Orange
400 g körniger Frischkäse
1 gelber Pfirsich
200 g Himbeeren
200 g Brombeeren
1 TL Zucker

Zubereitungszeit: 15 Min.
Pro Portion: 1705 kJ/410 kcal
39 g E · 18 g F · 33 g K

Preiswert · Schnell

➡ Die Mandelstifte in einer trockenen Pfanne bei mittlerer Hitze unter Wenden goldbraun rösten.
➡ Die Orange heiß waschen, die Schale dünn abreiben. Orange dann auspressen. Den Hüttenkäse mit der Orangenschale und dem -saft verrühren und in zwei Müslischalen verteilen.
➡ Den Pfirsich kurz überbrühen, die Haut abziehen und das Fruchtfleisch in Spalten vom Stein lösen. Himbeeren und Brombeeren in stehendem Wasser waschen, mit Küchenpapier abtupfen und mit den Pfirsichspalten dekorativ auf dem Hüttenkäse anrichten. Den Zucker und die Mandelstifte darüber streuen.

Tip!
Mit dem Hüttenkäse können Sie jede andere Früchtemischung kombinieren. Geeignet ist alles, was die Obstsaison zu bieten hat, ausgenommen Bananen, süße Äpfel und getrocknete Früchte – sie zählen zur Kohlenhydratgruppe.

Bunter Obstsalat mit Cashewcreme

Zutaten für 2 Personen:
2 EL Cashewkernmus (aus dem Reformhaus; etwa 50 g)
100 g Vollmilchjoghurt
1/4 TL echte gemahlene Vanille (aus dem Reformhaus)
1 Kiwi
1 Mandarine
100 g blaue Weintrauben
1 kleine säuerliche Birne
1 EL Zitronensaft

Zubereitungszeit: 15 Min.
Pro Portion: 1085 kJ/260 kcal
6 g E · 10 g F · 41 g K

Schnell · Raffiniert

➡ Das Cashewkernmus mit dem Joghurt pürieren oder kräftig glattrühren. Mit der Vanille verfeinern. Auf zwei Frühstückstellern verteilen.
➡ Die Kiwi schälen, halbieren und in Scheiben schneiden. Die Mandarine schälen und in die einzelnen Segmente teilen. Die Weintrauben waschen, von den Stielen zupfen, eventuell halbieren und entkernen. Die Birne schälen, vierteln und vom Kerngehäuse befreien, die Viertel quer in Scheiben schneiden und sofort mit Zitronensaft beträufeln, damit sie sich nicht verfärben.
➡ Alle Früchte vorsichtig mischen und auf der Cashewcreme anrichten. Den Obstsalat möglichst sofort servieren.

Hirsemüsli mit Dattelcreme

Zutaten für 2 Personen:
200 ml Vollmilch
60 g Hirse
100 g getrocknete Datteln
250 g Quark (20 %)
2 EL Apfeldicksaft
abgeriebene Schale von ½ unbehandelten Zitrone
Zitronenmelisse zum Garnieren

Zubereitungszeit: 35 Min.
Pro Portion: 1725 kJ/410 kcal
18 g E · 9 g F · 44 g K

Preiswert

➡ Die Milch in einem Topf aufkochen lassen. Die Hirse einstreuen und zugedeckt bei ganz schwacher Hitze in 20 Min. ausquellen lassen.
➡ Inzwischen die Datteln entsteinen und sehr fein hacken. Den größten Teil davon mit dem Quark, dem Apfeldicksaft und der Zitronenschale verrühren. Eventuell etwas Wasser unterrühren, damit die Mischung cremig wird.
➡ Die Hirse mit einer Gabel auflockern und in Schälchen verteilen. In der Mitte eine Mulde hineindrücken, die Dattelcreme hineingeben. Mit den übrigen Datteln bestreuen und mit Zitronenmelisse garnieren.

Tip!
Hirse schmeckt leicht bitter. Vermeiden können Sie das, indem Sie sie gründlich unter fließendem kaltem Wasser abspülen. Wer möchte, kann die Hirse durch Bulgur oder Couscous ersetzen.

Brot mit Trennkost-marmelade

Zutaten für 2 Personen:
250 g süße, säurearme, reife Früchte (z.B. Aprikosen, Bananen, Äpfel, eine Sorte oder gemischt)
5–6 EL Birnendicksaft oder Zucker
1/2 TL Agar-Agar
2 Scheiben Vollkornbrot
2 EL Quark oder Butter

Zubereitungszeit: 20 Min.
Pro Portion: 765 kJ/185 kcal
4 g E · 2 g F · 38 g K

Gut vorzubereiten · Preiswert

➡ Die Früchte waschen und putzen, eventuell schälen und je nach Sorte entkernen oder vom Kerngehäuse befreien. Früchte oder Fruchtstücke kleinschneiden und in einen Topf geben. Birnendicksaft oder Zucker einrühren und die Früchte bei schwacher Hitze 5 Min. köcheln lassen, bis sie zerfallen.

➡ Agar-Agar mit 2–3 EL kaltem Wasser anrühren, zu den Früchten geben und noch 2–3 Min. weiterkochen.

➡ Die Marmelade in Schälchen oder Schraubdeckelgläser füllen. Die Brote nach Belieben mit dem Quark oder der Butter und mit Marmelade bestreichen. Die restliche Marmelade im Kühlschrank aufbewahren.

Vollkornbrötchen mit Käsecreme

Zutaten für 2 Personen:
3 EL Pinienkerne
75 g Blauschimmelkäse (mindestens 45 % Fett)
3–4 EL Buttermilch oder Kefir
schwarzer Pfeffer
Cayennepfeffer
1 kleine Tomate
2 Vollkornbrötchen
eventuell einige Blättchen Basilikum oder Majoran

Zubereitungszeit: 15 Min.
Pro Portion: 1190 kJ/285 kcal
12 g E · 19 g F · 18 g K

Vegetarisch · Schnell

➡ Die Pinienkerne in einer kleinen, trockenen Pfanne bei mittlerer Hitze goldgelb rösten. Einige Kerne zum Garnieren beiseite legen, die restlichen fein hacken.

➡ Den Käse mit der Buttermilch oder dem Kefir pürieren oder zerdrücken und verrühren. Die gehackten Pinienkerne unterrühren, die Creme mit schwarzem Pfeffer und Cayennepfeffer abschmecken.

➡ Die Tomate waschen und ohne den Stielansatz in Spalten schneiden.

➡ Die Brötchen halbieren. Die Hälften mit der Käsecreme bestreichen und dekorativ mit Tomatenspalten belegen, die restlichen Pinienkerne darauf streuen und die Brötchen eventuell mit Basilikum oder Majoranblättchen garnieren.

Rohes Apfelmus mit Mohnquark

Zutaten für 2 Personen:
10 g Butter
50 g gemahlener Mohn
1/2 Vanilleschote · 1 TL Zucker
100 ml Magermilch
1 großer säuerlicher Apfel
2 EL Zitronensaft
2 Erdbeeren
125 g Magerquark

Zubereitungszeit: 25 Min.
Pro Portion: 1265 kJ/300 kcal
14 g E · 16 g F · 16 g K

Gut vorzubereiten · Raffiniert

➡ Die Butter in einem Topf zerlassen, den gemahlenen Mohn einrühren und bei schwacher Hitze kurz anrösten. Das Mark der Vanilleschote auskratzen und mit dem Zucker und der Milch angießen. Einmal aufkochen, dann zugedeckt bei schwacher Hitze 10 Min. quellen lassen.
➡ Inzwischen den Apfel schälen, vierteln, entkernen und in Stückchen schneiden. Sofort mit dem Zitronensaft beträufeln und fein pürieren.
➡ Die Erdbeeren waschen und in dünne Scheibchen schneiden.
➡ Die Mohnmasse vom Herd nehmen und den Quark unterrühren. Etwas abkühlen lassen.
➡ Den Mohnquark und das Apfelmus abwechselnd in Gläser schichten. Mit den Erdbeeren garnieren.

Blätterteig-Päckchen mit Zwetschgenmus

Zutaten für 4 Stück:
4 Scheiben tiefgekühlter Blätterteig (etwa 180 g)
30 g Pinienkerne
150 g Zwetschgenmus
1 EL Rosinen
2 Prisen Zimt
abgeriebene Schale von 1/2 unbehandelten Zitrone
1 Eigelb · 1 EL Vollmilch
Mehl zum Ausrollen

Zubereitungszeit: 30 Min.
(+ 25 Min. Backen)
Pro Portion: 1475 kJ/355 kcal
4 g E · 19 g F · 41 g K

Gut vorzubereiten

➡ Die Blätterteigscheiben nebeneinanderlegen und in 10–15 Min. auftauen lassen.
➡ Inzwischen die Pinienkerne reiben. Das Zwetschgenmus in einem kleinen Topf erwärmen. Pinienkerne und Rosinen untermischen, mit Zimt und Zitronenschale würzen.
➡ Den Backofen auf 200° vorheizen. Die Blätterteigquadrate auf wenig Mehl auf eine Größe von 15 x 15 cm ausrollen.
➡ Jeweils 1 EL Füllung in die Mitte setzen. Die Teigränder mit Wasser bestreichen. Zu Päckchen formen, die Ränder fest andrücken.
➡ Ein Backblech mit kaltem Wasser abspülen, die Teilchen darauf setzen. Das Eigelb mit der Milch verquirlen, auf die Päckchen streichen.
➡ Im heißen Ofen (Mitte, Umluft 175°) in 25 Min. goldbraun backen.

Pumpernickel mit Matjesquark

Zutaten für 2 Personen:
1 EL weiche Butter
1 TL Sardellenpaste
2 Scheiben Pumpernickel
2 Matjesheringe
2 Frühlingszwiebeln
1 Bund Schnittlauch
150 g Sahnequark
1 kleiner süßer Apfel
1 TL Zitronensaft
Salz · weißer Pfeffer
1 Kästchen Gartenkresse

Zubereitungszeit: 10 Min.
Pro Portion: 2045 kJ/490 kcal
33 g E · 23 g F · 37 g K

Schnell · Preiswert

➡ Die Butter mit der Sardellenpaste verrühren, die Pumpernickelscheiben damit bestreichen.
➡ Die Matjesheringe abbrausen, trockentupfen und in 1 cm breite Stücke schneiden. Die Frühlingszwiebeln putzen, waschen und mit dem hellen Grün in Ringe schneiden. Den Schnittlauch waschen, in Röllchen schneiden.
➡ Matjes, Zwiebelringe und die Hälfte der Schnittlauchröllchen unter den Quark mischen. Den Apfel schälen, vierteln, vom Kerngehäuse befreien, klein würfeln und mit dem Zitronensaft beträufeln. Ebenfalls unter den Quark mischen. Matjesquark mit wenig Salz und reichlich Pfeffer abschmecken.
➡ Die Kresse vom Beet schneiden, auf den Broten verteilen und den Matjesquark darauf setzen. Mit dem übrigen Schnittlauch bestreuen.

Lachs-Gurken-Brot mit Dill

Zutaten für 2 Personen:
1 Stück Gurke (etwa 50 g)
1 EL stichfester Joghurt
1 EL frisch gehackter Dill
weißer Pfeffer
3 Scheiben dunkles Vollkornbrot (z. B. Katenbrot)
6 Scheiben Räucherlachs
Dillspitzen zum Garnieren

Zubereitungszeit: 15 Min.
Pro Portion: 1625 kJ/390 kcal
31 g E · 20 g F · 21 g K

Schnell · Raffiniert

➡ Die Gurke waschen, abtrocknen und ungeschält in dünne Scheiben schneiden.
➡ Joghurt und Dill verrühren, mit Pfeffer abschmecken. Die Brote mit Dill-Joghurt bestreichen, zuerst mit Gurkenscheiben, dann mit Räucherlachs belegen.
➡ Die Brotscheiben diagonal halbieren, je drei Hälften auf einem Teller anrichten. Mit Dillspitzen garnieren.

Tip!
Da Räucherlachs normalerweise ausreichend salzig ist, brauchen Sie wahrscheinlich für den Dill-Joghurt kein Salz. Falls der Lachs sehr mild geräuchert ist, schmekken Sie den Joghurt mit wenig Salz ab.

Knäckebrot mit Gurken-Schmand

Zutaten für 2 Personen:
100 g Salatgurke · Salz
1 TL Sonnenblumenkerne
1/2 Bund Dill
100 g Schmand (ersatzweise 50 g Crème fraîche, verrührt mit 50 g saurer Sahne)
1 EL Sahne · schwarzer Pfeffer
2 Scheiben Roggen-Knäckebrot

Zubereitungszeit: 20 Min.
Pro Portion: 735 kJ/175 kcal
3 g E · 14 g F · 9 g K

Schnell · Gelingt leicht

➡ Die Gurke schälen und fein raspeln. Mit wenig Salz bestreuen und 10 Min. Saft ziehen lassen.
➡ Inzwischen die Sonnenblumenkerne in einer trockenen Pfanne bei mittlerer Hitze goldbraun rösten, beiseite stellen. Dill waschen, einige Blättchen zur Seite legen, den Rest fein hacken.
➡ Schmand und Sahne verrühren, salzen und pfeffern. Dill untermischen.
➡ Gurkenraspel in einem Sieb abtropfen lassen, dabei leicht ausdrücken. Unter den Dillschmand mischen und nochmals abschmecken.
➡ Gurkenschmand auf die Knäckebrote häufen, mit den Sonnenblumenkernen bestreuen und mit dem übrigen Dill garnieren.

Variante:
8–9 Radieschen raspeln, salzen und 10 Min. ziehen lassen. Schmand mit 1/2 Bund Schnittlauch statt Dill und 1 Prise Cayennepfeffer würzen.

Pikant gefüllte Croissants

Zutaten für 2 Personen:
2 Platten tiefgekühlter Blätterteig
1/2 kleiner Zucchino (etwa 100 g)
2 kleine Tomaten
Salz · Zitronenpfeffer
50 g frisch geriebener Gouda (mindestens 45 % Fett)
2 EL Schnittlauchröllchen
Mehl zum Ausrollen

Zubereitungszeit: 25 Min.
Pro Portion: 1305 kJ/315 kcal
10 g E · 21 g F · 20 g K

Schnell · Schmeckt auch kalt

➡ Die Blätterteigplatten in 15–20 Min. auftauen lassen.
➡ Inzwischen Zucchino und Tomaten waschen und putzen. Zucchino klein würfeln. Stielansätze der Tomaten entfernen. Tomaten kurz überbrühen, häuten, vierteln und entkernen. Das Fruchtfleisch klein würfeln. Den Backofen auf 200° (Umluft 180°) vorheizen.
➡ Zucchino und Tomaten mischen, salzen und pfeffern. Den Gouda und den Schnittlauch unterheben.
➡ Blätterteigplatten auf wenig Mehl dünn ausrollen, jede Platte diagonal halbieren und in der Mitte mit Füllung belegen. Von der Breitseite her aufrollen und dabei zu Hörnchen formen. Den Teigrand mit Wasser bepinseln und gut andrücken.
➡ Das Backblech kalt abspülen, Croissants mit der Teignaht nach unten darauf legen und im Ofen (Mitte) in 15–20 Min. goldbraun backen. Möglichst warm servieren.

Kräuterrührei mit Schinken

Zutaten für 2 Personen:
4 Eier · 50 ml fettarme Milch
Salz · weißer Pfeffer
3 EL gemischte frisch gehackte Kräuter (z. B. Petersilie, Schnittlauch, Kerbel, Kresse)
1 EL Butter
4–6 dünne Scheiben roher Schinken

Zubereitungszeit: 15 Min.
Pro Portion: 1590 kJ/380 kcal
21 g E · 32 g F · 2 g K

Schnell · Gelingt leicht

➡ Eier, Milch, etwas Salz und Pfeffer in einer Schüssel mit einem Schneebesen so lange schlagen, bis alles gut miteinander vermischt ist. Die Kräuter bis auf 1 EL unterrühren.

➡ Die Butter in einer beschichteten Pfanne aufschäumen. Die Eiermasse hineingießen und bei schwacher Hitze langsam stocken lassen, dabei ab und zu mit einem Pfannenwender vorsichtig zusammenschieben. Das Rührei ist fertig, sobald es gestockt, aber noch cremig und glänzend ist.

➡ Rührei und Schinkenscheiben auf vorgewärmten Tellern anrichten, mit den übrigen Kräutern bestreuen und sofort servieren.

Tip!
Unter die Eimasse zusätzlich blättrig geschnittene Champignons oder feingewürfelte rote Paprikaschoten mischen.

Schafkäseteller nach türkischer Art

Zutaten für 2 Personen:
100 g milder Schafkäse (Feta, mindestens 45 % Fett)
8 schwarze Oliven (etwa 50 g)
2 feste Tomaten
100 g Salatgurke
Salz · schwarzer Pfeffer
1 Zweig frische Minze (ersatzweise Petersilie)
1/4 TL Paprika, edelsüß

Zubereitungszeit: 15 Min.
Pro Portion: 700 kJ/165 kcal
10 g E · 12 g F · 5 g K

Schnell · Preiswert

➡ Den Schafkäse in 1/2 cm dicke Scheiben schneiden und mit den Oliven auf kleine Teller legen.

➡ Die Tomaten waschen, von den Stielansätzen befreien und quer in 1/2 cm dicke Scheiben schneiden. Die Gurke schälen und ebenfalls in Scheiben schneiden. Tomaten- und Gurkenscheiben leicht überlappend neben dem Käse anrichten. Mit Salz und Pfeffer würzen.

➡ Die Minze abspülen, Blätter abzupfen und über den Zutaten verteilen. Den Käse mit Paprika fein bestäuben.

Tip!
Der Frühstücksteller wird zum Salat, wenn Sie Schafkäse und Gurken in Würfel schneiden, Tomaten achteln und alle Zutaten zum Schluß mit 2 EL kaltgepreßtem Olivenöl vermischen.

Riesengarnelen mit Zucchini

Zutaten für 2 Personen:
6 rohe Riesengarnelen
2 Zweige frischer Thymian
1 Zweig frischer Oregano
1 Zweig frischer Rosmarin
2 Knoblauchzehen
Salz · schwarzer Pfeffer
4 EL Olivenöl · 250 g Zucchini
1 EL Butter
1 Msp. getrockneter Majoran
5 EL Weißwein (ersatzweise 1 EL Zitronensaft und 4 EL Hühnerbrühe)
1 Limette in Vierteln

Zubereitungszeit: 20 Min.
(+ 2 Std. Marinieren)
Pro Portion: 1785 kJ/350 kcal
18 g E · 24 g F · 9 g K

Gut vorzubereiten · Gelingt leicht

➡ Die Garnelen schälen, den schwarzen Darm entfernen.
➡ Die Kräuter abzupfen und kleinschneiden. Den Knoblauch schälen, würfeln, mit 1 Prise Salz mit einer Gabel zerdrücken, mit den Kräutern, Pfeffer und Olivenöl verrühren.
➡ Die Garnelen mit dem Würzöl übergießen und zugedeckt 2 Std. kühl stellen.
➡ Die Zucchini waschen, putzen, in Stifte schneiden.
➡ Die Butter in einer Pfanne erhitzen und die Zucchinistifte darin andünsten. Mit dem Majoran, Salz, Pfeffer und dem Weißwein würzen und 5 Min. bei mittlerer Hitze zugedeckt dünsten. Das Gemüse herausnehmen.
➡ Die Garnelen mit dem Würzöl in der Pfanne kräftig anbraten. Mit Zucchini und Limettenvierteln servieren.

Austernpilze mit Rucola

Zutaten für 2 Personen:
1 Fleischtomate
100 g Rucola
250 g Austernpilze
1 Knoblauchzehe
3 EL Öl
Salz · schwarzer Pfeffer
1 TL Walnußöl
1 TL Aceto Balsamico
20 g Parmesan am Stück

Zubereitungszeit: 20 Min.
Pro Portion: 1290 kJ/245 kcal
10 g E · 18 g F · 12 g K

Schnell

➡ Stielansatz der Tomate entfernen. Tomate kurz überbrühen, häuten und vierteln. Den Saft mit den Händen etwas auspressen. Die Tomate in Stücke schneiden.
➡ Die Rucolablätter waschen, trockenschleudern und die groben Stiele abzupfen. Die Austernpilze putzen, dabei von den zähen Stielen befreien und vierteln. Den Knoblauch schälen und in feine Scheibchen schneiden.
➡ Das Öl in einer Pfanne erhitzen. Die Pilze darin bei mittlerer Hitze unter Wenden 5 Min. braten, salzen und pfeffern. Den Knoblauch hinzufügen. Die Pilze aus der Pfanne nehmen.
➡ Rucola und Tomatenstükke auf zwei Teller verteilen, mit Salz und Pfeffer bestreuen. Die Pilze dazugeben.
➡ Den Bratensatz mit dem Walnußöl und dem Aceto Balsamico verrühren und die Sauce über Pilze und Salat träufeln. Den Parmesan darüber hobeln.

Avocadofächer mit Kräutersauce

Zutaten für 2 Personen:
1 vollreife Avocado
1 Fleischtomate
2 EL Olivenöl
2 EL Schnittlauchröllchen
Salz · Pfeffer

Zubereitungszeit: 15 Min.
Pro Portion: 1060 kJ/210 kcal
3 g E · 20 g F · 7 g K

Gelingt leicht · Schnell

➠ Die Avocado schälen. Die Frucht quer aufschneiden und vorsichtig vom Kern drehen. Die Fruchthälften der Länge nach in dünne Scheiben schneiden und diese fächerartig auf einen oder zwei Teller legen.
➠ Den Stielansatz der Tomate entfernen. Die Tomate kurz überbrühen, häuten und vierteln. Dann die Tomate in kleine Würfel schneiden.
➠ Die Tomatenwürfel mit dem Öl, dem Schnittlauch, Salz und Pfeffer vermischen und über die Avocado verteilen.

Varianten:
Statt der Tomate können Sie auch Gurkenwürfel mit Kapern oder grünen Pfefferkörnern aus dem Glas mischen. Der Schnittlauch läßt sich durch Basilikum, Rucola oder auch Zitronenthymian ersetzen.

Zucchinipuffer mit Knoblauchdip

Zutaten für 2 Personen:
4–6 frische Minzeblätter (ersatzweise 1/4 TL getrocknete)
150 g Sahnejoghurt
1 EL Zitronensaft
6–8 EL Olivenöl
1–2 Knoblauchzehen
Salz · 250 g Zucchini
1 kleine Zwiebel
2 Eier
1 TL getrockneter Thymian
3 EL gemahlene Mandeln
schwarzer Pfeffer
Minze zum Garnieren

Zubereitungszeit: 40 Min.
Pro Portion: 2130 kJ/515 kcal
14 g E · 45 g F · 15 g K

Preiswert · Für Gäste

➠ Für den Dip die Minzeblätter waschen, trockentupfen und fein hacken. Joghurt, Zitronensaft, 1 EL Öl und die Minze cremig rühren. Knoblauch schälen und dazupressen, den Dip mit Salz abschmecken.
➠ Für die Puffer die Zucchini waschen, putzen und fein raspeln. Die Zwiebel schälen, sehr fein hacken. Beides in einer Schüssel mit den Eiern gut vermischen. Thymian und Mandeln unterrühren. Die Masse salzen und pfeffern.
➠ Restliches Olivenöl in einer großen Pfanne erhitzen. Aus der Masse darin portionsweise bei mittlerer Hitze kleine Puffer von beiden Seiten goldbraun braten.
➠ Zucchinipuffer auf Küchenpapier entfetten. Mit dem Knoblauchdip servieren. Mit Minze garnieren.

Mariniertes Gemüse mit Knoblauchbrot

Zutaten für 2 Personen:
2 kleine Zucchini (etwa 150 g)
100 g kleine feste Champignons
1 Bund sehr zarte Frühlingszwiebeln
5 EL Olivenöl
4 Knoblauchzehen
Salz · schwarzer Pfeffer
1 TL scharfer Senf
2 TL frische Majoranblättchen
2 Scheiben Bauernbrot
25 g frisch geriebener oder geraspelter Parmesan

Zubereitungszeit: 30 Min.
(+ 1 Std. Marinieren)
Pro Portion: 1430 kJ/345 kcal
10 g E · 25 g F · 23 g K

Gut vorzubereiten · Für Gäste

➨ Die Zucchini waschen, putzen und in 1/2 cm dicke Scheiben schneiden. Die Champignons von den Stielenden befreien und mit Küchenpapier sauber abreiben. Kleine Pilze ganz lassen, größere halbieren. Die Frühlingszwiebeln waschen, putzen und in 4–5 cm lange Stücke schneiden.

➨ 3 EL Olivenöl in einer beschichteten Pfanne leicht erhitzen. 2 Knoblauchzehen schälen und dazupressen, mit dem Öl verrühren. Nach und nach das Gemüse darin leicht anbraten, es dann mit Salz und Pfeffer würzen und wieder aus der Pfanne nehmen.

➨ Wenn alle Gemüsestücke angebraten sind, den Senf und den Majoran in die Pfanne geben. Das Gemüse wieder untermischen und zugedeckt in der Pfanne abkühlen lassen.

➨ In einer anderen beschichteten Pfanne das restliche Olivenöl erhitzen. Den übrigen Knoblauch schälen und dazupressen. Die Brotscheiben halbieren oder vierteln und von beiden Seiten in dem Knoblauchöl rösten.

➨ Das Gemüse auf großen Tellern anrichten, mit Pfeffer und Parmesan bestreuen. Das Brot dazu reichen.

Tip!
Auch bei Ihrem Lieblings-Italiener können Sie solch eine leckere Gemüse-Vorspeise gewiß bestellen und damit den Grundgedanken der Trennkost auf einfache Art sogar im Restaurant befolgen.

Variante:
Sehr gut schmecken auch marinierte Paprikaschoten, deren Zubereitung allerdings etwas mehr Zeit beansprucht. Dafür 2 Paprikaschoten halbieren, putzen und waschen. Mit den Schnittflächen nach unten auf ein Backblech legen, im vorgeheizten Backofen bei 250° (Umluft 220°) 20 Min. backen, bis die Haut dunkelbraun ist und Blasen wirft. Die Schoten aus dem Ofen nehmen und unter einem feuchten Tuch etwas abkühlen lassen. Die Haut abziehen und die Schoten in Streifen oder mundgerechte Stücke schneiden. In einer Marinade aus 2 zerdrückten Knoblauchzehen, etwas Thymian, Salz, Pfeffer, 2 EL Aceto Balsamico und 3 EL Olivenöl mindestens 4 Std. ziehen lassen.

Gebackene Auberginen

Zutaten für 2 Personen:
1 Aubergine (etwa 300 g)
Salz · 1 Fleischtomate
150 g Mozzarella
2 Knoblauchzehen
½ Bund Petersilie
1 Zweig frischer Salbei
2 Zweige frischer Oregano oder
½ TL getrockneter Oregano
3 EL Olivenöl
schwarzer Pfeffer
2 Zweige Basilikum oder Petersilie

Zubereitungszeit: 35 Min.
(+ 40 Min. Backen)
Pro Portion: 1745 kJ/350 kcal
19 g E · 26 g F · 10 g K

Gelingt leicht · Vegetarisch

➨ Die Aubergine waschen und der Länge nach fächerförmig so einschneiden, daß sie am Stielende noch zusammenhängt. Die Auberginenscheiben salzen und 30 Min. ziehen lassen.
➨ Stielansatz der Tomate entfernen. Die Tomate kurz überbrühen, häuten und in Scheiben schneiden. Den Mozzarella ebenfalls in Scheiben schneiden. Den Knoblauch schälen und fein hacken. Kräuter waschen, trockentupfen und fein schneiden. Die Kräuter mit dem Knoblauch mischen.
➨ Eine feuerfeste Form fetten. Den Backofen auf 200° vorheizen.
➨ Die Aubergine kalt abspülen und trockentupfen. In die Einschnitte abwechselnd Tomaten- und Mozzarellascheiben legen. Jeweils mit Salz, Pfeffer und Kräuter-Knoblauchmischung würzen.
➨ Die gefüllte Aubergine in die Form legen, mit dem übrigen Olivenöl beträufeln und im Ofen (Mitte, Umluft 220°) 40 Min. backen. Die Aubergine halbieren und auf Tellern anrichten. Mit Basilikum oder Petersilie garnieren.

Hähnchenbrust mit Thunfischsauce

Zutaten für 2 Personen:
Für die Hähnchenbrust:
1 Bund Suppengrün
1 TL schwarze Pfefferkörner
1 Lorbeerblatt
½ l Hühnerbrühe
200 g Hähnchenbrustfilets
Für die Sauce:
1 Dose Thunfisch naturell (150 g Inhalt)
3 eingelegte Sardellenfilets
1 ganz frisches Eigelb
2 EL kleine Kapern
2–3 EL Zitronensaft
40 ml Olivenöl
Salz · weißer Pfeffer
hauchdünne Zitronenscheiben zum Garnieren

Zubereitungszeit: 40 Min.
Pro Portion: 2145 kJ/515 kcal
36 g E · 40 g F · 3 g K

Für Gäste · Raffiniert

➡ Das Suppengrün waschen, putzen und grob zerkleinern. Mit den Pfefferkörnern, dem Lorbeerblatt und der Brühe aufkochen und zugedeckt 10 Min. köcheln lassen.
➡ Die Hähnchenbrustfilets in die Brühe legen und bei schwacher Hitze in 10 Min. gar ziehen lassen.
➡ Inzwischen für die Sauce den Thunfisch abtropfen lassen. Die Sardellenfilets kalt abspülen und kleinschneiden.
➡ Thunfisch in Stücke teilen und im Mixer mit Sardellen, Eigelb, 1 EL Kapern und 2 EL Zitronensaft fein pürieren. Nach und nach das Öl einfließen lassen.
➡ Die Sauce mit etwas durchgesiebter Brühe sämig rühren, mit Salz, Pfeffer und noch etwas Zitronensaft abschmecken.
➡ Hähnchenfleisch aus der Brühe heben, schräg in dünne Scheiben schneiden und mit der Sauce auf Tellern anrichten. Etwas vom Gemüse fein würfeln und mit den übrigen Kapern darüber streuen. Mit Zitronenscheiben garnieren.

Tip!
Diese Vorspeise schmeckt auch kalt sehr gut und eignet sich daher prima für ein Buffet oder ein Picknick.

Variante:
In Italien wird dieses Gericht traditionell mit Kalbsnuß zubereitet, kalt serviert und heißt dann »Vitello tonnato«. Da dieses Gericht nur mit einer größeren Menge Fleisch gut gelingt, probieren Sie die Variante am besten aus, wenn Sie Gäste haben und 6–8 Personen am Tisch sitzen: 600 g Kalbsnuß mit dem zerkleinerten Gemüse und den Gewürzen in einen Topf geben. So viel Brühe dazugießen, daß das Fleisch völlig von Flüssigkeit bedeckt ist. Leicht salzen, aufkochen und die Kalbsnuß zugedeckt bei schwacher Hitze in 1 Std. gar ziehen lassen, bis sie weich ist. Anschließend in der Brühe abkühlen lassen. Zum Servieren das gut abgetropfte Fleisch quer zur Faser in dünne Scheiben schneiden, auf einer Platte dachziegelartig anrichten, mit der Thunfischsauce überziehen und garnieren.

Melonentäschchen mit Rucolasauce

Zutaten für 2 Personen:
Für die Täschchen:
1/2 Netz- oder Kantalupe-Melone
1 Bund Schnittknoblauch (ersatzweise Schnittlauch)
8 dünne Scheiben roher Schinken
Pfeffer
Für die Sauce:
1 kleine Handvoll Rucola
4 Radieschen
50 g Joghurt oder Crème fraîche
Salz · Pfeffer

Zubereitungszeit: 25 Min.
Pro Portion: 1095 kJ/260 kcal
18 g E · 24 g F · 10 g K

Schnell · Für Gäste

➡ Melonenhälfte halbieren und die Viertel entkernen. Jedes Stück noch einmal längs und quer durchschneiden. Den Schnittknoblauch oder Schnittlauch waschen.
➡ Melonenstücke in die Mitte der Schinkenscheiben legen und mit Pfeffer bestreuen. Schinkenscheiben über den Melonenstücken zusammenfalten und mit 1 Schnittknoblauch- oder Schnittlauchhalm zusammenbinden.
➡ Für die Sauce Rucola und Radieschen waschen, fein hacken und mit Joghurt oder Crème fraîche verrühren. Mit Salz und Pfeffer würzen und abschmecken. Zu den Melonentäschchen servieren.

Kleine Tomaten-Pizzen

Zutaten für 2 Personen:
100 g Mehl · 2 EL Olivenöl
Salz · 1 Eigelb
150 g Pizza-Tomaten (aus der Dose)
1 EL Tomatenmark
1 TL getrockneter Oregano
schwarzer Pfeffer
75 g Mozzarella
2 EL frisch geriebener Parmesan
4 Basilikumblättchen
Backpapier für das Blech
Mehl zum Ausrollen

Zubereitungszeit: 30 Min.
Pro Portion: 860 kJ/215 kcal
10 g E · 11 g F · 20 g K

Preiswert · Für Gäste

➡ Für den Teig Mehl, 1 EL Öl, 1 kräftige Prise Salz, Eigelb und 4–5 EL lauwarmes Wasser zu einem geschmeidigen Teig verkneten.
➡ Den Backofen auf 250° (Umluft 220°) vorheizen. Ein Blech mit Backpapier auslegen.
➡ Teig in 4 Stücke teilen und zu Kugeln formen. Auf der bemehlten Arbeitsfläche zu Kreisen von 12 cm Ø ausrollen, die Ränder leicht nach innen einrollen. Teigkreise auf das Blech legen.
➡ Für den Belag Pizza-Tomaten mit Tomatenmark, Oregano, Salz und Pfeffer vermischen. Tomatenmasse auf dem Teig verteilen.
➡ Mozzarella in dünne Scheiben schneiden, auf die Tomaten legen. Mit dem Parmesan bestreuen und mit dem restlichen Olivenöl beträufeln. Im Ofen (Mitte) 10–12 Min. backen. Mit Basilikum garnieren.

Scharfer Maisdip mit Vollkorntoast

Zutaten für 2 Personen:
125 g Maiskörner (aus der Dose)
1 Knoblauchzehe
½ TL Sambal oelek
Salz
schwarzer Pfeffer
½ TL frisch gehackter Oregano
40 g saure Sahne
1 Frühlingszwiebel
50 g Cocktailtomaten
2 Scheiben Vollkorntoast
2 TL Butter

Zubereitungszeit: 20 Min.
Pro Portion: 710 kJ/170 kcal
4 g E · 7 g F · 24 g K

Vegetarisch · Schnell

➡ Den Mais gut abtropfen lassen. Die Knoblauchzehe schälen und durch die Presse drücken. Beides mit dem Pürierstab zu einer glatten Paste pürieren. Mit Sambal oelek, Salz und Pfeffer würzen. Etwas Oregano beiseite legen, den Rest untermischen. Mit der sauren Sahne zu einer glatten Creme verrühren.
➡ Die Frühlingszwiebel waschen, putzen und mit dem hellgrünen Teil in sehr feine Ringe schneiden. Unter den Dip heben, diesen auf zwei Vorspeisentellern anrichten, mit dem übrigen Oregano bestreuen.
➡ Die Tomaten waschen, in Scheibchen schneiden oder halbieren und dazu legen.
➡ Brote im Toaster goldbraun rösten, mit Butter bestreichen und diagonal zerteilen. Zum Dip servieren.

Gefüllte Pilze mit Schinkentatar

Zutaten für 2 Personen:
10 mittelgroße Egerlinge (braune Champignons; etwa 400 g)
2 EL Olivenöl
Salz · schwarzer Pfeffer
100 g gekochter Schinken
3 Zweige Petersilie
10 Walnußkernhälften
1 EL Walnußöl
1 Handvoll Rucola oder Feldsalat

Zubereitungszeit: 20 Min.
Pro Portion: 1210 kJ/290 kcal
16 g E · 22 g F · 11 g K

Raffiniert · Schnell

➡ Die Pilze vorsichtig waschen oder mit Küchenpapier sauber abreiben und putzen, die Stiele herauslösen.
➡ Das Olivenöl in einer beschichteten Pfanne leicht erhitzen. Die Pilzköpfe darin rundherum leicht anbraten. Mit Salz und Pfeffer würzen, aus der Pfanne auf Küchenpapier heben und abkühlen lassen.
➡ Den Schinken ohne den Rand in sehr feine Würfel schneiden. Die Petersilie waschen und die Blättchen hacken. Die Walnußkerne ebenfalls hacken.
➡ Schinken, Petersilie, Walnüsse und das Walnußöl mischen, mit Pfeffer würzen und in die Egerlinge füllen.
➡ Den Rucola oder Feldsalat waschen, putzen und abtrocknen, auf Tellern auslegen. Die gefüllten Pilzköpfe darauf anrichten.

Tomaten mit Ricottacreme

Zutaten für 2 Personen:
200 g Ricotta (ersatzweise je zur Hälfte Joghurt und Frischkäse)
5–6 EL Vollmilch
Salz · schwarzer Pfeffer
½ Päckchen tiefgekühlte Kräuter der Provence
6 feste Tomaten
2 EL kaltgepreßtes Olivenöl

Zubereitungszeit: 20 Min.
Pro Portion: 1435 kJ/345 kcal
15 g E · 23 g F · 10 g K

Schnell · Vegetarisch

➨ Den Ricotta mit der Milch, Salz, Pfeffer und den Kräutern glattrühren und pikant abschmecken.
➨ Die Tomaten waschen, die Stielansätze herausschneiden. Die Tomaten dann in Scheiben schneiden und diese überlappend auf zwei Tellern auslegen.
➨ Das Öl über die Tomaten träufeln und diese mit Salz und Pfeffer bestreuen. Die Ricottacreme in der Mitte daraufgeben.

Tip!
Die Tomaten eignen sich auch sehr gut als Büromahlzeit. Packen Sie die Creme extra ein und verteilen sie erst kurz vor dem Essen über die Tomaten.

Eingelegter Mozzarella

Zutaten für 2 Personen:
100 g Mozzarella-Bällchen (ersatzweise anderer Mozzarella, gewürfelt)
2 Knoblauchzehen
je 2 grüne und rote Chilischoten
2 Zweige Thymian
1 TL eingelegte grüne Pfefferkörner
1 TL kleine Kapern
⅛ l kaltgepreßtes Olivenöl

Zubereitungszeit: 20 Min.
(+ 2 Tage Marinieren)
Pro Portion: 1415 kJ/340 kcal
15 g E · 21 g F · 23 g K

Gut vorzubereiten · Preiswert

➨ Die Mozzarella-Bällchen halbieren. Den Knoblauch schälen und in feine Stifte schneiden. Die Chilischoten putzen, waschen, entkernen und in breite Ringe schneiden. Alles in ein Schraubdeckel- oder Einmachglas geben.
➨ Den Thymian waschen und gut abtrocknen, die Blättchen von den Stielen streifen und mit den Pfefferkörnern, den Kapern und dem Olivenöl mischen.
➨ Das Öl über den Käse gießen – dieser muß vollständig bedeckt sein. Das Glas verschließen und alles 2 Tage im Kühlschrank marinieren. Mindestens 2 Std. vor dem Servieren Zimmertemperatur annehmen lassen.

Tip!
Den Käse können Sie gut mit ins Büro nehmen und beispielsweise mit Rucola essen.

Pfeffrige Frischkäsetaler mit Salat

Zutaten für 2 Personen:
Für die Käsetaler:
50 g fettreduzierter Frischkäse (40 % Fett)
50 g Gorgonzola
1 TL Zitronensaft
Salz · schwarzer Pfeffer
1 EL schwarze Pfefferkörner
Für den Salat:
80 g Feldsalat
30 g Radicchio
4 kleine Champignons
1 EL Rotweinessig
2–3 TL Aceto Balsamico
Salz · schwarzer Pfeffer
3 EL Sonnenblumenöl
1 EL Walnußöl

Zubereitungszeit: 25 Min. (+ 30 Min. Kühlen)
Pro Portion: 1295 kJ/310 kcal
9 g E · 30 g F · 6 g K

Raffiniert · Gut vorzubereiten

➨ Den Frischkäse und den Gorgonzola in einen tiefen Teller geben, mit einer Gabel zerdrücken und dabei gut vermischen. Mit dem Zitronensaft, Salz und Pfeffer würzen.
➨ Die Käsemasse auf ein Stück Alufolie geben und die Folie über den Käse schlagen. Durch Drehen auf der Arbeitsfläche eine Rolle von 2–3 cm Durchmesser formen. Diese in der Alufolie fest verpacken und 30 Min. ins Gefrierfach legen, damit sie sich später gut schneiden läßt.
➨ Inzwischen den Feldsalat und den Radicchio gut waschen, putzen und verlesen. Den Radicchio in mundgerechte Stücke zerpflücken. Die Pilze mit Küchenpapier sauber abreiben, putzen und in feine Scheibchen schneiden.
➨ Für die Vinaigrette beide Essigsorten mit Salz und Pfeffer verquirlen, das Öl und das Walnußöl unterschlagen.
➨ Die Pfefferkörner in der Pfeffermühle schroten und auf einen Teller geben. Die Käserolle aus der Folie wickeln und vorsichtig in dem Pfeffer wälzen. Diese mit einem angefeuchteten Messer in knapp 1 cm breite Scheiben schneiden und auf zwei Tellern anrichten.
➨ Den Salat in der Vinaigrette wenden und dazu anrichten. Mit den Pilzen bestreuen.

Tips!
Statt in geschrotetem Pfeffer die Käserolle in Schnittlauchröllchen, feingeriebenen Mandeln oder gerösteten Sesamsamen wälzen. Wenn es sehr schnell gehen muß, können Sie die Käsemasse auch schlicht auf den Teller häufen und mit schwarzem Pfeffer aus der Mühle übermahlen.
Je nach Jahreszeit schmekken auch andere Salatsorten, z. B. Eichblattsalat und Rucola, Kopfsalat und Burgunder oder Löwenzahn und Chicorée. Die Pilze können Sie durch hauchdünne Scheiben roher Zucchini ersetzen.

Lachstatar auf Gurke

Zutaten für 2 Personen:
100 g Räucherlachs
2 EL Schnittlauchröllchen
2 TL Olivenöl
Pfeffer
1/2 kleine Salatgurke · Salz

Zubereitungszeit: 15 Min.
Pro Portion: 835 kJ/185 kcal
15 g E · 13 g F · 2 g K

Gelingt leicht · Schnell

➡ Den Räucherlachs fein hacken und in eine kleine Schüssel geben. Die Hälfte des Schnittlauchs, das Öl und Pfeffer nach Geschmack einrühren.
➡ Die Gurke waschen und abtrocknen oder dünn schälen und in 1/2 cm dicke Scheiben schneiden.
➡ Mit einem Teelöffel das Lachstatar auf den Gurkenscheiben verteilen. Mit dem restlichen Schnittlauch garnieren.

Tip!
Statt Räucherlachs, der wie alle geräucherten Fische und geräuchertes Fleisch zu den neutralen Lebensmitteln zählt, können Sie auch rohen Lachs nehmen, wenn er sehr frisch ist. Dann zusätzlich mit wenig Zitronensaft würzen.

Eier-Tatar mit Oliven

Zutaten für 2 Personen:
2 hartgekochte Eier
1/2 kleine rote Paprikaschote
2 mittelgroße Gewürzgurken
2 Schalotten
4 schwarze Oliven
1/2 Kästchen Kresse
50 g Salat-Mayonnaise (50 % Fett)
50 g Magerjoghurt
1/2 TL Dijon-Senf
1 TL Kräuteressig
Salz · schwarzer Pfeffer

Zubereitungszeit: 25 Min.
Pro Portion: 1040 kJ/245 kcal
8 g E · 19 g F · 12 g K

Gelingt leicht · Vegetarisch

➡ Eier schälen und sehr fein hacken. Paprikaschote waschen, putzen und sehr klein würfeln, ebenso die abgetropften Gurken, die geschälten Schalotten und die entsteinten Oliven. Kresse abbrausen, Blättchen abschneiden. Alle Zutaten nebeneinander auf einer Platte in Häufchen dekorativ anrichten.
➡ Mayonnaise, Joghurt, Senf und Essig in einem Schälchen verrühren, mit Salz und Pfeffer würzen. Die Sauce zum Tatar servieren.
➡ Jeder nimmt sich bei Tisch nach Belieben von den Zutaten und vermischt sie mit etwas Dressing.

Tip!
Die vorbereiteten Zutaten locker vermengen, würzen und auf einem Teller anrichten. Mit Kresse garnieren.

Nuß-Tomaten-Crostini

Zutaten für 2 Personen:
4 Zweige Basilikum
3 kleine feste Tomaten
2 EL Pinienkerne
8 Walnußkernhälften
Salz · schwarzer Pfeffer
3 EL Olivenöl
2 Knoblauchzehen
6 Scheiben Nußbaguette
(etwa 150 g)

Zubereitungszeit: 25 Min.
Pro Portion: 1865 kJ/445 kcal
8 g E · 28 g F · 41 g K

Spezialität aus Italien

➡ Das Basilikum waschen, die Blättchen in feine Streifen schneiden. Die Tomaten waschen und abtrocknen, dann in kleine Würfel schneiden, dabei die Stielansätze und die Kerne entfernen.
➡ Die Pinienkerne und die Walnußkerne hacken und in einer beschichteten Pfanne bei mittlerer Hitze leicht anrösten.
➡ Basilikum, Tomaten, Pinienkerne und Walnüsse vermengen, mit Salz und Pfeffer abschmecken.
➡ Das Olivenöl in der Pfanne leicht erhitzen. Den Knoblauch schälen und dazupressen, mit Salz und Pfeffer würzen. Die Baguettescheiben darin von beiden Seiten rösten.
➡ Die Nuß-Tomaten-Mischung auf den Brotscheiben verteilen. Möglichst bald servieren.

Tip!
Die Nuß-Tomaten-Mischung können Sie gut bereits am Morgen oder sogar am Vortag zubereiten und zugedeckt kalt stellen. Fertigstellen, d.h. die Nuß-Tomaten-Mischung auf den gerösteten Brotscheiben verteilen, sollten Sie sie hingegen erst kurz vor dem Servieren, sonst werden die Brote weich.

Käse-Nuß-Taler

Zutaten für etwa 30 Taler:
50 g Emmentaler (mindestens 45 % Fett)
50 g Parmesan
150 g feingemahlenes Weizenvollkornmehl
Salz · 75 g kalte Butter
3 EL Schmand (ersatzweise Crème fraîche)
3 EL Vollmilch
100 g gehackte Walnüsse
Backpapier für das Blech

Zubereitungszeit: 25 Min. (+ 30 Min. Ruhen)
Pro Taler: 300 kJ/70 kcal
2 g E · 5 g F · 3 g K

Gelingt leicht · Für Gäste

➡ Beide Käsesorten fein reiben, mit dem Mehl und 1 kräftigen Prise Salz mischen und auf die Arbeitsfläche häufen. In die Mitte eine Mulde drücken. Butter in Stückchen und Schmand hineingeben und alles rasch zu einem geschmeidigen Teig verkneten.

➡ Den Teig zu einer etwa 15 cm langen Rolle formen, zugedeckt im Kühlschrank 30 Min. ruhen lassen.

➡ Den Backofen auf 180° (Umluft 160°) vorheizen. Das Blech mit Backpapier auslegen.

➡ Von der Teigrolle mit einem scharfen Messer 1/2 cm dicke Scheiben abschneiden. Auf das Blech legen, mit Milch bepinseln und mit den Nüssen bestreuen, etwas andrücken.

➡ Die Taler im heißen Ofen (oben) in 10–12 Min. goldbraun backen. Auf einem Gitter abkühlen lassen.

Gebackener Ziegenkäse

Zutaten für 2 Personen:
100 g Friséesalat (oder anderer Blattsalat)
100 g Cocktailtomaten
3–4 Zweige Petersilie
2 TL Aceto Balsamico
Salz · schwarzer Pfeffer
1/2 TL Dijon-Senf
1 EL Haselnuß- oder Walnußöl
2 EL Pinienkerne
2 EL Olivenöl
4 kleine Ziegenfrischkäse (je 40 g, z. B. Picandou)

Zubereitungszeit: 20 Min.
Pro Portion: 1455 kJ/350 kcal
19 g E · 28 g F · 6 g K

Vegetarisch · Schnell

➡ Den Salat waschen, putzen, in Stücke zupfen und auf zwei Tellern anrichten. Tomaten waschen, halbieren, auf dem Salat verteilen. Petersilie waschen, trockentupfen und die Blättchen abzupfen.

➡ Essig mit Salz, Pfeffer, Senf und Nußöl zu einer Marinade verrühren.

➡ Die Pinienkerne in einer trockenen Pfanne goldgelb rösten, herausnehmen und beiseite stellen. Olivenöl in der Pfanne heiß werden lassen, die Käse darin bei mittlerer Hitze von beiden Seiten nur leicht anbräunen. Je 2 auf einen Teller legen.

➡ Die Marinade in die Pfanne gießen, verrühren, dann über Salat und Käse träufeln. Das Ganze mit Petersilienblättchen und Pinienkernen bestreuen.

Gratinierte Brie-Kartoffeln

Zutaten für 2 Personen:
500 g festkochende Kartoffeln
Salz · schwarzer Pfeffer
2 TL frische Thymianblättchen
125 g Brie-Käse (mindestens 45 % Fett)
2 TL Butter
2 Tomaten
8 schwarze Oliven
Butter für die Form

Zubereitungszeit: 25 Min.
Pro Portion: 1880 kJ/450 kcal
19 g E · 23 g F · 40 g K

Preiswert · Gut vorzubereiten

➨ Den Backofen auf 250° (Umluft 225°) vorheizen. Die Kartoffeln waschen, schälen und in dünne Scheiben schneiden. In kochendem Salzwasser 4 Min. garen, abgießen und gut abtropfen lassen.

➨ Eine Gratinform fetten. Die Kartoffelscheiben darin verteilen, mit Salz, Pfeffer und Thymian würzen. Den Brie in dünne Scheiben schneiden und auf die Kartoffeln legen. Mit der Butter in Flöckchen belegen.

➨ Die Kartoffeln im Ofen (Mitte) in 8–10 Min. goldbraun überbacken.

➨ Inzwischen die Tomaten waschen, vom Stielansatz befreien und in Scheiben schneiden, mit den Oliven auf zwei Tellern anrichten, leicht salzen und pfeffern. Mit den Brie-Kartoffeln servieren.

Tip!
Statt Brie können Sie auch mittelalten Gouda – grob geraspelt – nehmen.

Chicorée-Birnen-Toast

Zutaten für 2 Personen:
4 Chicoréeblätter
½ süße Birne (etwa 80 g, z. B. Williams Christ oder Abate)
2 Scheiben Vollkorntoast
1 EL Schmand (ersatzweise saure Sahne)
1 TL Zitronensaft · Salz
40 g Gorgonzola (mindestens 45 % Fett)
1 EL gehackte Walnüsse
schwarzer Pfeffer
etwas Petersilie zum Garnieren

Zubereitungszeit: 20 Min.
Pro Portion: 935 kJ/225 kcal
8 g E · 13 g F · 20 g K

Raffiniert · Für Gäste

➨ Die Chicoréeblätter waschen, putzen und grob zerteilen. Die Birnenhälfte schälen, halbieren, vom Kerngehäuse befreien und in Spalten schneiden.

➨ Das Toastbrot rösten, den Schmand mit Zitronensaft mischen und den Toast damit bestreichen. Die Chicoréestreifen und Birnenspalten dekorativ darauf anrichten, leicht salzen. Den Gorgonzola würfeln und mit den Nüssen darauf streuen.

➨ Im Ofen unter dem vorgeheizten Grill 3–5 Min. grillen oder bei 250° (Mitte, Umluft 220°) 5–6 Min. backen. Mit Pfeffer übermahlen und mit Petersilie garnieren. Sofort servieren.

Tip!
Statt gehackter Walnüsse 1 EL Mungobohnenkeimlinge auf die Toasts streuen.

Knuspergemüse im Nußmantel

Zutaten für 2 Personen:
Für den Ausbackteig:
1 Eigelb · 75 ml Vollmilch
2 EL sehr fein gemahlene Haselnüsse
2 TL Mehl · Salz · Pfeffer
Für den Dip:
100 g Schmand (ersatzweise Crème fraîche)
1 EL Joghurt
1 TL abgeriebene, unbehandelte Zitronenschale
1/2 Kästchen Gartenkresse
Salz · weißer Pfeffer
Außerdem:
600 g gemischtes Gemüse (z. B. Broccoli, Blumenkohl, Paprikaschoten, Zucchini, Möhren, Kohlrabi, Frühlingszwiebeln)
Salz · Pfeffer
1 l Pflanzenöl zum Fritieren

Zubereitungszeit: 50 Min.
Pro Portion: 2235 kJ/535 kcal
8 g E · 47 g F · 19 g K

Vegetarisch

➡ Aus Eigelb, Milch, Nüssen, Mehl, 1 Messerspitze Salz und etwas Pfeffer einen Teig rühren. Zugedeckt 25 Min. quellen lassen.
➡ Schmand, Joghurt und Zitronenschale verrühren. Die Kresse abspülen, abschneiden und unter den Dip rühren, salzen und pfeffern.
➡ Alle Gemüse waschen, putzen und in mundgerechte Stücke schneiden. Festere Gemüse wie Broccoli, Möhren und Kohlrabi in kochendem Salzwasser 4–5 Min. kochen, kalt abschrecken und abtropfen lassen. Salzen und pfeffern.
➡ Das Öl auf 180° erhitzen. Die richtige Temperatur ist erreicht, wenn an einem hineingehaltenen Holzlöffel Bläschen aufsteigen.
➡ Das Gemüse portionsweise durch den Teig ziehen, im heißen Fett in 3–4 Min. goldgelb fritieren. Auf Küchenpapier abfetten lassen und heiß mit dem Dip servieren.

Piroggen mit Räucherfisch-Füllung

Zutaten für 2 Personen:
60 g Roggenvollkornmehl
70 g Weizenvollkornmehl
1/4 TL gemahlener Kümmel
Salz · 1/4 Würfel Hefe (10 g)
1/2 TL Ahornsirup
125 g geräucherte Makrelenfilets
1/2 Zwiebel · 1/4 rote Paprikaschote
1 Zweig Dill
1 TL Öl · 1 EL Crème fraîche
schwarzer Pfeffer
Mehl für die Arbeitsfläche
2 EL Milch zum Bepinseln
Backpapier für das Blech

Zubereitungszeit: 1 1/4 Std.
(+ 15–20 Min. Backen)
Pro Portion: 1680 kJ/400 kcal
22 g E · 16 g F · 43 g K

Preiswert · Schmeckt frisch am besten

➡ Roggen- und Weizenmehl mit dem Kümmel und 1/4 TL Salz mischen. Die Hefe hineinbröckeln, den Ahornsirup und etwa 70 ml lauwarmes Wasser hinzufügen. Den Teig mit dem Knethaken des Handrührgeräts vermengen und anschließend mit den Händen sehr gut verkneten.

➡ Den Hefeteig zugedeckt 45 Min. an einem warmen Platz gehen lassen.

➡ Für die Füllung die Fischfilets mit zwei Gabeln zerpflücken. Die Zwiebel schälen, die Paprikaschote putzen, beides sehr fein würfeln. Die Dillspitzen abzupfen und kleinschneiden.

➡ Das Öl erhitzen und die Zwiebelwürfel darin glasig dünsten. Die Paprikaschotenwürfel 2 Min. mitdünsten.

➡ Die Pfanne vom Herd nehmen. Die Fischstückchen und die Crème fraîche unter das Gemüse mischen, salzen und pfeffern.

➡ Den Teig nochmals kräftig durchkneten, auf einer leicht bemehlten Arbeitsfläche dünn ausrollen und 6 Kreise von 12 cm Ø ausstechen. Die Füllung jeweils in die Mitte der Teigscheiben setzen. Die Ränder mit Milch bepinseln und die Scheiben halbmondförmig zusammenklappen, die Ränder andrücken. Die Oberflächen ebenfalls mit Milch bepinseln.

➡ Ein Backblech mit Backpapier auslegen. Die Teigtaschen darauf legen und mit einem Küchentuch bedeckt 15 Min. gehen lassen.

➡ Inzwischen den Backofen auf 200° (Umluft 180°) vorheizen. Die Piroggen in 15–20 Min. goldbraun backen.

Tips!

Dazu schmeckt eine Creme aus Vollmilchjoghurt, mit Dillspitzen oder Schnittlauchröllchen und 1 Prise Salz verrührt.

Der Hefeteig soll beim Gehenlassen sein doppeltes Volumen erreichen. Am besten geht der Teig, wenn Sie ihn mit einem Küchentuch zugedeckt bei 50° in den Backofen stellen und die Backofentüre dabei einen Spaltbreit offen lassen (einen Kochlöffelstiel dazwischenklemmen).

Die Piroggen eignen sich gut zum Einfrieren. Nach dem Auftauen bei 200° (Umluft 180°) aufbacken.

Rosmarin-Omelett mit Zucchinifüllung

Zutaten für 2 Personen:
50 g durchwachsener Räucherspeck
150 g Zucchini
1 Tomate
1 TL Olivenöl
Salz · schwarzer Pfeffer
3 Eier
3 EL Vollmilch
2 TL frisch gehackter Rosmarin
2 TL Butter
2 EL frisch geriebener Parmesan
Rosmarinnadeln zum Garnieren

Zubereitungszeit: 30 Min.
Pro Portion: 1690 kJ/410 kcal
24 g E · 30 g F · 4 g K

Raffiniert

➡ Den Speck in kleine Würfel schneiden. Die Zucchini waschen, putzen und nicht zu fein raffeln. Die Tomate waschen, vom Stielansatz befreien, halbieren und entkernen. Das Fruchtfleisch würfeln.

➡ Das Öl in einer Pfanne erhitzen. Den Speck darin bei mittlerer Hitze knusprig ausbraten und herausnehmen, dann die Zucchiniraspel im heißen Speckfett unter Rühren 3 Min. braten. Mit Salz und Pfeffer kräftig würzen. Vom Herd nehmen, Tomate und Speck locker untermischen.

➡ Eier, Milch und Rosmarin mit 1 Prise Salz und Pfeffer gut verquirlen.

➡ In einer Pfanne 1 TL Butter erhitzen. Die Hälfte der Eimasse hineingießen und die Hälfte der Zucchinimischung darauf verteilen. Bei mittlerer Hitze in 5 Min. stocken lassen. Das Omelett mit 1 EL Parmesan und etwas Rosmarin bestreuen und servieren oder im Backofen bei 50° warm halten. Das zweite Omelett ebenso backen.

Tip!
Wenn es einmal schnell gehen muß, nur die Zucchini raffeln und einfach roh unter die Eimasse rühren.
Und wer möchte, daß beide Omeletts gleichzeitig fertig werden, muß in zwei Pfannen gleichzeitig garen.

Variante: Garnelenomelett mit Kräutercreme
2 EL frische Kräuter (z. B. Dill und Petersilie) hacken und mit 100 g Crème fraîche verrühren. Mit Salz, Pfeffer und 1–2 TL Zitronensaft abschmecken. 150 g gegarte und geschälte Garnelen abbrausen und gut abtropfen lassen. 3 Eier mit 3 EL Sahne, 1 TL abgeriebener Zitronenschale, Salz und Pfeffer gut verquirlen. In einer Pfanne 1 TL Butter erhitzen. 1/2 zerdrückte Knoblauchzehe und die Hälfte der Garnelen darin 1–2 Min. bei schwacher Hitze anbraten. Die Hälfte der Eimasse darüber verteilen und zugedeckt bei schwächster Hitze in 3–5 Min. stocken lassen. Mit der Kräutercreme anrichten und mit Dill garnieren. Das zweite Omelett ebenso zubereiten.

Kokos-Hähnchen mit Ananas-Salsa

Zutaten für 2 Personen:
300 g reife Ananas (etwa 200 g geputzt)
1 kleine rote Zwiebel
4 Zweige Petersilie
1 TL Limetten- oder Zitronensaft
Salz · schwarzer Pfeffer
Cayennepfeffer
200 g Hähnchenbrustfilets
3 EL Kokosflocken
1 EL Butterschmalz

Zubereitungszeit: 35 Min.
Pro Portion: 965 kJ/230 kcal
20 g E · 10 g F · 14 g K

Spezialität aus der Karibik

➡ Die Ananas schälen, längs vierteln und das Mittelstück herausschneiden. Das Fruchtfleisch in kleine Würfel schneiden. Die Zwiebel schälen und fein hacken. Die Petersilie waschen, Blätter abzupfen und einige zum Garnieren abnehmen, den Rest hacken.
➡ In einer Schüssel Ananas, Zwiebel und Petersilie mit Limetten- oder Zitronensaft, Salz, Pfeffer und Cayennepfeffer vermengen. Abgedeckt 15 Min. kühl stellen.
➡ Die Hähnchenfilets mit Salz und Pfeffer würzen und in den Kokosflocken wenden.
➡ In einer kleinen Pfanne das Butterschmalz erhitzen, die Filets darin bei mittlerer Hitze pro Seite in 5 Min. goldbraun braten.
➡ Fleisch schräg in Scheiben schneiden, mit der Ananas-Salsa auf Tellern anrichten. Mit der übrigen Petersilie garnieren.

Gefüllte Avocado

Zutaten für 2 Personen:
100 g milder Schafkäse (Feta)
50 g schwarze, in Kräuter eingelegte Oliven
3 Zweige Petersilie
1 reife Avocado
2 TL Zitronensaft
2 EL Olivenöl
Salz · schwarzer Pfeffer

Zubereitungszeit: 15 Min.
Pro Portion: 1720 kJ/370 kcal
14 g E · 31 g F · 13 g K

Schnell · Vegetarisch

➡ Den Schafkäse würfeln. Die Oliven entsteinen und in Streifen schneiden. Die Petersilie waschen, trockentupfen und die Blättchen grob hacken.
➡ Die Avocado rund um den Kern einschneiden, die Hälften gegeneinander drehen und trennen, den Kern entfernen.
➡ Das Fruchtfleisch bis auf einen kleinen Rand mit einem Löffel herauslösen und klein würfeln. Die Schnittflächen mit etwas Zitronensaft bepinseln, übrigen Saft unter die Würfel mischen.
➡ Käse, Oliven, Petersilie, Avocadowürfel und Olivenöl vermengen, leicht salzen und pfeffern. Die ausgehöhlten Avocadohälften damit füllen.

Fritierte Reisbällchen

Zutaten für 2 Personen:
50 g Möhre · 1 Schalotte
1 EL Olivenöl
100 g Patnareis
1/4 l Gemüsebrühe
1 Stück Salatgurke (etwa 200 g)
150 g Joghurt
schwarzer Pfeffer · Salz
1 kleine Knoblauchzehe
1/4 TL gemahlener Kreuzkümmel
Cayennepfeffer
3 Zweige Petersilie
2 Eigelbe · 25 g Mehl
3/4 l Öl zum Ausbacken
2–3 EL Semmelbrösel
4 schöne Salatblätter

Zubereitungszeit: 50 Min.
Pro Portion: 2245 kJ/690 kcal
11 g E · 47 g F · 56 g K

Gut vorzubereiten · Preiswert

➨ Die Möhre und die Schalotte schälen und fein würfeln.
➨ Beides im Öl glasig dünsten. Den Reis kurz mit dünsten. Dann die Brühe dazugießen, den Reis zugedeckt bei schwacher Hitze 20 Min. garen, dann etwas abkühlen lassen.
➨ Die Gurke schälen, längs halbieren, entkernen und raspeln. Mit dem Joghurt, Pfeffer und Salz verrühren. Die Knoblauchzehe schälen und dazudrücken.
➨ Den Reis mit Salz, Pfeffer, Kreuzkümmel und Cayennepfeffer würzen. Die Petersilie abbrausen, die Blätter fein hacken. Mit Eigelben und Mehl unter den Reis mischen.
➨ Das Öl zum Fritieren erhitzen. Aus der Reismasse 10 kleine Bällchen formen. Rundherum in den Semmelbröseln wenden. Im heißen Öl in 3–5 Min. in 2 Portionen goldbraun ausbacken.
➨ Auf Küchenpapier kurz abtropfen lassen. Auf den Salatblättern anrichten. Heiß mit dem Gurken-Joghurt servieren.

Schinken mit Gemüsevinaigrette

Zutaten für 2 Personen:
50 g Möhren
50 g Lauch
50 g Staudensellerie
2 EL Himbeeressig
1 EL Sherry (ersatzweise Wasser)
1 EL Orangensaft
2 EL Öl
1 Msp. geriebener Meerrettich (aus dem Glas)
Salz · Pfeffer
125 g gekochter Schinken
Petersilie zum Garnieren

Zubereitungszeit: 20 Min.
Pro Portion: 950 kJ/225 kcal
13 g E · 16 g F · 5 g K

Schnell · Gelingt leicht

➨ Das Gemüse waschen, putzen, eventuell auch dünn schälen, ganz fein würfeln.

➨ Himbeeressig, Sherry, Orangensaft, Öl und Meerrettich verrühren. Die Vinaigrette mit Salz und Pfeffer würzen. Gemüsewürfelchen hinzufügen und alles vermischen.

➨ Den Schinken dekorativ auf zwei Tellern anrichten, die Vinaigrette darüber verteilen. Mit Petersilienblättchen garnieren.

Tips!
Statt Schinken können Sie auch gegartes Fleisch – z. B. Braten oder Roastbeef – nehmen. Als Büromahlzeit den Schinken in Würfel schneiden und mit der Vinaigrette mischen.

Gurken-Tomaten-Türmchen

Zutaten für 2 Personen:
1 Stück Salatgurke (etwa 200 g)
2–3 Tomaten (etwa 150 g)
100 g Mozzarella
4–6 Basilikumblätter
Salz · schwarzer Pfeffer
einige Basilikumblättchen zum Garnieren

Zubereitungszeit: 15 Min.
Pro Portion: 580 kJ/140 kcal
11 g E · 8 g F · 4 g K

Schnell · Preiswert

➨ Die Gurke schälen oder sehr gründlich waschen und abtrocknen und in knapp 1 cm dicke Scheiben schneiden. Die Tomaten waschen, vom Stielansatz befreien, mit dem Mozzarella ebenfalls in Scheiben schneiden.

➨ Die Basilikumblätter abreiben und in feine Streifen schneiden.

➨ Die Gurkenscheiben mit Salz und Pfeffer würzen, die Basilikumstreifen darauf verteilen. Mit je 1 Tomaten- und Mozzarellascheibe belegen und mit Pfeffer übermahlen. Jedes Türmchen mit einigen Basilikumblättern garnieren.

Tip!
Statt frisch, können Sie die Gurken-Tomaten-Türmchen auch warm genießen: im Ofen bei 250° (Mitte, Umluft 220°) 15 Min. überbacken und mit frischem Basilikum garniert servieren.

Petersiliensuppe mit Möhren

Zutaten für 2 Personen:
200 g Petersilienwurzeln
1 mittelgroße Möhre
Salz · Pfeffer
1–2 TL gekörnte Gemüsebrühe
100 g tiefgekühlte Erbsen
6 Zweige Petersilie
2 EL Sahne

Zubereitungszeit: 40 Min.
Pro Portion: 295 kJ/70 kcal
4 g E · 3 g F · 8 g K

Preiswert · Gelingt leicht

➡ Die Petersilienwurzeln waschen, putzen und dünn schälen. Dann auf der Rohkostreibe fein raspeln. Mit 600 ml Wasser in einen Topf geben, erhitzen und bei mittlerer Hitze zugedeckt 20 Min. garen, bis die Petersilienraspel schön weich sind.
➡ Inzwischen die Möhre putzen, schälen und in feine Stifte schneiden oder hobeln.
➡ Die Petersilienwurzeln in der Flüssigkeit fein pürieren, mit Salz, Pfeffer und gekörnter Gemüsebrühe abschmecken. Die Möhrenstifte mit den Erbsen in die Suppe geben und alles weitere 5 Min. köcheln lassen.
➡ Inzwischen die Petersilie waschen, die Blättchen fein hacken.
➡ Die Sahne unter die Suppe rühren, die Suppe nochmals abschmecken und mit der Petersilie bestreut servieren.

Kürbiscremesuppe

Zutaten für 2 Personen:
1 Stück Kürbis (etwa 400 g, geputzt etwa 300 g)
100 g Petersilienwurzeln (ersatzweise Möhren)
1 Zwiebel · 1 Knoblauchzehe
1 Stück frischer Ingwer (1 cm lang)
2 EL Butter · 1 Bund Rucola
Salz · Pfeffer
1 TL gekörnte Gemüsebrühe

Zubereitungszeit: 35 Min.
Pro Portion: 900 kJ/215 kcal
5 g E · 11 g F · 24 g K

Preiswert · Gelingt leicht

➡ Den Kürbis schälen, das faserige Fruchtfleisch mit den Kernen herauslösen. Den Kürbis raspeln oder fein würfeln. Petersilienwurzeln ebenfalls schälen und fein würfeln.
➡ Zwiebel, Knoblauch und Ingwer schälen und fein würfeln. Die Butter in einem Suppentopf zerlassen. Zwiebel, Knoblauch und Ingwer darin bei mittlerer Hitze 3–4 Min. dünsten. Gemüse kurz mitdünsten.
➡ Alles mit 1/2 l Wasser aufgießen und zum Kochen bringen. Die Suppe zugedeckt bei mittlerer Hitze 15 Min. köcheln lassen.
➡ Inzwischen den Rucola waschen, von den groben Stielen befreien und fein hacken.
➡ Die Suppe im Topf mit dem Pürierstab fein zerkleinern. Mit Salz, Pfeffer und gekörnter Brühe abschmecken. Den Rucola unterrühren oder aufstreuen und die Suppe servieren.

Kartoffel-Frischkäse-Suppe

Zutaten für 2 Personen:
400 g mehligkochende Kartoffeln
1 Stange Lauch · 1 1/2 EL Butter
400 ml Gemüsebrühe
1 Knoblauchzehe
1 Scheibe Vollkorntoast
100 g Doppelrahm-Frischkäse
1 TL Kräutersalz · weißer Pfeffer
1/2 Bund Schnittlauch

Zubereitungszeit: 30 Min.
Pro Portion: 2310 kJ/550 kcal
15 g E · 26 g F · 64 g K

Preiswert · Vegetarisch

➡ Die Kartoffeln waschen, schälen und in Würfel schneiden. Den Lauch putzen, längs halbieren, gründlich waschen und in dünne Scheibchen schneiden.
➡ 1 EL Butter in einem Topf erhitzen. Die Kartoffelwürfel und den Lauch darin andünsten, die Gemüsebrühe angießen und die Suppe zugedeckt bei mittlerer Hitze 20 Min. köcheln lassen.
➡ Den Knoblauch schälen und sehr klein würfeln. Das Brot in 1 cm große Würfel schneiden. Die übrige Butter in einem Pfännchen erhitzen und den Knoblauch hinzufügen. Die Brotwürfel darin goldbraun braten.
➡ Den Frischkäse zur Suppe geben. Die Kartoffelsuppe mit dem Pürierstab fein pürieren. Mit dem Kräutersalz und Pfeffer abschmecken.
➡ Den Schnittlauch waschen und in Röllchen schneiden. Die Kartoffelsuppe mit Croûtons und Schnittlauchröllchen bestreut servieren.

Variante:
Roh geräucherter Schinken gehört zur Gruppe der neutralen Lebensmittel und paßt gut in die Suppe. 1 Scheibe durchwachsenen Speck (etwa 30 g) in feine Streifchen schneiden und knusprig braun ausbraten. Mit Croûtons und Petersilie auf die Suppe streuen.

Safran-Fisch-suppe

Zutaten für 2 Personen:
1 Bund Suppengrün
2 Schalotten
1 Knoblauchzehe
1 EL Butter
400 ml Fischfond (aus dem Glas)
100 ml milde Hühner- oder Gemüsebrühe
1 Döschen gemahlener Safran
100 g tiefgekühlte Erbsen
125 g Lachsfilet
100 g Kabeljaufilet
75 g rohe geschälte Garnelen
1 EL Zitronensaft
Salz · schwarzer Pfeffer
½ Bund Dill

Zubereitungszeit: 30 Min.
Pro Portion: 1785 kJ/430 kcal
33 g E · 19 g F · 17 g K

Raffiniert · Für Gäste

➡ Das Suppengrün waschen oder schälen, putzen und klein würfeln. Die Schalotten und den Knoblauch schälen und fein würfeln.
➡ Die Butter in einem Topf erhitzen, Schalotten und Knoblauch darin glasig dünsten. Suppengrün 2–3 Min. mitdünsten. Mit dem Fond ablöschen. Brühe und Safran verrühren, mit den Erbsen in die Suppe geben und alles 10 Min. köcheln lassen.
➡ Inzwischen den Fisch waschen und in mundgerechte Stücke schneiden. Mit Garnelen und Zitronensaft vermischen. In die Suppe geben und 3 Min. ziehen lassen. Mit Salz und Pfeffer würzen.
➡ Dill waschen, Blättchen abzupfen und grob hacken. Auf die Suppe streuen.

Pikante Joghurtsuppe

Zutaten für 2 Personen:
1 kleine Zwiebel · 1 EL Butter
3 EL Langkornreis (etwa 40 g)
½ l Gemüsebrühe
125 g türkischer Joghurt (3,5 % Fett)
2 gestr. TL Mehl
Salz · weißer Pfeffer
1–2 EL getrocknete Minze
1 TL Paprika, rosenscharf

Zubereitungszeit: 30 Min.
Pro Portion: 1755 kJ/415 kcal
12 g E · 17 g F · 55 g K

Spezialität aus der Türkei

➡ Die Zwiebel schälen und sehr fein würfeln. 1 EL Butter in einem Topf erhitzen, die Zwiebelwürfel darin glasig werden lassen. Den Reis und die Brühe dazugeben, den Reis fest zugedeckt bei schwacher Hitze 20 Min. köcheln lassen.
➡ Den Joghurt mit dem Mehl verquirlen. Die Joghurtmischung zum Reis geben und alles unter Rühren erhitzen, bis die Suppe cremig ist. Salzen, pfeffern.
➡ Die restliche Butter erhitzen. Die Minze mit den Fingern fein zerbröseln, mit dem Paprikapulver in der Butter kurz erhitzen. Auf die Suppe streuen.

Tips!
Die Suppe ist eher eine Vorspeise, als Hauptgericht die doppelte Menge zubereiten. Es ist wichtig, daß Sie türkischen Joghurt nehmen, nur damit wird die Suppe cremig.

Asiatische Hühnersuppe

Zutaten für 2 Personen:
150 g Hähnchenbrustfilet
1 Stück frischer Ingwer (2 cm lang)
2 EL Sojasauce
1 dünne Stange Lauch
1 mittelgroße Möhre
½ l Hühnerbrühe
1 TL Honig
3 TL Weißweinessig
1 TL Sambal oelek
50 g Sojasprossen (siehe Tip)
100 g Bambussprossen (aus der Dose)
einige Zweige frischer Koriander

Zubereitungszeit: 35 Min.
Pro Portion: 1245 kJ/300 kcal
34 g E · 13 g F · 10 g K

Gelingt leicht · Raffiniert

➠ Die Hähnchenbrust kalt abspülen, trockentupfen und in feine Streifen schneiden. Den Ingwer schälen und sehr kleinschneiden, mit der Sojasauce verrühren. Die Hähnchenstreifen untermischen und zugedeckt 10 Min. marinieren.

➠ Inzwischen den Lauch putzen und längs halbieren. Unter fließendem Wasser gründlich waschen. Die Möhre putzen und schälen. Den Lauch mit den hellgrünen Teilen und die Möhre in feine Streifen schneiden.

➠ Die Hühnerbrühe mit dem Honig, dem Essig und dem Sambal oelek erhitzen. Die Möhrenstreifen darin zugedeckt bei mittlerer Hitze 5 Min. kochen lassen. Den Lauch und die Hähnchenstreifen mit der Marinade hinzufügen und 5 Min. bei schwacher Hitze köcheln lassen.

➠ Die Sojasprossen in einem Sieb kalt abbrausen und abtropfen lassen. Die Bambussprossen in dünne Scheibchen schneiden. Beides in der Suppe noch 2 Min. ziehen lassen. Koriander waschen, die Blättchen abzupfen. Die Suppe damit bestreut servieren.

Tips!
Ingwer, Sojasauce, die Sprossen und frischer Koriander geben der Suppe die asiatische Note. Sollten Sie den starken Eigengeschmack von frischem Koriander nicht so gerne mögen oder frischen Koriander nirgends bekommen, nehmen Sie dafür etwas Petersilie.

Wenn Sie Sprossen nicht selber ziehen wollen, können Sie frische Sojasprossen auch in gutsortierten Gemüsegeschäften oder im Naturkostladen kaufen. Im Supermarkt gibt es die Sprossen im Glas konserviert. Die schmecken allerdings nicht so gut wie frische.

Varianten:
Bei der Wahl des Gemüses können Sie sich ganz nach dem Angebot der Saison richten. So schmecken auch Weißkohl- oder Wirsingstreifen, Paprikaschoten und/oder Spinat.

Sauerkrautsuppe mit Apfel

Zutaten für 2 Personen:
1 große Zwiebel
200 g Sauerkraut
1 großer süßer Apfel (z. B. Gala oder Golden Delicious)
2 EL Öl
½ l Sauerkrautsaft (aus dem Reformhaus)
100 g Sahne · 2 EL Kürbiskerne
Salz · weißer Pfeffer
1 TL milder Curry
2 TL Kürbiskernöl

Zubereitungszeit: 30 Min.
Pro Portion: 1990 kJ/475 kcal
8 g E · 41 g F · 20 g K

Preiswert · Vegetarisch

➡ Die Zwiebel schälen und sehr klein würfeln. Das Sauerkraut abtropfen lassen und sehr kleinschneiden. Den Apfel vierteln, schälen und vom Kerngehäuse befreien. Dann raspeln.
➡ Das Öl in einem Topf erhitzen und die Zwiebelwürfel darin glasig dünsten. Das Sauerkraut und die Apfelraspel dazugeben, mit dem Sauerkrautsaft aufgießen. Die Suppe zugedeckt bei mittlerer Hitze 15 Min. köcheln lassen.
➡ Die Sahne halbsteif schlagen. Die Kürbiskerne grob hacken.
➡ Die Suppe mit dem Pürierstab im Topf fein pürieren. Die Schlagsahne unter die Suppe ziehen. Die Suppe mit Salz, Pfeffer und Curry abschmecken und mit dem Kürbiskernöl verfeinern. Mit den Kürbiskernen bestreut servieren.

Tip!
Kürbiskernöl bekommen Sie im Feinkostgeschäft und im Reformhaus. Es ist sehr geschmacksintensiv und verfeinert Gemüsegerichte, Suppen und Salate. Kaufen Sie das wertvolle Öl möglichst in kleinen Mengen, denn es ist nur begrenzt haltbar.

Schnelle Minestrone

Zutaten für 2 Personen:
300 g tiefgekühltes Suppengemüse
400 ml Gemüsebrühe
Salz · weißer Pfeffer
2 EL Pesto (aus dem Glas)
2 EL frisch geriebener Parmesan

Zubereitungszeit: 15 Min.
Pro Portion: 1110 kJ/265 kcal
14 g E · 13 g F · 24 g K

Spezialität aus Italien

➡ Das Gemüse unaufgetaut in einen Topf geben, die Brühe angießen. Aufkochen und die Suppe bei mittlerer Hitze zugedeckt 10–15 Min. köcheln lassen.
➡ Die Suppe mit Salz und Pfeffer abschmecken und auf Teller verteilen. Jeweils 1 EL Pesto und 1 EL Parmesan daraufgeben.

Tip!
Wer Pesto, die ligurische Basilikumpaste lieber selber zubereiten möchte, benötigt 2 EL Pinienkerne, 3 Knoblauchzehen, 1 großes Bund Basilikum, 50 g frisch geriebenen Pecorino oder Parmesan und $^1/_8$ l kaltgepreßtes Olivenöl. Die Pinienkerne in einer Pfanne goldbraun rösten. Den Knoblauch schälen und grob hacken. Pinienkerne, Knoblauch und Basilikumblättchen im Mörser zu einer Paste zerreiben oder im Mixer zerkleinern. Löffelweise Käse und Olivenöl unterrühren. Mit Olivenöl bedeckt und fest verschlossen hält es im Kühlschrank 1–2 Wochen.

Radieschenblätter-Cremesuppe

Zutaten für 2 Personen:
1 Bund Radieschen mit makellosen Blättern
1 Schalotte
1 mehligkochende Kartoffel (etwa 70 g)
1 EL Butter
400 ml Gemüsebrühe
1 EL Crème fraîche
Salz · weißer Pfeffer
frisch geriebene Muskatnuß

Zubereitungszeit: 30 Min.
Pro Portion: 990 kJ/235 kcal
7 g E · 10 g F · 31 g K

Raffiniert · Gelingt leicht

➡ Die Blätter von den Radieschen ablösen und waschen. Einige kleine, zarte beiseite legen, den Rest grob zerschneiden. Schalotte schälen und hacken, die Kartoffel waschen, schälen und klein würfeln.
➡ Die Butter in einem Topf zerlassen, Schalotte und geschnittene Radieschenblätter darin kurz andünsten. Brühe und Kartoffel hinzufügen und die Suppe bei mittlerer Hitze zugedeckt 20 Min. köcheln lassen.
➡ Die Suppe mit dem Pürierstab fein pürieren, nochmals aufkochen. Crème fraîche einrühren, die Suppe mit Salz, Pfeffer und Muskat abschmecken.
➡ Die übrigen Radieschen waschen, ungeschält in hauchdünne Scheiben schneiden. Mit den übrigen Blättchen über die Suppe streuen.

Curry-Möhren-Suppe

Zutaten für 2 Personen:
300 g Möhren
1 kleine Zwiebel
1 EL Sesamöl
1 EL neutrales Öl
1 TL Curry
400 ml Gemüsebrühe
1 EL Sesamsamen
Salz · weißer Pfeffer
100 g Vollmilchjoghurt

Zubereitungszeit: 30 Min.
Pro Portion: 1395 kJ/335 kcal
10 g E · 15 g F · 40 g K

Vegetarisch · Preiswert

➠ Die Möhren schälen und klein würfeln. Die Zwiebel schälen und grob hacken.
➠ Beide Ölsorten in einem Topf erhitzen, Möhren und Zwiebel darin andünsten. Das Currypulver unterrühren und kurz anschwitzen lassen. Mit Brühe ablöschen und alles bei mittlerer Hitze zugedeckt 15 Min. köcheln lassen.
➠ Inzwischen die Sesamsamen in einer trockenen Pfanne bei mittlerer Hitze unter Rühren goldgelb rösten.
➠ Möhren samt Brühe fein pürieren, mit Salz und Pfeffer abschmecken. Joghurt cremig aufschlagen, nur locker unter die Suppe ziehen. Mit den Sesamsamen bestreuen.

Couscous-Gemüsetopf

Zutaten für 2 Personen:
1 mittelgroße Zwiebel
1 Knoblauchzehe
1 dünne Stange Lauch
1 mittelgroße Möhre
50 g kleine Champignons
2 EL Olivenöl
50 g vorgegarter Couscous (feiner Weizengrieß; türkischer Laden)
1/2 TL frische Thymianblättchen
1/2 l Gemüsebrühe
Salz · schwarzer Pfeffer
3 Zweige Petersilie

Zubereitungszeit: 30 Min.
Pro Portion: 1475 kJ/355 kcal
12 g E · 13 g F · 49 g K

Schnell · Preiswert

➠ Die Zwiebel schälen und klein würfeln. Die Knoblauchzehe schälen. Lauch putzen, längs aufschneiden, gut waschen und mit dem zarten Grün in feine Ringe schneiden. Möhre schälen und in dünne Scheiben schneiden. Pilze putzen und ganz lassen oder halbieren.
➠ Das Öl in einem Topf erhitzen, Zwiebel darin bei mittlerer Hitze glasig werden lassen. Lauch, Möhre, Pilze, Couscous und Thymian hinzufügen und bei mittlerer Hitze unter Rühren 5 Min. anrösten. Knoblauch dazupressen, noch kurz mitbraten. Mit der Brühe ablöschen, aufkochen, bei schwacher Hitze 5 Min. köcheln lassen. Suppe mit Salz und Pfeffer abschmecken.
➠ Petersilie waschen, Blätter abzupfen und grob hacken. Auf die Suppe streuen und servieren.

Wirsing-Cremesuppe mit Champignons

Zutaten für 2 Personen:
100 g kleine Champignons
1 1/2 EL Butter
Salz · schwarzer Pfeffer
250 g Wirsing
1 kleine Zwiebel
1 Knoblauchzehe
400 ml Gemüsefond (aus dem Glas, oder kräftige Gemüsebrühe)
1 TL frische Thymianblättchen
150 g Sahne
2 EL Crème fraîche
einige Spritzer Worchestersauce

Zubereitungszeit: 35 Min.
Pro Portion: 2485 kJ/595 kcal
15 g E · 43 g F · 44 g K

Preiswert · Vegetarisch

➡ Die Pilze mit Küchenpapier abreiben, putzen und in Scheibchen schneiden. In einer Pfanne in 1/2 EL Butter bei mittlerer Hitze in 3 Min. braun braten. Mit Salz und Pfeffer würzen, beiseite stellen.

➡ Den Wirsing waschen, putzen und in sehr feine Streifen schneiden. Zwiebel und Knoblauchzehe schälen und klein würfeln.

➡ In einem Topf die übrige Butter erhitzen, Wirsing, Zwiebel und Knoblauch darin bei mittlerer Hitze unter Rühren 5 Min. andünsten. Mit dem Gemüsefond ablöschen, den Thymian hinzufügen. Die Suppe zugedeckt bei schwacher Hitze 5 Min. köcheln lassen, bis der Wirsing bißfest ist.

➡ Die Sahne und die Crème fraîche unterrühren, aufkochen lassen. Die Suppe mit Salz, Pfeffer und Worchestersauce würzen, noch 3 Min. offen köcheln lassen. Die gebratenen Pilze in die Suppe geben, noch einmal kurz erhitzen, dann in vorgewärmten Tellern rasch servieren.

Variante: Lauch-Curry-Cremesuppe mit Apfel
1 Stange Lauch putzen, waschen und in feine Ringe schneiden. 1 kleinen säuerlichen Apfel vierteln, schälen, vom Kerngehäuse befreien und quer in Scheibchen schneiden. Je 1 EL Lauchringe und Apfelstücke beiseite legen. Übrige Lauch- und Apfelstücke mit 1 zerdrückten Knoblauchzehe in 1 EL Öl 3 Min. andünsten. Mit 1–2 TL scharfem Curry bestäuben. 400 ml Gemüsebrühe angießen, aufkochen und zugedeckt bei schwacher Hitze 10 Min. köcheln lassen. Die Suppe im Topf mit dem Pürierstab glatt pürieren, 100 g Schmand oder Crème fraîche einrühren, einmal aufkochen lassen. Suppe mit Salz und Pfeffer abschmecken. Vor dem Servieren die beiseite gelegten Lauch- und Apfelstücke auf die Suppe streuen. Eventuell noch mit Schnittlauchröllchen und/oder gerösteten Mandelblättchen bestreuen.

Käsesuppe mit Garnelen

Zutaten für 2 Personen:
100 g Bergkäse (mindestens 45 % Fett)
2 Zweige Dill
1 Knoblauchzehe
1 kleine Zwiebel
1 EL Butter
1/4 l Fleischbrühe
1/4 l Milch · 2 Eigelbe
1 EL Zitronensaft
Salz · weißer Pfeffer
50 g gegarte geschälte Tiefseegarnelen

Zubereitungszeit: 25 Min.
Pro Portion: 2170 kJ/520 kcal
26 g E · 29 g F · 12 g K

Raffiniert · Gelingt leicht

➡ Den Bergkäse fein reiben. Den Dill waschen, abtrocknen, einige Spitzen beiseite legen, den Rest hacken. Den Knoblauch und die Zwiebel schälen und fein würfeln.
➡ Die Butter in einem Topf zerlassen, den Knoblauch und die Zwiebel darin glasig werden lassen. Die Brühe und die Milch angießen, alles 5 Min. bei mittlerer Hitze leicht köcheln lassen.
➡ Die Hitze reduzieren, den Käse unter Rühren in der Suppe schmelzen lassen. Nicht mehr kochen lassen!
➡ Etwas Suppe in eine Tasse geben und darin mit den Eigelben glattrühren. Zur übrigen Suppe gießen und erhitzen, aber nicht aufkochen. Mit Dill, Zitronensaft, Salz und Pfeffer abschmekken, zum Servieren die Garnelen hineingeben und warm werden lassen. Mit Dillspitzen garnieren.

Paprika-Tomatensuppe

Zutaten für 2 Personen:
je 1/2 rote, gelbe und grüne Paprikaschote
1 Zwiebel · 1 Knoblauchzehe
2 EL Olivenöl
1 EL Tomatenmark
1 kleine Dose geschälte Tomaten (400 g) · 1/4 l Gemüsebrühe
Salz · schwarzer Pfeffer
1 TL Paprika, edelsüß
1/2 TL Paprika, rosenscharf
1 TL getrockneter gerebelter Thymian
2 TL Schmand oder Crème fraîche

Zubereitungszeit: 30 Min.
Pro Portion: 1145 kJ/275 kcal
8 g E · 12 g F · 35 g K

Gelingt leicht · Vegetarisch

➡ Die Paprikahälften waschen, putzen und in kleine Würfel schneiden. Die Zwiebel und den Knoblauch schälen und würfeln.
➡ In einem Topf das Öl erhitzen, die Zwiebel und den Knoblauch darin glasig dünsten. Die Paprikawürfel hinzufügen und 3 Min. bei mittlerer Hitze mitdünsten. Das Tomatenmark, die Tomaten samt Saft und die Brühe einrühren, aufkochen lassen. Mit Salz, Pfeffer, beiden Paprikasorten und Thymian würzen. Zugedeckt bei schwacher Hitze 10 Min. köcheln lassen.
➡ Die Suppe auf zwei tiefe Teller verteilen. Je 1 TL Schmand oder Crème fraîche darauf verteilen.

Tip!
Deftiger wird die Suppe, wenn Sie zum Schluß 75 g Sauerkraut darin erhitzen.

Kalte Gurkensuppe mit Surimi

Zutaten für 2 Personen:
1 mittelgroße Salatgurke
4 Zweige Dill
100 g Buttermilch
1/8 l Hühnerbrühe
Salz · Pfeffer
1–2 EL Anisschnaps (Ouzo oder Pernod)
1/2 Knoblauchzehe
1–2 EL Zitronensaft
frisch geriebene Muskatnuß
100 g Surimi (Krebsfleischimitat)

Zubereitungszeit: 20 Min.
Pro Portion: 1345 kJ/320 kcal
20 g E · 7 g F · 38 g K

Preiswert

➡ Die Gurke schälen, längs halbieren und die Kerne mit einem Löffel herauskratzen. Ein Viertel des Fruchtfleisches klein würfeln, den Rest grob hacken. Dill waschen, trockentupfen und ein paar schöne Spitzen zur Seite legen. Den Rest fein hacken.
➡ Die gehackte Gurke mit der Buttermilch, der Brühe, etwas Salz und Pfeffer, dem Dill und dem Anisschnaps fein pürieren.
➡ Die Gurkenwürfel unterrühren. Den Knoblauch schälen und durch die Presse dazudrücken. Die Suppe mit Zitronensaft und ganz wenig Muskatnuß abschmecken. In Teller verteilen.
➡ Surimi schräg in fingerdicke Stücke schneiden und in die Suppe legen.

Sauce für Kohlenhydrat-Menüs

Zutaten für 2 Personen:
2–3 EL Joghurt, saure oder süße Sahne oder Dickmilch
1–2 TL Molkosan, Brottrunk oder milder Aceto Balsamico
1–2 EL kaltgepreßtes Öl
Salz · Pfeffer
1 kleine Knoblauchzehe und/oder Zwiebel
1–2 EL frisch gehackte beliebige Kräuter
1 TL Senf oder Sojasauce

Zubereitungszeit: 5 Min.
Pro Portion: 600 kJ/120 kcal
2 g E · 9 g F · 3 g K

Gut vorzubereiten

➡ Joghurt, Sahne oder Dickmilch mit Molkosan, Brottrunk oder Essig und Öl verrühren. Mit Salz und Pfeffer würzen.
➡ Den Knoblauch und/oder die Zwiebel schälen und fein hacken oder durch die Presse drücken und einrühren.
➡ Mit Kräutern und Senf oder Sojasauce verfeinern.

Tip!
Zu kohlenhydratreichen Mahlzeiten darf man keine Salate mit viel Säure servieren, Essig und Zitronensaft sind also nicht geeignet. Eine Ausnahme ist Aceto Balsamico. Ebenfalls eine angenehme säuerliche Note bekommen Sie durch Molkosan oder Brottrunk. Beides bekommen Sie im Reformhaus.

Sauce für Eiweiß-Menüs

Zutaten für 2 Personen:
2 TL Weißwein- oder Rotweinessig, Aceto Balsamico oder Zitronensaft
Salz · Pfeffer
2 EL kaltgepreßtes Öl
1 kleine Knoblauchzehe und/oder Zwiebel
1–2 EL frisch gehackte beliebige Kräuter
1 TL Senf oder Sojasauce

Zubereitungszeit: 5 Min.
Pro Portion: 535 kJ/85 kcal
1 g E · 9 g F · 2 g K

Schnell · Gelingt leicht

➡ Den Essig oder Zitronensaft mit Salz, Pfeffer und dem Öl gründlich verrühren.
➡ Den Knoblauch und/oder die Zwiebel schälen und fein hacken oder durch die Presse drücken und einrühren.
➡ Kräuter und Senf oder Sojasauce unter die Sauce mischen.

Tip!
Zu Eiweißmahlzeiten können Sie alle gewohnten Salatsaucen servieren, denn hier ist Säure erlaubt.

Eisbergsalat mit Kräuterdressing

Zutaten für 2 Personen:
1/2 Bund Petersilie
3 Zweige Basilikum
1 Bund Schnittlauch
150 g Vollmilchjoghurt
1–2 TL Dijon-Senf
1 TL Selleriesalz
1/2 kleiner Kopf Eisbergsalat
1 Bund Radieschen
1 Kohlrabi
3 kleine Möhren
1 EL entsteinte grüne Oliven
1 EL Sonnenblumenkerne

Zubereitungszeit: 20 Min.
Pro Portion: 770 kJ/185 kcal
10 g E · 7 g F · 20 g K

Schnell · Gelingt leicht

➡ Die Kräuter waschen, trockentupfen und kleinschneiden. Mit dem Joghurt, dem Senf und 1/2 TL Selleriesalz verrühren.
➡ Den Eisbergsalat waschen, trockenschwenken und in Stücke zupfen. Die Radieschen waschen, abtrocknen und in Scheibchen schneiden. Den Kohlrabi schälen, halbieren und zuerst in Scheiben, dann in Stifte schneiden. Die Möhren putzen, schälen und auf der Rohkostreibe grob raspeln. Die Oliven in Ringe schneiden. Die Sonnenblumenkerne hacken.
➡ Die vorbereiteten Salatzutaten in einer Schüssel locker mischen oder auf zwei Salattellern anrichten, mit dem übrigen Selleriesalz und den Sonnenblumenkernen bestreuen.
➡ Die Kräutersauce vor dem Servieren darüber gießen oder gesondert dazu reichen.

Fenchelsalat mit Datteln

Zutaten für 2 Personen:
300 g Fenchel
100 g frische Datteln
3 frische Feigen
2 EL Öl · 150 g saure Sahne
2 TL Molkosan (vergorenes Molkenkonzentrat aus dem Reformhaus)
2 TL Ahornsirup
Salz · weißer Pfeffer

Zubereitungszeit: 20 Min.
Pro Portion: 1585 kJ/380 kcal
32 g E · 16 g F · 55 g K

Raffiniert · Vegetarisch

➡ Von den Fenchelknollen die grünen Stengel kürzen, etwas vom zarten Grün zum Garnieren zurückbehalten. Die Knollen putzen, waschen, je nach Größe vierteln oder halbieren und in sehr feine Streifen schneiden. Die Datteln entkernen und in Scheibchen schneiden. Die Feigen waschen, trockentupfen und vierteln.
➡ Für die Sauce das Öl mit der sauren Sahne, dem Molkosan, dem Ahornsirup, je 1 Prise Salz und Pfeffer verrühren.
➡ Die Salatzutaten locker in einer Schüssel mischen und mit der Sauce vermengen. Zugedeckt 15 Min. bei Zimmertemperatur ziehen lassen. Mit Fenchelgrün bestreut servieren.

Tip!
Etwas Parmaschinken in hauchzarten Scheiben, Roquefort und Walnuß-Vollkornbaguette ergänzen den feinen Fenchelsalat hervorragend.

Rucola-Apfel-Salat

Zutaten für 2 Personen:
Für den Salat:
2 EL Pinienkerne
1 kleiner säuerlicher rotschaliger Apfel (z. B. Boskop)
1 EL Zitronensaft
etwa 75 g Rucola
25 g Parmesan am Stück
Für das Dressing:
2 EL Rotweinessig
1–2 TL Apfelkraut
Salz · schwarzer Pfeffer
3 EL Olivenöl

Zubereitungszeit: 20 Min.
Pro Portion: 1050 kJ/250 kcal
5 g E · 20 g F · 16 g K

Gelingt leicht · Raffiniert

➡ Die Pinienkerne bei mittlerer Hitze in einer Pfanne ohne Fettzugabe leicht rösten. Auf einem Teller beiseite stellen.
➡ Den Apfel gründlich waschen und abreiben, vierteln und vom Kerngehäuse befreien. Die Viertel dann würfeln und sofort mit Zitronensaft beträufeln.
➡ Den Rucola putzen, verlesen, waschen und gründlich trockenschütteln. Die Blätter eventuell mundgerecht zerzupfen.
➡ Für das Dressing Rotweinessig, Apfelkraut, Salz und Pfeffer gründlich verquirlen, bis sich das Apfelkraut größtenteils aufgelöst hat. Dann das Öl unterschlagen und das Dressing abschmecken.
➡ Rucolasalat und Apfelwürfel in dem Dressing wenden und auf Teller verteilen. Oder den Rucola dekorativ auf Tellern auslegen, die Apfelwürfel darüber verteilen und mit dem Dressing beträufeln. Die Pinienkerne aufstreuen und den Parmesan darüber hobeln.

Tip!
Pinienkerne sollten ebenso wie andere Nüsse stets zuerst in einer Pfanne angeröstet werden, sie schmecken dann wesentlich aromatischer. Zugabe von Fett ist beim Rösten nicht nötig, denn in allen Nüssen steckt ausreichend Fett.

Varianten:
➡ Noch feiner schmeckt der Salat, wenn Sie die Hälfte des Olivenöls durch das ungemein aromatische Pinienkernöl ersetzen. Sie können aber auch Walnußkerne statt der Pinienkerne und zur Hälfte Walnußkernöl statt Olivenöl verwenden.
➡ **Rucolasalat mit Senfdressing:** 1 feingehackte Schalotte mit 1 TL mittelscharfem Senf, 1 EL frisch gehackter Petersilie, Salz, Pfeffer und 2 EL Apfelessig nehmen, 3 EL Öl gründlich darunterschlagen. Dieses Dressing statt des oben beschriebenen Dressings nehmen, den Salat ansonsten wie angegeben zubereiten.

Salat mit Ananas und Tomaten

Zutaten für 2 Personen:
1 Baby-Ananas · 2 Schalotten
250 g Cocktailtomaten
1 Orange · 1/2 Kopfsalat
1 TL eingelegte grüne Pfefferkörner
1 Limette
150 g Vollmilchjoghurt
Salz · Pfeffer
1–2 TL Honig
2 Zweige frische Zitronenmelisse

Zubereitungszeit: 20 Min.
Pro Portion: 660 kJ/160 kcal
5 g E · 3g F · 31 g K

Schnell · Raffiniert

➡ Die Ananas schälen, halbieren und in dünne Scheiben schneiden. Die Schalotten schälen und in hauchdünne Scheibchen schneiden. Die Tomaten waschen und halbieren. Die Orange mit einem scharfen Messer so schälen, daß auch die weiße Haut entfernt wird. Die Fruchtfilets aus den Trennwänden herauslösen, den Saft dabei auffangen. Den Salat waschen, trockenschleudern und in mundgerechte Stücke zerteilen, dabei grobe Rippen entfernen.
➡ Alle vorbereiteten Salatzutaten mit den Pfefferkörnern locker in einer Schüssel mischen.
➡ Für die Sauce die Limette auspressen, mit dem aufgefangenen Orangensaft, dem Joghurt, je 1 Prise Salz und Pfeffer sowie dem Honig verrühren.
➡ Die Melisseblättchen abzupfen, streifig schneiden und unter die Sauce mischen. Die Sauce über den Salat verteilen.

Tip!
Statt zarten Kopfsalat können Sie auch einmal den knackigen Eisbergsalat nehmen. Damit läßt sich der Salat schon 1 Std. vor dem Servieren zubereiten.

Gurken-Radieschen-Salat

Zutaten für 2 Personen:
3 EL Vollmilch-Kefir
2 EL Nuß- oder Olivenöl
½ TL Senf
Salz · weißer Pfeffer
1 Bund Radieschen
½ Salatgurke
3 Frühlingszwiebeln

Zubereitungszeit: 20 Min.
Pro Portion: 625 kJ/150 kcal
2 g E · 15 g F · 4 g K

Vorspeise oder Imbiß

➡ Für das Dressing den Kefir, das Öl und den Senf gründlich verrühren, mit Salz und Pfeffer abschmecken.
➡ Die Radieschen putzen, waschen und in dünne Scheiben schneiden. Die Gurke waschen, abtrocknen und ungeschält längs vierteln, nach Belieben mit einem Löffel entkernen, dann ebenfalls in dünne Scheiben schneiden. Die Frühlingszwiebeln sehr gründlich waschen, putzen und mit dem zarten Grün in feine Ringe schneiden.
➡ Radieschen, Gurke und Zwiebelringe in einer Schüssel vermengen, das Dressing dazugeben und locker unterheben. Den Salat abschmecken.

Tip!
Statt Frühlingszwiebeln 1 Stengel Staudensellerie in dünnen Scheiben unter den Salat mischen.

Möhrensalat mit Nüssen

Zutaten für 2 Personen:
250 g Möhren
100 g Crème fraîche
150 g Joghurt
50 g Walnußkerne (ersatzweise Haselnußkerne oder Mandeln)
Salz · Pfeffer
1 TL Zitronensaft
1 Kästchen Gartenkresse

Zubereitungszeit: 15 Min.
Pro Portion: 1755 kJ/420 kcal
9 g E · 36 g F · 14 g K

Preiswert · Schnell

➡ Die Möhren waschen, dünn schälen und fein raspeln. Die Crème fraîche und den Joghurt mit den Möhren vermischen.
➡ Die Nüsse mit dem Blitzhacker fein oder mittelgrob zerkleinern. Die Nüsse unter die Möhrenmasse mischen, mit Salz, Pfeffer und Zitronensaft abschmecken.
➡ Kresse im Beet abspülen, abschneiden und zur Hälfte unterheben. Die restliche Kresse über den Salat streuen.

Tip!
Wer möchte, kann die geraspelten Möhren mit den Nüssen gemischt auf Teller geben. Die Sauce extra rühren und in Klecksen darauf setzen.

Champignon-Eichblatt-Salat

Zutaten für 2 Personen:
100 g gekochter Schinken
150 g Vollmilch-Joghurt
1/2 unbehandelte Zitrone
2 EL Olivenöl
Salz · schwarzer Pfeffer
100 g kleine feste Champignons
1 kleiner Eichblattsalat

Zubereitungszeit: 20 Min.
Pro Portion: 990 kJ/235 kcal
14 g E · 17 g F · 9 g K

Schnell

➨ Den Schinken gegebenenfalls vom Fett befreien, dann grob würfeln und mit dem Joghurt im Mixer fein pürieren. Die Zitronenhälfte heiß abwaschen und abtrocknen, etwas Schale abreiben, die Zitrone dann auspressen.

➨ Die Zitronenschale und 1 EL Zitronensaft unter die Schinkencreme rühren, das Öl ebenfalls unterrühren. Die Creme mit Salz (vorsichtig, denn der Schinken ist salzig) und Pfeffer pikant abschmecken.

➨ Die Champignons mit Küchenpapier sauber abreiben, putzen und in dünne Scheiben schneiden. Sofort mit dem restlichen Zitronensaft beträufeln, damit sie hell bleiben.

➨ Den Eichblattsalat waschen, putzen und gründlich trockenschleudern. Die Blätter mundgerecht zerzupfen und mit den Pilzen mischen, auf Tellern anrichten. Das Schinkendressing darüber verteilen.

Tip!
Das Schinkendressing läßt sich gut im voraus zubereiten, es kann durchaus einen Tag zugedeckt im Kühlschrank aufbewahrt werden. Es eignet sich also hervorragend, wenn Sie Gäste erwarten und wenig Zeit zum Kochen haben. Zudem läßt es sich in einem Schraubdeckelglas gut transportieren, ist also eine perfekte Büromahlzeit. Salatblätter ebenfalls vorbereiten, erst in ein feuchtes Tuch und dann in einen Kunststoffbeutel geben. Beides mit an den Arbeitsplatz nehmen und dort ein leichtes Mittagessen daraus zubereiten.

Variante: Eichblattsalat mit Mandeldressing
Zum leicht herben Eichblattsalat und den milden Champignons paßt auch ein Dressing aus 1 geschälten und kleingewürfelten Schalotte, Salz, Pfeffer, 1 EL Zitronensaft, 1 EL Weinessig, 2 EL Mandelmus (Reformhaus oder Naturkostladen) und 3 EL Sonnenblumenöl sehr gut. Streuen Sie zusätzlich 2–3 EL Mandelblättchen auf den Salat, die Sie vorher in einer trockenen Pfanne bei mittlerer Hitze goldgelb rösten. Wenn Sie diesen Salat mit ins Büro nehmen möchten, packen Sie die Mandelblättchen extra ein, damit sie im feuchten Salat nicht weich werden.

Mexikanischer Salat

Zutaten für 2 Personen:
3 EL Weißweinessig
2 EL Orangensaft
2 EL Sonnenblumenöl
Tabasco
Salz · schwarzer Pfeffer
1/2 kleiner Eisbergsalat
1 kleine Zwiebel
1 frische rote Chilischote
1 reife Papaya
100 g Roastbeef-Aufschnitt

Zubereitungszeit: 20 Min.
Pro Portion: 500 kJ/120 kcal
7 g E · 5 g F · 12 g K

Raffiniert · Für Gäste

➡ Für das Dressing Essig, Orangensaft und Öl kräftig miteinander verschlagen. Mit 1 Spritzer Tabasco, Salz und Pfeffer abschmecken.

➡ Salat waschen und gründlich trockenschwenken. Eventuell kleiner zupfen. Zwiebel schälen und halbieren. Chilischote putzen, längs aufschlitzen, entkernen und waschen. Alles in dünne Streifen schneiden, vermengen und das Dressing unterheben.

➡ Papaya schälen, längs halbieren oder vierteln, entkernen und in dünne Scheiben schneiden. Die Roastbeefscheiben quer halbieren.

➡ Zwei Teller mit Roastbeef- und Papayascheiben dekorativ auslegen. Den Salat in die Mitte der Teller setzen.

Tip!
Wer nicht gerne scharf ißt, kann die Chilischote durch etwas feingeschnittene rote Paprikaschote ersetzen.

Gemüse-Rohkost mit Nußdressing

Zutaten für 2 Personen:
50 g feine Mandel- oder Haselnußcreme
75 g saure Sahne
2 EL Vollmilch · 1 EL Sojasauce
1/2 TL Sambal oelek
Salz · schwarzer Pfeffer
1 kleine Knoblauchzehe
1/2 Bund Petersilie
100 g Eichblatt- oder Eisbergsalat · 1 Möhre (etwa 75 g)
75 g Rettich · 75 g Salatgurke
50 g Sojasprossen

Zubereitungszeit: 20 Min.
Pro Portion: 1095 kJ/260 kcal
11 g E · 17 g F · 14 g K

Gelingt leicht

➡ Für die Sauce die Nußcreme mit der sauren Sahne, der Milch und der Sojasauce glattrühren. Mit Sambal oelek, Salz und Pfeffer würzen. Die Knoblauchzehe schälen und dazupressen.

➡ Die Petersilie waschen und die Blätter abzupfen. Die Hälfte der Blätter beiseite legen, den Rest fein hacken und unter die Sauce rühren.

➡ Den Salat waschen, trokkenschwenken und in mundgerechte Stücke zupfen. Möhre, Rettich und Gurke schälen und in streichholzdünne Stäbchen schneiden. Die Sojasprossen abbrausen und gut abtropfen lassen. Alles Gemüse und die restlichen Petersilienblätter auf zwei Tellern dekorativ anrichten. Mit der Mandel- oder Haselnußsauce überziehen.

Blattsalat mit Gorgonzoladressing

Zutaten für 2 Personen:
75 g Gorgonzola (mindestens 45 % Fett)
75–100 ml Vollmilch
1 Bund Schnittlauch
Salz · schwarzer Pfeffer
3–4 Tropfen Tabasco
jeweils einige Blätter Endiviensalat, Lollo rosso und Radicchio (oder 1 Kopf Salat nach Belieben)
2 EL Haselnuß- oder Mandelblättchen

Zubereitungszeit: 15 Min.
Pro Portion: 1190 kJ/285 kcal
11 g E · 20 g F · 4 g K

Schnell · Gelingt leicht

➡ Den Gorgonzola mit 75 ml Milch pürieren. Eventuell etwas mehr Milch dazugeben, das Dressing soll nicht zu dick geraten.
➡ Den Schnittlauch waschen, abtrocknen und in feine Röllchen schneiden. Den größten Teil davon unter die Käsesauce rühren. Mit Salz, Pfeffer und Tabasco abschmecken.
➡ Die Salatblätter waschen, putzen und gründlich trockenschleudern, mundgerecht zerzupfen und auf Tellern anrichten. Mit dem Dressing beträufeln und mit den restlichen Schnittlauchröllchen und den Haselnuß- oder Mandelblättchen bestreuen.

Tip!
Haselnußblättchen gibt es in gutsortierten Geschäften abgepackt zu kaufen. Sonst nehmen Sie Mandelblättchen.

Toskanischer Brotsalat

Zutaten für 2 Personen:
150 g kräftiges Bauernbrot (vom Vortag) in Scheiben
2 reife Tomaten
1 Stück Salatgurke (100 g)
1 Frühlingszwiebel
1 Knoblauchzehe
1 TL Rotweinessig
Salz · weißer Pfeffer
3–4 EL Olivenöl
1/2 Bund Basilikum
1 EL kleine Kapern

Zubereitungszeit: 20 Min.
Pro Portion: 1405 kJ/335 kcal
6 g E · 17 g F · 39 g K

Spezialität aus Italien

➡ Brotscheiben toasten, jede Scheibe mit 2 EL Wasser beträufeln und in 15 Min. weich werden lassen.
➡ Inzwischen die Stielansätze der Tomaten entfernen. Die Tomaten kurz überbrühen, häuten, halbieren und entkernen. Das Fruchtfleisch würfeln.
➡ Gurke waschen, längs halbieren, entkernen und ebenfalls fein würfeln. Die Frühlingszwiebel waschen, putzen, mit dem zarten Grün in feine Ringe schneiden, den Knoblauch schälen.
➡ Das Brot ausdrücken und in Stücke zupfen. Aus Essig, Salz, Pfeffer und Öl eine Marinade rühren. Den Knoblauch dazupressen. Brot, Gemüse und Marinade vermengen und den Salat zugedeckt 30 Min. ziehen lassen.
➡ Basilikumblätter in Stücke zupfen, mit den Kapern unterheben. Salat salzen und pfeffern.

Spargelsalat mit Walnußvinaigrette

Zutaten für 2 Personen:
400 g grüner Spargel
Salz
1 TL Butter
2 Schalotten
2 EL Walnußkerne
2 EL Weißweinessig
weißer Pfeffer
2 EL Walnußöl
2 EL neutrales Öl
etwas frischer Kerbel

Zubereitungszeit: 35 Min.
Pro Portion: 1055 kJ/250 kcal
8 g E · 19 g F · 13 g K

Für Gäste · Vegetarisch

➡ Den Spargel waschen, von den Enden befreien und am unteren Ende schälen. Die Stangen in 5–7 cm lange Stücke schneiden.
➡ Etwas Wasser mit Salz und der Butter zum Kochen bringen. Den Spargel darin zugedeckt je nach Dicke der Stangen in 5–10 Min. bißfest dünsten.
➡ Inzwischen für das Dressing die Schalotten schälen und sehr fein würfeln. Die Walnußkerne fein hacken. Beides mit Essig, Salz und Pfeffer verrühren, anschließend die beiden Ölsorten mit einem Schneebesen gründlich darunterschlagen. Das Dressing abschmecken.
➡ Den Spargel in ein Sieb abgießen und gut abtropfen lassen, vorsichtig in dem Dressing wenden. Auf Tellern anrichten.
➡ Den Kerbel vorsichtig waschen, abtrocknen und zerzupfen, über den Spargel streuen.

Tip!
Den Spargelsalat können Sie, ganz nach Belieben, lauwarm oder abgekühlt servieren.

Lauchsalat mit gerösteten Brotstiften

Zutaten für 2 Personen:
1 Stange Lauch (etwa 250 g)
3 EL Olivenöl
1 EL Apfeldicksaft
Salz · schwarzer Pfeffer
75 g Bauernbrot
1 Tomate
1 süßer Apfel (z. B. Gala)
30 g Parmesan am Stück

Zubereitungszeit: 20 Min.
Pro Portion: 1580 kJ/315 kcal
9 g E · 17 g F · 33 g K

Vegetarisch · Raffiniert

➡ Den Lauch putzen, längs aufschlitzen und sehr gründlich waschen. Mit dem hellen Grün in Ringe schneiden und in einen Topf geben. 3–4 EL Wasser dazugießen und den Lauch fest zugedeckt 3–4 Min. dünsten. Vom Herd nehmen.
➡ 2 EL Öl mit Apfeldicksaft, Salz und Pfeffer verquirlen, mit dem Lauch vermengen.
➡ Das Brot in schmale Streifen schneiden. Das restliche Öl in einer beschichteten Pfanne erhitzen, die Brotstreifen darin bei mittlerer Hitze rösten.
➡ Die Tomate waschen und klein würfeln, dabei den Stielansatz sowie die Kerne entfernen. Den Apfel abreiben und ebenfalls klein würfeln, dabei vom Kerngehäuse befreien. Beides mit dem Lauch vermengen. Auf Tellern anrichten, Parmesan darüber hobeln und die Brotstreifen dazugeben.

Melonen-Gemüse-Salat

Zutaten für 2 Personen:
1 Honigmelone
1/2 Salatgurke
1 kleiner Zucchino
2 Stangen Staudensellerie
1 Spitzpaprikaschote
2 Schalotten · 2 Zweige Dill
1 kleine vollreife Avocado
1 TL Zitronensaft
schwarzer Pfeffer · Salz
100 g Alfalfasprossen

Zubereitungszeit: 25 Min.
Pro Portion: 870 kJ/220 kcal
8 g E · 13 g F · 23 g K

Vegetarisch · Raffiniert

➡ Die Melone halbieren, die Kerne mit dem faserigen Fleisch herausschaben und das Fruchtfleisch mit einem Kugelausstecher ausstechen. Den Saft dabei auffangen. Die Gurke und den Zucchino putzen, waschen und in dünne Scheiben schneiden. Sellerie waschen, putzen und in feine Scheibchen schneiden, zarte grüne Blätter beiseite legen. Die Paprikaschote waschen, halbieren, putzen und in Streifen schneiden.
➡ Die Schalotten schälen und fein reiben. Dillspitzen abzupfen und kleinschneiden. Die Avocado halbieren, vom Kern lösen, schälen und mit einer Gabel zerdrücken. Mit dem aufgefangenen Melonensaft, Zitronensaft, Dill, Schalotten und Pfeffer verrühren, salzen.
➡ Das Gemüse auf zwei Tellern anrichten, leicht salzen und die Avocadocreme in die Mitte setzen. Sprossen darüber streuen.

Kartoffel-Kohlrabi-Salat

Zutaten für 2 Personen:
250 g festkochende Kartoffeln
1 zarter Kohlrabi (etwa 175 g)
3/8 l Gemüsebrühe
2 Frühlingszwiebeln
1/2 rote Paprikaschote
1 TL Zitronensaft
Salz · schwarzer Pfeffer
3 EL neutrales Öl
1 EL Kürbiskernöl
1 EL Kürbiskerne
1/2 Bund Petersilie

Zubereitungszeit: 30 Min.
Pro Portion: 1745 kJ/415 kcal
11 g E · 22 g F · 46 g K

Gut vorzubereiten · Preiswert

➨ Kartoffeln und Kohlrabi schälen, erst in dünne Scheiben, dann in feine Streifen oder Stifte schneiden.
➨ Die Brühe zum Kochen bringen, Kartoffeln und Kohlrabi darin 3–5 Min. blanchieren, abgießen, die Brühe dabei auffangen.
➨ Frühlingszwiebeln waschen, putzen und mit dem zarten Grün schräg in dünne Scheiben schneiden. Paprika waschen, putzen und in feine Streifen schneiden.
➨ In einer Schüssel aus 6 EL Gemüsesud, Zitronensaft, Salz, Pfeffer sowie beiden Ölsorten eine Sauce rühren. Kartoffeln, Kohlrabi, Paprika und Frühlingszwiebeln darin wenden.
➨ Kürbiskerne in einer Pfanne ohne Fett rösten. Petersilie waschen, hacken und untermischen. Salat auf Portionstellern anrichten, mit Kürbiskernen bestreuen. Dazu paßt Bauernbrot und ein kühles Bier.

Kartoffel-Erbsen-Salat mit Minze

Zutaten für 2 Personen:
300 g kleine festkochende Kartoffeln
1/4 l Gemüsebrühe
150 g tiefgekühlte Erbsen
100 g Vollmilchjoghurt
2 EL Olivenöl
1 TL süßer Senf
Salz · weißer Pfeffer
1/2 Romanasalat
1 Zweig frische Minze

Zubereitungszeit: 30 Min.
Pro Portion: 1775 kJ/375 kcal
14 g E · 13 g F · 51 g K

Raffiniert · Gelingt leicht

➨ Die Kartoffeln waschen, schälen und vierteln. In der Gemüsebrühe zugedeckt 15 Min. köcheln lassen, bis sie gar sind. Während der letzten 3 Min. die Erbsen hinzufügen.
➨ Inzwischen für das Dressing Joghurt, Öl und Senf verrühren, mit Salz und Pfeffer kräftig würzen.
➨ Romanasalat waschen, trockenschleudern, und in Stücke zupfen. Die Minzeblättchen waschen, trockentupfen und in feine Streifen schneiden.
➨ Kartoffeln und Erbsen in ein Sieb gießen (die Brühe anderweitig verwenden) und gut abtropfen lassen.
➨ Kartoffeln, Erbsen, Salatblätter und Minze vermengen. Das Dressing unterheben, den Salat mit Salz und Pfeffer abschmecken.

Tip!
Schön gelb werden die Kartoffeln, wenn Sie etwas Kurkuma in die Brühe geben.

Bulgursalat mit Gemüse

Zutaten für 2 Personen:
200 ml kräftige Gemüsebrühe
100 g Bulgur (türkischer Laden)
2 Tomaten
1/4 gelbe Paprikaschote
2 Frühlingszwiebeln
6 schwarze Oliven
1/2 Bund Petersilie
Salz · schwarzer Pfeffer
1/2 TL Paprika, rosenscharf
2 EL kaltgepreßtes Olivenöl
8 Radicchioblätter

Zubereitungszeit: 25 Min.
(+ 1 Std. Marinieren)
Pro Portion: 1570 kJ/375 kcal
11 g E · 13 g F · 57 g K

Gut vorzubereiten · Vegetarisch

➨ Die Brühe zum Kochen bringen. Den Bulgur damit übergießen und zugedeckt 15 Min. quellen lassen.

➨ Inzwischen die Stielansätze der Tomaten entfernen, die Tomaten kurz überbrühen, häuten und hacken. Das Paprikastück waschen, putzen und fein würfeln. Die Frühlingszwiebeln waschen, putzen und mit dem hellen Grün in feine Ringe schneiden. Die Oliven entsteinen und in feine Streifen schneiden. Die Petersilie abbrausen, die Blätter abzupfen und grob hacken.

➨ Alle vorbereiteten Zutaten unter den Bulgur mischen. Mit Salz, Pfeffer und Paprika kräftig abschmecken. Das Olivenöl hinzufügen. 1 Std. kühl stellen.

➨ Die Radicchioblätter waschen, putzen und auf zwei Tellern ausbreiten. Den Salat darauf verteilen.

Kabeljausalat mit Mandel-Dressing

Zutaten für 2 Personen:
300 g Kabeljaufilet
4 EL Zitronensaft
Salz · 1 EL Butter
schwarzer Pfeffer
100 g Lollo rosso (oder ein anderer Blattsalat)
1/2 rote Paprikaschote
30 g abgezogene geriebene Mandeln
1 kleine Knoblauchzehe
3 Zweige Petersilie
60 ml kaltgepreßtes Olivenöl
2 EL Weißweinessig

Zubereitungszeit: 30 Min.
Pro Portion: 1675 kJ/400 kcal
33 g E · 26 g F · 13 g K

Raffiniert · Für Gäste

➨ Den Fisch würfeln, mit 2 EL Zitronensaft beträufeln und salzen. In der Butter bei schwacher Hitze in 5 Min. gar dünsten. Mit Pfeffer bestreuen.

➨ Den Salat waschen und mundgerecht zerpflücken. Die Paprikahälfte waschen, putzen und würfeln.

➨ Für das Dressing die Mandeln mit Salz und Pfeffer mischen. Den Knoblauch schälen und dazudrücken. Die Petersilie abbrausen, die Blätter abzupfen, hacken und hinzufügen. Den übrigen Zitronensaft unterrühren. Nach und nach 50 ml Olivenöl unterschlagen.

➨ Den Fisch mit Salat und Paprika vermischen. Den Essig, Salz und Pfeffer mit dem übrigen Öl verquirlen. Den Salat damit mischen und auf Tellern anrichten. Mit der Mandelsauce überziehen.

Hähnchen-Kiwi-Salat

Zutaten für 2 Personen:
300 g Hähnchenbrustfilet
Salz · weißer Pfeffer
4 EL Öl
1 kleiner Eichblattsalat
1 Zweig Basilikum oder frischer Estragon
2 große reife Kiwis
2 Frühlingszwiebeln
1 Orange
2 EL Weißweinessig

Zubereitungszeit: 25 Min.
Pro Portion: 1530 kJ/365 kcal
31 g E · 19 g F · 21 g K

Raffiniert · Gelingt leicht

➡ Die Hähnchenbrustfilets mit Salz und Pfeffer einreiben. 2 EL Öl in einer kleinen Pfanne erhitzen, das Hähnchenfleisch darin bei mittlerer Hitze auf jeder Seite 3–4 Min. braten. Aus der Pfanne nehmen, in Alufolie wickeln und einige Minuten ziehen lassen.
➡ Inzwischen den Salat putzen, waschen, trockenschleudern und in Stücke zupfen. Basilikum oder Estragon waschen, die Blättchen abzupfen und grob hacken. Kiwis schälen und würfeln. Frühlingszwiebeln waschen, putzen und mit dem hellen Grün in hauchfeine Scheibchen schneiden. Hähnchenfleisch in Scheiben schneiden. Mit dem Salat, den Kräutern, den Kiwis und den Frühlingszwiebeln in einer Schüssel vermischen.
➡ Die Orange halbieren. Eine Hälfte auspressen, die andere Hälfte schälen und würfeln.
➡ Aus Orangensaft, Essig und dem restlichen Öl eine Marinade rühren, mit Salz und Pfeffer abschmecken. Unter die Zutaten heben.
➡ Den Salat auf Tellern anrichten, mit den Orangenwürfeln bestreuen.

Chicorée-Papaya-Salat

Zutaten für 2 Personen:
2 Chicorée
1 Stange Staudensellerie
2 reife Papayas (je etwa 400 g)
1–2 TL Zitronensaft
6 EL Orangensaft (am besten frisch gepreßt)
2 EL Kräuter-Weißweinessig
2 EL Olivenöl
Salz · Pfeffer
2 EL Cashewkerne oder geschälte Mandeln
Cayennepfeffer

Zubereitungszeit: 20 Min.
Pro Portion: 1035 kJ/250 kcal
4 g E · 11 g F · 35 g K

Raffiniert · Für Gäste

➡ Chicorée und Sellerie putzen und waschen. Chicoréeblätter einmal längs und einmal quer halbieren. Sellerie leicht schräg in dünne Scheiben schneiden.
➡ Die Papayas längs halbieren, entkernen und schälen. 1 Papayahälfte grob würfeln und pürieren. Die übrigen Hälften quer halbieren und in schmale Spalten schneiden. Mit Zitronensaft beträufeln.
➡ Für die Marinade Orangensaft, pürierte Papaya, Essig und Öl verrühren. Mit Salz und Pfeffer abschmekken. Marinade mit Chicorée und Sellerie vermischen.
➡ Cashewkerne oder Mandeln grob hacken. In einer kleinen Pfanne ohne Fett goldgelb rösten. Mit etwas Cayennepfeffer bestäuben.
➡ Den Salat anrichten, die Papayaspalten darauf verteilen und mit Nüssen oder Mandeln bestreuen.

Spanischer Spinatsalat

Zutaten für 2 Personen:
2 Orangen
125 g zarter Blattspinat
1 kleine rote Zwiebel
10 schwarze Oliven
1 kleine Knoblauchzehe
2 EL Rotweinessig
Salz · schwarzer Pfeffer
4 EL Olivenöl
2 EL Mandelblättchen

Zubereitungszeit: 30 Min.
Pro Portion: 1275 kJ/305 kcal
5 g E · 23 g F · 25 g K

Spezialität aus Spanien · Preiswert

➡ Die Orangen schälen, dabei auch die weiße Haut entfernen. Anschließend die einzelnen Fruchtsegmente zwischen den Trennhäutchen herausschneiden, abtropfenden Saft dabei auffangen.
➡ Den Spinat waschen, verlesen und gründlich trockenschwenken. Die Zwiebel schälen, halbieren und in Spalten schneiden. Die Oliven entsteinen und halbieren.
➡ Den Knoblauch schälen und mit einem Messer oder in der Knoblauchpresse zerdrücken, in einer großen Schüssel mit Essig, Salz und Pfeffer verquirlen, das Öl gründlich darunterschlagen, dann auch den abgetropften Orangensaft.
➡ Spinat, Orangen, Zwiebelspalten und Oliven in dem Dressing wenden.
➡ Die Mandelblättchen in einer Pfanne ohne Fett unter Rühren rösten und über den Salat streuen.

Honigmöhren auf Endiviensalat

Zutaten für 2 Personen:
300 g junge Möhren (mit Grün)
75 ml Gemüsebrühe
5 EL Orangensaft (am besten frisch gepreßt)
1 EL Honig
Salz
Cayennepfeffer
200 g Endivien- oder Friséesalat
3 Zweige Basilikum
2 TL Aceto Balsamico
2–3 EL Olivenöl

Zubereitungszeit: 25 Min.
Pro Portion: 1000 kJ/240 kcal
4 g E · 13 g F · 26 g K

Raffiniert · Vegetarisch

➡ Die Möhren waschen. Das Möhrengrün bis auf 1 cm abschneiden, Grün beiseite legen. Möhren schälen und der Länge nach halbieren, ganz zarte auch ganz lassen.
➡ In einem breiten Topf die Gemüsebrühe, 3 EL Orangensaft, Honig, etwas Salz und Cayennepfeffer erhitzen. Die Möhren darin bei schwacher Hitze zugedeckt in 10 Min. knackig garen. Etwas abkühlen lassen.
➡ Inzwischen den Salat putzen, waschen und trockenschleudern. Basilikum waschen, trockentupfen, Blättchen von den Stielen zupfen und mit dem Salat vermengen.
➡ Balsamessig mit dem übrigen Orangensaft, Öl, etwas Salz, Cayennepfeffer und dem Möhrensud zu einer Marinade verrühren.
➡ Honigmöhren auf dem Salat anrichten, alles mit Marinade beträufeln und mit etwas feingehacktem Möhrengrün bestreuen.

Tip!
Anstelle von Endivien- oder Friséesalat können Sie jeden anderen grünblättrigen Salat verwenden. Gut schmecken die Honigmöhren auch auf Rucola- oder schön zarten Spinatblättern.

Variante: Möhrensalat mit Sesam
300 g Möhren schälen, putzen, leicht schräg in Scheiben schneiden und in kochendem Salzwasser 1 Min. blanchieren. Dann kalt abschrecken und sehr gut abtropfen lassen. 2 Frühlingszwiebeln gründlich waschen, putzen und mit dem zarten Grün in feine Ringe schneiden. Diese mit den Möhren und 1 TL feingeriebenem Ingwer vermengen. Für die Marinade 2 EL helle Sojasauce, 2 TL Zitronensaft, je 1 EL Sesamöl und Sonnenblumenöl mit etwas frisch gemahlenem Pfeffer verrühren. Die Marinade über den Salat gießen und untermischen. Den Möhrensalat auf zwei Tellern anrichten. In einer kleinen Pfanne 1 EL Sesamsamen bei mittlerer Hitze ohne Fett unter Rühren goldgelb rösten und über den Salat streuen.

Grüner Bandnudel-Salat

Zutaten für 2 Personen:
1 EL Pinienkerne · Salz
100 g grüne Tagliatelle (schmale grüne Bandnudeln, ohne Ei)
75 g tiefgekühlte Erbsen
50 g zarter Blattspinat
2 Frühlingszwiebeln
1/2 Bund Petersilie
10 Basilikumblätter
1 TL frisch gehackter Oregano
1 TL Rotweinessig
5 EL Olivenöl · schwarzer Pfeffer

Zubereitungszeit: 30 Min.
Pro Portion: 1670 kJ/400 kcal
9 g E · 25 g F · 35 g K

Vegetarisch

➡ Die Pinienkerne in einer trockenen Pfanne bei mittlerer Hitze unter Rühren goldbraun rösten.
➡ In einem Topf 1 l Salzwasser zum Kochen bringen, die Nudeln darin in 8–10 Min. bißfest garen. Die Erbsen 2 Min. vor Ende der Garzeit hinzufügen und mitkochen. Erbsen-Nudeln abgießen (2 EL Kochwasser auffangen!), abschrecken und gut abtropfen lassen.
➡ Inzwischen Spinat waschen, verlesen und grobe Stiele entfernen. Frühlingszwiebeln waschen, putzen und mit dem zarten Grün in feine Ringe schneiden.
➡ Die Petersilie abbrausen, die Blätter grob hacken. Mit 6 Blättern Basilikum, Oregano, Essig und dem abgenommenen Nudelkochwasser fein pürieren. Olivenöl einlaufen lassen, die Sauce salzen und pfeffern.
➡ Die Nudeln mit dem Gemüse und der Kräutersauce vermischen, nochmals abschmecken. Mit den Pinienkernen und dem übrigen Basilikum bestreut servieren.

Tip!
Vor dem Servieren den Salat 30 Min. durchziehen lassen. Statt Spinat passen auch Rucolablätter hervorragend.

Salat mit Fischwürfeln

Zutaten für 2 Personen:
1 kleiner Kopfsalat
1 kleine rote Paprikaschote
2 Frühlingszwiebeln
250 g Fischfilet (z. B. Kabeljau oder Goldbarsch)
1 EL Zitronensaft
1 Bund Schnittlauch
3 EL Olivenöl
2 TL Weißwein- oder Obstessig
Salz · Pfeffer

Zubereitungszeit: 30 Min.
Pro Portion: 685 kJ/174 kcal
26 g E · 6 g F · 8 g K

Raffiniert · Preiswert

➡ Den Kopfsalat waschen, abtropfen lassen und in mundgerechte Stücke zerteilen. Die Paprikaschote waschen, halbieren und putzen. Fein würfeln und mit dem Salat vermischen.
➡ Die Frühlingszwiebeln gründlich waschen, putzen und mit dem zarten Grün in feine Ringe schneiden. Das Fischfilet kalt waschen, trockentupfen, in Würfel schneiden und mit dem Zitronensaft vermischen. Den Schnittlauch waschen und in feine Röllchen schneiden.
➡ In einer beschichteten Pfanne die Hälfte des Öls erhitzen und die Fischwürfel mit den Frühlingszwiebeln darin bei mittlerer Hitze 4–5 Min. braten. Fisch und Gemüse über den Salat geben, salzen und pfeffern.
➡ Essig, Salz, Pfeffer, das restliche Öl und den Schnittlauch verrühren, über den Salat verteilen und unterheben.

Mango-Garnelen-Cocktail

Zutaten für 2 Personen:
1 Stück Mango ohne Stein (etwa 250 g)
2 Stangen Staudensellerie
2 Frühlingszwiebeln
100 g gegarte geschälte Garnelen
1/2 unbehandelte Zitrone
Salz · schwarzer Pfeffer
1 TL feingeriebener Ingwer (ersatzweise 1/2 TL gemahlener)
4 EL Distelöl
50 g Bataviasalat

Zubereitungszeit: 25 Min.
Pro Portion: 1115 kJ/265 kcal
12 g E · 18 g F · 20 g K

Gelingt leicht · Für Gäste

➡ Die Mango schälen, das Fruchtfleisch in Würfel schneiden. Staudensellerie waschen, putzen und in dünne Scheiben schneiden. Etwas zartes Blattgrün beiseite legen. Frühlingszwiebeln putzen, waschen und mit dem zarten Grün in feine Ringe schneiden. Garnelen in einem Sieb kalt abbrausen und gut abtropfen lassen.
➡ Die Schale der Zitrone fein abreiben, den Saft auspressen. Beides mit Salz, Pfeffer und Ingwer in einer kleinen Schüssel verrühren. Öl unterschlagen.
➡ Salat waschen, trockenschwenken und mundgerecht zerpflücken, auf zwei Schälchen verteilen. Mango, Sellerie, Frühlingszwiebeln und Garnelen mit dem Dressing vermischen, auf den Salatblättern anrichten. Mit Selleriegrün garnieren. Sofort servieren.

Geflügelsalat mit Apfel

Zutaten für 2 Personen:
200 g Hähnchenbrustfilets ohne Knochen
1/2 TL Paprika, edelsüß
2 EL Öl
Salz
30 g Walnußkerne
2 Cornichons
1 Chicorée
1 säuerlicher kleiner rotschaliger Apfel (z. B. Cox Orange)
Saft von 1 Zitrone
1 Bund Schnittlauch
1 Schalotte
1 kleine vollreife Avocado
1 Prise Cayennepfeffer

Zubereitungszeit: 30 Min.
Pro Portion: 2450 kJ/5[illegible]al
42 g E · 33 g F [illegible] 33 g

Gelingt leicht

➠ Die Hähnchenbrustfilets kalt waschen, trockentupfen, mit dem Paprika einreiben. 1 EL Öl erhitzen, das Fleisch darin bei mittlerer Hitze von jeder Seite 6–8 Min. braten, danach salzen und zugedeckt warm stellen.
➠ Die Nüsse grob hacken. Die Cornichons in Scheibchen schneiden. Die Chicoréestaude vom Strunk befreien, waschen und in 1 cm breite Ringe schneiden. Den Apfel waschen, vierteln, vom Kerngehäuse befreien, in Scheibchen schneiden und sofort mit Zitronensaft beträufeln. Den Schnittlauch waschen, trockenschleudern und in Röllchen schneiden. Einen Teil davon zum Garnieren beseite legen.
➠ Die Schalotte schälen und fein reiben. Die Avocado halbieren, vom Kern befreien, schälen und das Fruchtfleisch mit einer Gabel zerdrücken. Mit 1–2 EL Zitronensaft, dem Schalottenmus, Salz und Cayennepfeffer vermengen. Die Creme kräftig abschmecken.
➠ Die Apfelscheibchen mit den Cornichons, dem Chicorée, dem Schnittlauch und den gehackten Nüssen locker mischen. Auf Salatteller verteilen, mit dem übrigen Öl und etwas Zitronensaft beträufeln.
➠ Das warme Fleisch in Scheiben schneiden und auf den Salat legen.
➠ Die Avocadocreme entweder gesondert zum Salat reichen oder jeweils einen Klecks davon auf jeden Teller setzen. Den Salat mit dem restlichen Schnittlauch bestreuen und möglichst sofort servieren.

Tips!
Ein frisches Joghurt-Kräuter-Dressing paßt ebenso gut zum Geflügelsalat. Statt Chicorée können Sie auch Friséesalat nehmen, in Stücke zupfen und frische Gurke statt der Cornichons. Wer's noch fruchtiger liebt: 2 Scheiben frische Ananas in kleinen Stücken zusätzlich mit 1 EL eingelegten grünen Pfefferkörnern unter den Salat mischen.
Oder 1 Orange filetieren, die Fruchtfilets unter die übrigen Salatzutaten heben und den aufgefangenen Orangensaft mit dem Zitronensaft über den Salat träufeln.

Lauwarmer Pilzsalat mit Forellenfilets

Zutaten für 2 Personen:
2 EL Walnußkerne
1 kleine Zwiebel
300 g gemischte Pilze (nach Belieben Champignons, Austernpilze, Shiitake, Pfifferlinge)
einige Blätter Eichblattsalat, roter Kopfsalat oder Bataviasalat
125 g geräucherte Forellenfilets
1 kleine säuerliche Birne
1 EL Zitronensaft
2 EL Olivenöl
1 EL Walnußöl
2 EL Rotweinessig
Salz · schwarzer Pfeffer

Zubereitungszeit: 25 Min.
Pro Portion: 1715 kJ/410 kcal
20 g E · 24 g F · 33 g K

Für Gäste · Gelingt leicht

➠ Die Walnußkerne grob hacken. Die Zwiebel schälen und in feine Würfel schneiden. Die Pilze mit Küchenpapier sauber abreiben, putzen und mundgerecht zerteilen.
➠ Den Blattsalat waschen, gründlich trockenschwenken und mundgerecht zerzupfen, auf Tellern auslegen.
➠ Die Forellenfilets in breite Streifen schneiden. Die Birne waschen und gut abreiben. Vierteln und vom Kerngehäuse befreien, in Spalten schneiden und sofort mit dem Zitronensaft beträufeln. Forellenfilets und Birnenspalten am Rand auf die Teller legen.
➠ Das Olivenöl in einer beschichteten Pfanne erhitzen, die Zwiebel darin glasig werden lassen. Die Pilze dazugeben und bei mittlerer Hitze 3 Min. rundherum braten. Vom Herd nehmen, mit Walnußöl, Rotweinessig, Salz und Pfeffer vermischen und abschmecken.
➠ Die Pilze auf den Salat geben, alles mit den Walnüssen bestreuen.

Tip!
Legen und stellen Sie sich verschiedene Packungen mit Fisch-Konserven in den Schrank bzw. Kühlschrank – dann haben Sie jederzeit eine leckere Ergänzung für eine schnelle Eiweißmahlzeit zur Hand.
Neben Forellenfilets eignen sich natürlich alle anderen geräucherten Fische und Fischfilets, aber auch kleine Dosen mit in Öl oder im eigenen Saft eingelegtem Thunfisch sowie Gläschen mit Muscheln, Garnelen oder verschiedenen Meeresfrüchten. Schauen Sie sich einmal die entsprechenden Regale Ihres Supermarktes an, das Angebot ist vielfältig.

Variante:
Wenn Sie Fisch nicht so gern mögen oder nicht bekommen, braten Sie 150 g geschnetzelte Puten- oder Hähnchenbrust in etwas Öl an, würzen das Fleisch mit Salz, Pfeffer und braten es in 5 Min.

Avocadosalat mit Garnelen und Kresse

Zutaten für 1 Person:
½ vollreife Avocado
2 TL Zitronensaft
50 g gegarte geschälte Garnelen (eventuell tiefgefroren und aufgetaut)
1 kleine Orange oder
50 g Cocktailtomaten
Salz · Pfeffer
½ EL Olivenöl
½ Kästchen Gartenkresse

Zubereitungszeit: 20 Min.
Pro Portion: 970 kJ/230 kcal
13 g E · 17 g F · 11 g K

Raffiniert · Schnell

➡ Die Schale der Avocadohälfte je nach Sorte dünn abschälen oder abheben. Den Kern mit einer Messerspitze herauslösen. Das Avocadofruchtfleisch würfeln und in eine Schüssel geben. Den Zitronensaft darüber träufeln.

➡ Die Garnelen kalt abbrausen und abtropfen lassen. Zur Avocado geben. Die Orange sehr gründlich schälen und würfeln, dabei von den Kernen befreien oder die Tomaten waschen und halbieren oder vierteln. Die Orange oder die Tomaten zu den Avocadowürfeln geben. Mit Salz, Pfeffer und Öl würzen und vorsichtig vermischen.

➡ Die Kresse im Beet kalt abspülen, abtropfen lassen und mit einer Küchenschere abschneiden. Über den Salat streuen.

Käse-Schinken-Salat mit Melone

Zutaten für 1 Person:
2 EL Sonnenblumenkerne
½ kleine Zuckermelone (etwa 300 g)
60 g gekochter Schinken am Stück
100 g Emmentaler
½ Bund Schnittlauch
½ EL Apfelessig
Salz · schwarzer Pfeffer
1 ½ EL Olivenöl

Zubereitungszeit: 20 Min.
Pro Portion: 3270 kJ/780 kcal
46 g E · 60 g F · 16 g K

Schnell · Gut vorzubereiten

➡ Die Sonnenblumenkerne in einer kleinen Pfanne bei mittlerer Hitze unter Rühren leicht anrösten. Die Pfanne vom Herd nehmen.

➡ Die Melone vierteln, Fasern, Kerne und Schale entfernen, das Fruchtfleisch 2–3 cm groß würfeln. Den Schinken ohne den Rand und den Emmentaler in etwas kleinere Würfel schneiden. Den Schnittlauch waschen, trockenschwenken und in Röllchen schneiden.

➡ Essig, Schnittlauch, Salz und Pfeffer verrühren, das Öl mit einem Schneebesen gründlich darunterschlagen.

➡ Alle Zutaten vorsichtig vermengen, den Salat abschmecken.

Bohnen-Roastbeef-Salat

Zutaten für 1 Person:
200 g grüne Bohnen
etwas frisches oder getrocknetes Bohnenkraut
Salz
2 EL Kürbiskerne
½ Zwiebel
1 EL Weißweinessig
schwarzer Pfeffer
1 EL neutrales Öl
1 EL Kürbiskernöl
50 g Roastbeef in dünnen Scheiben

Zubereitungszeit: 20 Min.
Pro Portion: 1680 kJ/385 kcal
20 g E · 25 g F · 23 g K

Schnell · Gelingt leicht

➡ Die Bohnen waschen und putzen, eventuell halbieren. Wenig Wasser in einem Topf aufkochen lassen, Bohnenkraut, etwas Salz und die Bohnen hineingeben. Die Bohnen fest zugedeckt in 8–15 Min. (je nach Sorte und Dicke) bißfest garen.
➡ Inzwischen die Kürbiskerne grob hacken. Die Zwiebel schälen und sehr fein würfeln, mit Essig, Salz und Pfeffer verrühren. Beide Ölsorten gründlich unterschlagen, dann auch die Kürbiskerne untermengen.
➡ Die Bohnen in ein Sieb abgießen und abtropfen lassen, sofort in der Vinaigrette wenden und darin abkühlen lassen.
➡ Roastbeef in Streifen schneiden und mit den Bohnen vermengen. Den Salat abschmecken.

Roastbeef mit Kapernsauce

Zutaten für 1 Person:
5 Basilikumblätter
1 EL Zitronensaft
1 TL Kapernsud
½ TL scharfer Senf
Salz · schwarzer Pfeffer
2–3 EL Olivenöl
125 g Roastbeef in dünnen Scheiben · 1 TL Kapern
¼ kleine rote Paprikaschote
1 Frühlingszwiebel

Zubereitungszeit: 15 Min.
(+ 12 Std. Marinieren)
Pro Portion: 1245 kJ/300 kcal
29 g E · 20 g F · 3 g K

Gut vorzubereiten · Raffiniert

➡ Für die Sauce die Hälfte des Basilikums mit Zitronensaft, Kapernsud, Senf, Salz und Pfeffer pürieren. Olivenöl daruntermixen.
➡ Eine flache verschließbare Form mit Marinade einpinseln. Roastbeef leicht überlappend hineinschichten, dabei jede Lage mit der Sauce bestreichen. Die übrige Marinade über die oberste Fleischlage träufeln. Mit Kapern bestreuen und mit Pfeffer übermahlen.
➡ Paprikaschote waschen, putzen und in feine Streifen schneiden. Frühlingszwiebel waschen, putzen und mit dem hellen Grün in dünne Ringe schneiden. Beides über das Fleisch streuen. Das Gefäß gut verschließen und das Roastbeef über Nacht durchziehen lassen.
➡ Am Arbeitsplatz mit dem übrigen Basilikum bestreuen.

Rindfleisch-Gemüse-Salat

Zutaten für 1 Person:
200 g kleine rote Beten
1 TL Kümmel
125 g Blumenkohlröschen
125 g gekochtes Rindfleisch
50 g Bergkäse oder mittelalter Gouda · 1/2 Zwiebel
1 Stück frischer Ingwer (1 cm)
1 kleine Handvoll frischer Kerbel
1/2 TL Senfkörner
1 TL Aceto Balsamico
Kräutersalz
1/2 TL Walnußöl
1 EL neutrales Öl
1 Prise Cayennepfeffer

Zubereitungszeit: 25 Min.
(+ 45 Min. Garen
+ 30 Min. Ziehen)
Pro Portion: 2700 kJ/645 kcal
53 g E · 34 g F · 38 g K

Preiswert

➨ Die rote Beten unter fließendem Wasser sauber bürsten, die Schalen dabei nicht verletzen. Mit dem Kümmel und von Wasser bedeckt zum Kochen bringen und in 45 Min. garen.
➨ In einem anderen Topf die Blumenkohlröschen 15 Min. von Wasser bedeckt köcheln lassen. Das Gemüse abtropfen und abkühlen lassen.
➨ Die roten Beten schälen und zuerst in 1 cm dicke Scheiben, dann mit dem Fleisch und dem Käse in Würfel schneiden. Die Zwiebel und den Ingwer schälen und sehr klein würfeln. Die Kerbelblättchen abzupfen.
➨ Die Senfkörner im Mörser zerstoßen und mit dem Essig, dem Kräutersalz, beiden Ölsorten, dem Ingwer und Cayennepfeffer verrühren.
➨ Alle vorbereiteten Salatzutaten locker in einer Schüssel mischen, mit dem Dressing vermengen und abschmecken. Den Salat zugedeckt bei Raumtemperatur 30 Min. ziehen lassen.

Tip!
Rote Bete gibt es von September bis Februar, sie sind im Winter wertvolle Kalium-, Calcium- und Vitaminlieferanten. Sie schmecken frisch am besten. Wenn es schnell gehen muß, können Sie aber auch einmal fertiggegarte rote Bete aus dem Kühlregal des Supermarktes nehmen.

Variante: Rindfleischsalat mit Äpfeln
Statt Blumenkohl und Kerbel 1 säuerlichen Apfel wie Cox Orange oder Boskop schälen und in Würfel schneiden. Mit 100 g geschältem und in feine Stifte geschnittenem Knollensellerie für den Salat verwenden. Dazu paßt ein Joghurtdressing gut: Dafür 1 Stück Salatgurke (100 g) schälen und auf der Rohkostreibe grob raspeln, mit 100 g Vollmilchjoghurt, 1/2 EL Rotweinessig, 1 TL frisch geriebenem Meerrettich, 1 Prise Salz, 1 TL Walnußöl und je 1/2 EL Petersilienblättchen, Dillspitzen und Schnittlauchröllchen im Mixer pürieren. Die Joghurtsauce erst kurz vor dem Servieren unter die Salatzutaten mischen. 1 EL gehackte Walnußkerne darüber streuen.

Gemüsesalat mit Kresse und Tofu

Zutaten für 1 Person:
1 kleiner Kohlrabi
1 kleine Möhre
1 kleine Petersilienwurzel
1 sehr dünne Stange Lauch
Salz
1/2 Kästchen Gartenkresse
schwarzer Pfeffer
1 EL Apfelessig
1 EL neutrales Öl
1 EL Walnußöl
100 g geräucherter Tofu

Zubereitungszeit: 25 Min.
Pro Portion: 1195 kJ/285 kcal
12 g E · 20 g F · 15 g K

Preiswert · Gelingt leicht

➨ Kohlrabi, Möhre und Petersilienwurzel waschen, schälen und in 1–2 cm große Würfel schneiden. Den Lauch putzen, längs aufschlitzen und gründlich waschen, dann in Ringe schneiden.
➨ In einem Topf etwas Salzwasser zum Kochen bringen. Kohlrabi-, Möhren- und Petersilienwurzelstücke hineingeben und zugedeckt bei mittlerer Hitze knapp 5 Min. dünsten. Den Lauch hineingeben und alles noch 2 Min. zugedeckt dünsten. In ein Sieb abgießen und gut abtropfen lassen.
➨ Die Kresse vorsichtig abspülen, mit einer Schere abschneiden und in eine große Schüssel geben. Mit Salz, Pfeffer und Essig verrühren, die beiden Ölsorten unterschlagen. Das Gemüse vorsichtig darin wenden.
➨ Den Tofu klein würfeln und unter den Salat mischen, diesen pikant abschmecken.

Tip!
Noch schneller geht's, wenn Sie 300 g gemischtes Gemüse aus der Tiefkühltruhe verwenden. Das Gemüse in wenig Salzwasser oder in der Mikrowelle bißfest garen, in dem Dressing wenden.

Hackbällchen mit Bohnensalat

Zutaten für 1 Person:
Für den Salat:
250 g grüne Bohnen
1/2 Zwiebel
1/2 Bund Petersilie
1 TL Essig
Salz · Pfeffer
1/2 EL Öl
1/2 rote Paprikaschote
Für die Hackbällchen:
1/2 Zwiebel
150 g Zucchini oder Möhre bzw. Petersilienwurzel
125 g Hackfleisch (Rind, Schwein oder Pute)
1 sehr kleines Ei
1/2 Bund Petersilie
1 EL frisch geriebener Parmesan
Salz · Pfeffer
1 EL Öl

Zubereitungszeit: 40 Min.
Pro Portion: 2860 kJ/695 kcal
43 g E · 45 g F · 32 g K

Raffiniert

➡ Die Bohnen waschen, putzen und halbieren oder vierteln. 1–2 Tassen Wasser in einem Topf zum Kochen bringen und die Bohnen bei mittlerer Hitze darin in 15–20 Min. nicht zu weich kochen.

➡ Inzwischen die Zwiebel schälen und fein schneiden. Die Petersilie waschen, die Blättchen fein hacken. Einen Teil davon zum Garnieren beiseite legen. Den Rest mit der Zwiebel, dem Essig, Salz, Pfeffer und Öl in einer Schüssel gründlich verrühren.

➡ Die Paprikaschote waschen, putzen, in feine Streifen schneiden und mit der Marinade verrühren. Die gekochten Bohnen abtropfen lassen und warm mit den Salatzutaten vermischen.

➡ Für die Hackbällchen die Zwiebel schälen und fein hacken. Zucchini waschen und fein raspeln. Oder die Möhre oder Petersilienwurzel schälen und fein raspeln. Die Petersilie waschen, die Blättchen fein hacken.

➡ Hackfleisch mit Ei, Zwiebel, geraspeltem Gemüse, Petersilie und Parmesan mischen. Mit Salz und Pfeffer würzen.

➡ Aus der Masse walnußgroße Bällchen formen. In einer beschichteten Pfanne das Öl erhitzen und die Fleischbällchen darin bei mittlerer Hitze von allen Seiten goldbraun braten. Abkühlen lassen und mit dem Salat anrichten. Mit der übrigen Petersilie garnieren.

Tip!
Vielleicht wundern Sie sich manchmal über die relativ hohen Kalorienmengen. Sie müssen aber bedenken, daß man bei der Trennkost ohne die sättigende Beilage, wie beispielsweise Brot, auskommt, also keine zusätzlichen Kalorien anfallen.

Blattsalat mit Omelettstreifen

Zutaten für 1 Person:
Für das Omelett:
2 Eier
1 EL helle Sojasauce
1 TL Sesamöl
1 EL frisch gehackte Petersilie
weißer Pfeffer
1 EL Sonnenblumenöl
Für den Salat:
100 g Eichblattsalat
2 kleine Tomaten
1 TL Weißweinessig
Salz · weißer Pfeffer
1 EL Sonnenblumenöl

Zubereitungszeit: 25 Min.
Pro Portion: 1665 kJ/400 kcal
18 g E · 32 g F · 11 g K

Preiswert · Vegetarisch

➡ Für das Omelett Eier mit Sojasauce, Sesamöl, Petersilie und Pfeffer gut verrühren.
➡ In einer beschichteten Pfanne das Sonnenblumenöl erhitzen, die Eimasse hineingießen und bei schwacher Hitze in einigen Minuten stocken lassen. Herausnehmen und zugedeckt beiseite stellen.
➡ Die Salatblätter waschen, gut abtropfen lassen oder trockenschwenken und in Stücke zupfen. Die Tomaten waschen und ohne den Stielansatz würfeln.
➡ Aus Essig, Salz, Pfeffer und Öl eine Marinade rühren, mit den Tomaten unter den Salat heben.
➡ Salat auf einen Teller geben. Das Omelett aufrollen, in feine Streifen bzw. Scheiben schneiden und über dem Salat verteilen.

Tips!
Zum Mitnehmen an den Arbeitsplatz am besten die Salatzutaten, die Marinade und das Omelett getrennt verpacken und erst unmittelbar vor dem Essen auf einem Teller anrichten, damit Omelett und Salat nicht weich werden.
In der doppelten Menge zubereitet, ist dieser Salat ein köstlicher Imbiß oder auch ein leichtes Abendessen für den Sommer.

Varianten:
Dem Omelett können Sie immer wieder einen anderen Geschmack verleihen: Mischen Sie mal ein paar sehr feingehackte Krabben darunter oder ein Stückchen feingehackten Räucherfisch wie Forelle, Makrele oder Schillerlocke.
Fein schmeckt auch kleingewürfelter roher oder gekochter Schinken oder Bündner Fleisch in sehr feinen Streifen.
Gemüsefans mischen zur Abwechslung 2 EL feingeriebene Möhre oder Zucchini beziehungsweise sehr feingehackte Paprikaschote oder Staudensellerie unter die Eiermasse. Anstelle von Petersilie auch mal Dill, Schnittknoblauch, Kresse oder Rucola, gehackt oder in sehr feinen Streifen, verwenden.

Kalbsfrikadellen mit Zucchinirohkost

Zutaten für 1 Person:
Für die Frikadellen:
1 Stück Möhre (50 g)
1 kleine Schalotte
125 g Hackfleisch vom Kalb
1 EL Quark
1 EL gemahlene Haselnüsse
1 Eigelb
1–2 EL Mineralwasser
1/4 TL getrockneter Thymian
Salz · schwarzer Pfeffer
1 EL Butter
Für die Rohkost:
150 g kleine feste Zucchini
50 g Joghurt
1 TL Olivenöl
1/2 EL frisch gehackter Dill
Salz · weißer Pfeffer

Zubereitungszeit: 35 Min.
Pro Portion: 2945 kJ/705 kcal
40 g E · 54 g F · 14 g K

Raffiniert · Gut vorzubereiten

➡ Für die Frikadellen die Möhre und die Schalotte schälen und fein reiben. Hackfleisch, Quark, Nüsse, Eigelb, Mineralwasser, Möhre, Zwiebel, Thymian, Salz und Pfeffer gründlich verkneten. Den Fleischteig abschmecken.
➡ Die Butter in einer Pfanne erhitzen. Aus dem Fleischteig kleine Frikadellen formen und bei mittlerer Hitze pro Seite in 4–5 Min. goldbraun braten.
➡ Inzwischen für die Rohkost die Zucchini waschen, putzen und ungeschält in feine Stifte schneiden, Joghurt, Öl und Dill verrühren, mit Salz und Pfeffer würzen und unter die Zucchini ziehen. Mit den Frikadellen anrichten.

Würzige Frikadellen mit Lauch

Zutaten für 1 Person:
1/2 EL schwarze Oliven
2 EL fettarme Milch · Salz
1/2 TL Paprika, edelsüß
schwarzer Pfeffer
100 g Rinderhackfleisch
20 g Schafkäse (Feta)
1 EL Olivenöl
2 dünne Stangen Lauch
1 Prise getrockneter Estragon
2–3 EL Weißwein · 50 g Sahne

Zubereitungszeit: 30 Min.
Pro Portion: 2490 kJ/595 kcal
34 g E · 43 g F · 12 g K

Spezialität aus Griechenland

➡ Die Oliven entsteinen und sehr fein hacken, mit der Milch, Salz, Paprika und Pfeffer unter das Hackfleisch mengen. Den Fleischteig zu einer Frikadelle formen. Den Schafkäse zerbröckeln und in die Mitte der Frikadelle drücken, mit Fleischteig umhüllen. 1/2 EL Olivenöl erhitzen, die Frikadelle darin pro Seite bei mittlerer Hitze 7 Min. braten.
➡ Lauch putzen, längs halbieren, gründlich waschen und mit dem hellen Grün in 3 cm lange Stücke schneiden.
➡ Das übrige Öl in einer weiteren Pfanne erhitzen, den Lauch darin andünsten. Den Estragon darüber rebeln, den Wein und die Sahne angießen. Den Lauch bei mittlerer Hitze 4 Min. offen garen, dann mit Salz und Pfeffer abschmecken.

Tip!
Frikadelle und Lauchgemüse erwärmen oder kalt genießen.

Gefüllte Zucchinischiffchen

Zutaten für 1 Person:
1 mittelgroßer Zucchino
1/8 l Gemüsebrühe
Salz · weißer Pfeffer
1 kleine Tomate · je 1/4 rote und gelbe Paprikaschote
80 g naturell eingelegter Thunfisch
1/2 TL Kräuteressig
1 Zweig Dill · 1 Zweig Petersilie
1 Schalotte
75 g Doppelrahm-Frischkäse

Zubereitungszeit: 40 Min.
Pro Portion: 2260 kJ/545 kcal
31 g E · 27 g F · 46 g K

Raffiniert

➨ Den Zucchino waschen und putzen.
➨ Die Gemüsebrühe zum Kochen bringen, den Zucchino darin 10 Min. vorgaren. Dann abtropfen lassen, längs halbieren und das Fruchtfleisch mit einem Löffel bis auf einen 1 cm breiten Rand herauslösen. Die Schiffchen mit Salz und Pfeffer bestreuen.
➨ Die Tomate häuten und mit dem Zucchinifruchtfleisch klein würfeln. Die Paprikaschoten waschen, putzen und in kleine Würfel schneiden. Den Thunfisch zerpflücken.
➨ Diese Zutaten locker mischen, salzen und pfeffern und in die Zucchinihälften füllen. Mit dem Essig beträufeln.
➨ Die Kräuter waschen, die Schalotte schälen. Beides kleinschneiden und unter den Frischkäse rühren. Vor dem Servieren auf die Zucchinischiffchen verteilen.

Zucchini mit Paprika-Kräuter-Quark

Zutaten für 1 Person:
250 g kleine feste Zucchini
Salz · schwarzer Pfeffer
100 g Magerquark
2 EL saure Sahne
1/4 rote Paprikaschote
1 kleine Schalotte
3 Zweige Petersilie
4 Schnittlauchhalme
3 EL Olivenöl · 1 EL Zitronensaft
3 Basilikumblätter

Zubereitungszeit: 35 Min.
Pro Portion: 1615 kJ/390 kcal
19 g E · 28 g F · 16 g K

Vegetarisch · Gelingt leicht

➨ Am Vortag Zucchini putzen, waschen und schräg in 1/2 cm dicke Scheiben schneiden. Mit Salz und Pfeffer würzen.
➨ Quark, saure Sahne und 1 EL Wasser mit Salz und Pfeffer verrühren. Paprika waschen und putzen, Schalotte schälen und beides klein würfeln. Kräuter waschen und fein hacken. Mit Paprika und Schalotte unter den Quark heben.
➨ Öl erhitzen. Zucchini darin bei mittlerer Hitze beidseitig in 5 Min. goldbraun braten. Kurz auf Küchenpapier abtropfen lassen, dann in ein verschließbares Gefäß füllen. Mit Zitronensaft beträufeln, salzen und pfeffern. Basilikum feinstreifig schneiden und darüber streuen. Über Nacht ziehen lassen.
➨ Paprika-Kräuter-Quark extra verpacken und als Dip zu den Zucchinischeiben servieren.

Hähnchenbrust mit Radieschensauce

Zutaten für 1 Person:
1/4 l Hühnerbrühe
150 g Hähnchenbrustfilet
1 Bund Radieschen (150 g)
3 Zweige Dill
150 ml Dickmilch
2 EL Crème fraîche
1/2 TL geriebener Meerrettich (aus dem Glas)
Salz · weißer Pfeffer

Zubereitungszeit: 20 Min.
Pro Portion: 2465 kJ/590 kcal
61 g E · 38 g F · 10 g K

Schnell · Raffiniert

➡ Die Hühnerbrühe in einem kleinen Topf aufkochen lassen. Das Hähnchenbrustfilet hineinlegen und zugedeckt bei schwacher Hitze in etwa 10 Min. gar ziehen lassen.
➡ Inzwischen für die Sauce die Radieschen vom Grün befreien, waschen, putzen und auf dem Gemüsehobel in Stifte raspeln. Den Dill waschen, trockenschütteln und bis auf ein paar zarte Spitzen fein schneiden.
➡ Dickmilch, Crème fraîche und Meerrettich glattrühren. Radieschenstifte und geschnittenen Dill untermischen. Mit Salz und Pfeffer abschmecken.
➡ Hähnchenbrustfilet aus der Brühe heben, abtropfen lassen und schräg in dünne Scheiben schneiden. Auf einem Teller mit der Radieschensauce anrichten und mit Dillspitzen garnieren. Oder zum Mintnehmen Fleischscheiben, Sauce und Dillspitzen getrennt verpacken.

Tips!
Wenn's noch schneller gehen soll, statt Hähnchenbrustfilet 100 g Roastbeef-Aufschnitt mit der Radieschensauce anrichten.
Und wenn Sie zu Hause essen, das Gericht mit Radieschen und Dill garnieren.

Pute auf Sauerkraut-Paprika-Salat

Zutaten für 1 Person:
200 g Sauerkraut
je 1/2 kleine rote und grüne Paprikaschote
1/2 kleine Zwiebel
2 EL Öl
1 TL Obstessig
Kräutersalz
schwarzer Pfeffer
1 TL Walnußöl
100 g Putenbrustfilet
1 TL Butter
50 g saure Sahne
1 TL Zitronensaft
1 TL Paprika, edelsüß
1 Prise Paprika, rosenscharf

Zubereitungszeit: 30 Min.
Pro Portion: 1735 kJ/425 kcal
31 g E · 25 g F · 18 g K

Preiswert · Gelingt leicht

➡ Das Sauerkraut mit einer Gabel zerpflücken. Die Paprikaschoten waschen, putzen und in kleine Würfel schneiden. Die Zwiebel schälen und fein würfeln.
➡ In einem Topf 1 EL Öl erhitzen, Zwiebel darin glasig dünsten. Die Paprikawürfel und das Sauerkraut hinzufügen und bei schwacher Hitze 5 Min. mitdünsten. Mit dem Essig, Kräutersalz, Pfeffer und Walnußöl würzen. Sauerkraut vom Herd nehmen und lauwarm abkühlen lassen.
➡ Inzwischen das Fleisch auf beiden Seiten mit Pfeffer einreiben. Das übrige Öl und die Butter in einer Pfanne erhitzen, Putenbrustfilet darin bei mittlerer Hitze in 10 Min. goldbraun braten, dabei einmal wenden.
➡ Inzwischen die saure Sahne mit dem Zitronensaft verrühren. Mit Salz und beiden Paprikasorten würzen.
➡ Sauerkrautsalat in ein verschließbares Gefäß geben. Fleisch beidseitig salzen und schräg in Scheiben aufschneiden. Auf dem Salat anrichten, Paprikasahne als Klecks darauf verteilen, nach Belieben noch mit etwas Paprikapulver bestreuen.

Tips!
Wenn es mal sehr schnell gehen muß: gebratene Putenbrust durch geräucherte Makrelen- oder Forellenfilets aus dem Kühlregal des Supermarkts ersetzen.
Zu Hause können Sie das Sauerkraut natürlich auch als warmes Gemüse mit der Putenbrust servieren.

Variante: Chinesischer Spitzkohlsalat mit Putenbrust
Statt Sauerkraut 250 g Spitzkohl verwenden, putzen und in feine Streifen schneiden. Die Paprikaschote und die Zwiebel wie beschrieben vorbereiten, zusätzlich je 1 Frühlingszwiebel und Knoblauchzehe fein würfeln. Zwiebel und Knoblauch in 1 EL Öl in einer Pfanne kurz anrösten, dann Spitzkohl, Paprika und Frühlingszwiebel 2 Min. mitbraten. Mit 3 EL Hühnerbrühe, 1–2 EL Sojasauce, 1 EL Zitronensaft, 1/4 TL Chinagewürz und etwas Salz würzen, 2–3 Min. dünsten. Die saure Sahne mit 1/2 TL gemahlenem Ingwer würzen und mit den Fleischscheiben auf dem Gemüse anrichten.

Meeresfrüchte-Eintopf mit Tapenade

Zutaten für 1 Person:
250 g tiefgekühlte und aufgetaute Meeresfrüchte-Mischung (z. B. Tintenfische, Seehecht, ausgelöste Garnelen und Miesmuscheln)
1 EL Zitronensaft
1 kleine Möhre
1 Stange Staudensellerie
1 Stück Kohlrabi (etwa 75 g)
½ Zwiebel
1 kleine Knoblauchzehe
1 EL Olivenöl
200 ml Fischfond (aus dem Glas)
3 Zweige Petersilie
Salz · schwarzer Pfeffer
2 Prisen Paprika, rosenscharf
2 TL Tapenade (schwarze Olivenpaste)

Zubereitungszeit: 40 Min.
Pro Portion: 1745 kJ/415 kcal
43 g E · 17 g F · 18 g K

Raffiniert · Gut vorzubereiten

➡ Meeresfrüchte kalt abspülen und abtropfen lassen. Fisch eventuell von Gräten befreien und in mundgerechte Stücke schneiden. Alles mit Zitronensaft beträufeln. Möhre schälen, Sellerie waschen und putzen, beides in dünne Scheiben schneiden. Kohlrabi schälen und ebenfalls in Scheiben schneiden.

➡ Zwiebel und Knoblauch schälen, fein würfeln und im heißen Öl in einem Topf glasig dünsten. Das Gemüse hinzufügen und 3 Min. andünsten, dann Meeresfrüchte und Fisch kurz mitdünsten. Fischfond und 75 ml Wasser angießen, aufkochen lassen und den Fisch zugedeckt bei schwacher Hitze 10 Min. köcheln lassen.

➡ Inzwischen Petersilie abbrausen, Blätter abzupfen und hacken. Den Eintopf mit Salz, Pfeffer und Paprika abschmecken, Petersilie aufstreuen. Etwas abkühlen lassen, in ein gut verschließbares Gefäß füllen und am Arbeitsplatz in der Mikrowelle erwärmen. Dann die Tapenade darauf geben und untermischen.

Tips!

Mit wenig Aufwand wird aus dem Eintopf ein erfrischender Salat: Die Gemüse-Fisch-Mischung dünsten, abgießen und abtropfen lassen, dabei den Fond auffangen. 2 EL Fischfond mit Salz, Pfeffer und 1 EL Weißweinessig gut verquirlen, 2 EL Olivenöl unterschlagen. Meeresfrüchte-Mischung in dem Dressing wenden und mit Petersilie vermischen. In ein gut verschließbares Plastikgefäß füllen und über Nacht durchziehen lassen. Am Arbeitsplatz auf einem Teller mit 2 TL Olivenpaste anrichten.

Selbstverständlich können Sie den Salat auch mit frischen Meeresfrüchten aus dem Fischgeschäft zubereiten. Auch nur Garnelen, die Sie fertig gekocht und ausgelöst bekommen, schmecken ausgezeichnet als Salat.

Garnelen mit Spinat und Sauerrahmdip

Zutaten für 2 Personen:
1 Zwiebel
1 Knoblauchzehe
1 EL Butter
300 g tiefgekühlter Blattspinat
200 g saure Sahne
Saft und abgeriebene Schale von 1 unbehandelten Zitrone
Salz · Cayennepfeffer
250 g rohe geschälte Garnelen (frisch oder tiefgekühlt)
3 EL Öl · schwarzer Pfeffer

Zubereitungszeit: 20 Min.
Pro Portion: 2225 kJ/535 kcal
78 g E · 34 g F · 79 g K

Raffiniert · Für Gäste

➡ Die Zwiebel und den Knoblauch schälen, die Zwiebel fein hacken. Butter in einem Topf erhitzen, die Zwiebel darin andünsten, unaufgetauten Spinat hinzufügen und zugedeckt bei mittlerer Hitze 8–10 Min. dünsten.

➡ Die saure Sahne, 2 EL Zitronensaft und 2 TL Zitronenschale verrühren. Den Knoblauch dazupressen. Dip mit Salz, Cayennepfeffer und eventuell noch etwas Zitronensaft abschmecken.

➡ Garnelen abspülen und trockentupfen. Bis auf die Schwanzflosse schälen und das Fleisch rundherum pfeffern.

➡ Öl in einer Pfanne erhitzen, die Garnelen darin 4–5 Min. braten. Mit Zitronensaft und Salz würzen.

➡ Den Spinat salzen und pfeffern und mit den Garnelen anrichten. Den Dip getrennt dazu servieren.

Sesamfisch auf Gemüse

Zutaten für 2 Personen:
250 g Möhren
1 Stange Lauch
100 ml Fischfond (aus dem Glas)
5 EL Weißwein (ersatzweise Wasser und 1 EL Weißweinessig)
100 g Crème fraîche
1 Döschen gemahlener Safran
3 EL Butter
1 Zitrone · 1 kleines Ei
400 g Seelachsfilet
Salz · weißer Pfeffer
4 EL Sesamsamen

Zubereitungszeit: 20 Min.
Pro Portion: 2685 kJ/640 kcal
45 g E · 42 g F · 18 g K

Preiswert · Gelingt leicht

➡ Die Möhren schälen, putzen und in dünne Scheibchen schneiden. Den Lauch putzen, waschen und mit dem hellen Grün in 1 cm dicke Scheiben schneiden.

➡ Den Fischfond mit dem Wein, der Crème fraîche und dem Safran verrühren.

➡ 1 EL Butter erhitzen. Das Gemüse darin dünsten. Die Sahnesauce angießen und das Gemüse 5 Min. bei mittlerer Hitze köcheln lassen.

➡ Die Zitrone halbieren, eine Hälfte auspressen, die andere in Spalten schneiden.

➡ Das Ei leicht verquirlen. Den Fisch mit 2 EL Zitronensaft beträufeln, salzen, pfeffern, zuerst im Ei, dann im Sesam wenden. Die Sesamsamen andrücken.

➡ Den Fisch mit der übrigen Butter von beiden Seiten bei mittlerer Hitze jeweils 5 Min. braten. Mit dem Möhren-Lauch-Gemüse und Zitronenspalten servieren.

Garnelencurry mit Gemüse

Zutaten für 2 Personen:
300 g gegarte geschälte Garnelen (eventuell tiefgekühlt)
1 EL Zitronensaft
200 g Champignons
1 rote Paprikaschote
2 Frühlingszwiebeln
2 EL Butterschmalz
100 g Crème fraîche
Salz · Pfeffer
1 EL Currypaste (Asienladen; ersatzweise Curry)

Zubereitungszeit: 30 Min.
Pro Portion: 1800 kJ/440 kcal
33 g E · 30 g F · 14 g K

Raffiniert · Gelingt leicht

➡ Die Garnelen kalt abspülen, abtropfen lassen, mit dem Zitronensaft beträufeln.
➡ Champignons mit Küchenpapier sauber abreiben, putzen und in Viertel oder Scheiben schneiden. Paprikaschote waschen, halbieren, putzen und fein würfeln. Frühlingszwiebeln putzen, waschen und in Ringe schneiden.
➡ Das Butterschmalz in einer Pfanne erhitzen. Die Pilze 3–4 Min. darin andünsten, Paprikawürfel dazugeben und alles bei mittlerer Hitze 4–5 Min. zugedeckt dünsten.
➡ Frühlingszwiebelringe und Garnelen dazugeben. Die Crème fraîche einrühren und alles mit Salz, Pfeffer und Currypaste würzen. 1–2 Min. kochen lassen.

Tip!
Tiefgekühlte Garnelen können Sie unaufgetaut in die Pfanne geben.

Fischröllchen mit Gemüse

Zutaten für 2 Personen:
100 g Blattspinat
400 g Seezungenfilets (ersatzweise Schollenfilets)
Salz · 1 EL Zitronensaft
1 TL Dijon-Senf
100 g Crème fraîche
Pfeffer
50 ml Weißwein (ersatzweise Wasser mit 1 EL Zitronensaft)
1 kleines Bund Schnittlauch
Zahnstocher zum Feststecken

Zubereitungszeit: 20 Min.
Pro Portion: 1205 kJ/290 kcal
17 g E · 21 g F · 3 g K

Raffiniert

➡ Den Spinat verlesen und gründlich waschen. Tropfnaß in einen Topf geben, erhitzen und bei mittlerer Hitze zugedeckt 4–5 Min. dünsten.
➡ Die Fischfilets kalt abspülen, trockentupfen, längs halbieren und auf ein Brett legen. Den Fisch salzen und mit Zitronensaft beträufeln.
➡ Den Senf mit 2 TL Crème fraîche und Pfeffer verrühren. Die Oberseiten der Fischstücke damit einstreichen und den Spinat darauf verteilen. Die Filets aufrollen und mit Zahnstochern fixieren.
➡ Die restliche Crème fraîche mit dem Wein zum Kochen bringen. Die Röllchen hineingeben und bei schwacher Hitze zugedeckt 4–5 Min. dünsten. Den Schnittlauch waschen und in Röllchen schneiden.
➡ Die Sauce mit Salz und Pfeffer würzen und den Schnittlauch einrühren.

Winzer-Hähnchen-Ragout

Zutaten für 2 Personen:
1 Bund Frühlingszwiebeln
200 g helle Weintrauben
200 g blaue Weintrauben
300 g Putenbrustfilet
1 Prise Zimt
1 Prise gemahlener Kardamom
1 EL Öl · Salz · weißer Pfeffer
1/8 l Weißwein
2 EL Crème fraîche
1 Zweig Minze

Zubereitungszeit: 30 Min.
Pro Portion: 1620 kJ/385 kcal
38 g E · 9 g F · 35 g K

Raffiniert

➡ Die Frühlingszwiebeln putzen, waschen und mit dem hellen Grün in 1 cm breite Ringe schneiden. Die Weintrauben waschen, halbieren und entkernen.
➡ Das Putenbrustfilet in 2 cm große Würfel schneiden, mit dem Zimt und dem Kardamom bestäuben.
➡ Das Öl in einer weiten Pfanne erhitzen und die Fleischwürfel darin unter Wenden kräftig anbraten. Salzen und pfeffern.
➡ Die Frühlingszwiebeln hinzufügen und bei mittlerer Hitze 2 Min. mitdünsten. Die Weintrauben dazugeben, den Wein mit der Crème fraîche in die Pfanne gießen. Die Sauce bei mittlerer Hitze etwas einkochen lassen.
➡ Das Ragout mit Salz und Pfeffer abschmecken und mit den Minzeblättchen bestreut servieren.

Tip!
Statt mit Weintrauben schmeckt das Ragout auch mit Orangenfilets. Ein 2 cm großes Stück Ingwerwurzel schälen und ebenfalls klein würfeln. 2 Orangen filetieren, den Orangensaft dabei auffangen und mit 100 ml Sherry (fino) und 2 EL Crème fraîche verrührt zum Fleisch gießen.

Chinapfanne mit Hähnchenfilet

Zutaten für 2 Personen:
300 g Hähnchenbrustfilet
schwarzer Pfeffer
2 TL Fünf-Gewürze-Pulver
2 EL Öl
40 g Cashewkerne
300 g tiefgekühltes Chinagemüse
4 EL Sojasauce

Zubereitungszeit: 20 Min.
Pro Portion: 2065 kJ/495 kcal
38 g E · 28 g F · 22 g K

Gelingt leicht · Preiswert

➨ Das Hähnchenbrustfilet kalt waschen und abtrocknen, in feine Streifen schneiden. Mit Pfeffer und dem Fünf-Gewürze-Pulver gleichmäßig würzen.
➨ Das Öl in einem Wok oder in einer Pfanne erhitzen, das Hähnchenfleisch darin rundherum scharf anbraten. Die Cashewkerne dazugeben und leicht mitbraten. Beides aus dem Wok oder der Pfanne nehmen.
➨ Das Gemüse unaufgetaut in den Wok geben. Mit 100 ml Wasser ablöschen und das Gemüse unter Rühren 5 Min. garen.
➨ Das Hähnchenfleisch und die Cashewkerne wieder in den Wok oder die Pfanne geben, alles gründlich vermischen und mit Pfeffer und der Sojasauce würzen und abschmecken. Sofort servieren.

Tip!
In den Tiefkühltruhen der Supermärkte finden Sie verschiedene Gemüsemischungen. Etliche Hersteller bieten dabei auch chinesische oder asiatische Mischungen an, in denen beispielsweise Soja- und Bambussprossen, Wasserkastanien, Möhren, Zuckerschoten und Chinamorcheln enthalten sind. Wenn Sie solch eine Chinamischung nicht bekommen, verwenden Sie eine andere Gemüsemischung und mischen 100 g frische Sojasprossen unter das Gemüse. Aber natürlich können Sie auch frisches Gemüse nehmen und mundgerecht schneiden. Allerdings erhöht sich dann die Zubereitungszeit um 10–15 Min.

Variante:
Statt mit Hähnchenfleisch können Sie die Chinapfanne auch mit Putenbrustfilet oder Schweineschnitzel bzw. -filet zubereiten. Für Abwechslung sorgen Sie, wenn Sie statt des Fleisches einige Garnelen sowie Fischfilet, etwa Rotbarsch oder Kabeljau, verwenden. Und gänzlich aus dem Vorrat stammen die Zutaten, wenn Sie weder Fleisch noch Fisch verwenden, dafür aber kleingewürfelten gekochten Schinken unter das Chinagemüse mischen. Das Anbraten entfällt dann natürlich.

Lammkoteletts mit Tomatensalat

Zutaten für 2 Personen:
1 Knoblauchzehe
2 Schalotten
2 EL Zitronensaft
1 TL Sambal oelek
1 TL gemahlener Piment
½ TL Zimt
½ TL frisch geriebene Muskatnuß
schwarzer Pfeffer
4 Lammkoteletts (je etwa 150 g)
400 g kleine feste Tomaten
2 Frühlingszwiebeln
1 EL Aceto Balsamico · Salz
3 EL Olivenöl

Zubereitungszeit: 25 Min.
(+ 1 Std. Marinieren)
Pro Portion: 2500 kJ/610 kcal
24 g E · 54 g F · 6 g K

Gelingt leicht

➡ Knoblauch schälen und grob hacken. Schalotten ebenfalls schälen, dann würfeln. Zitronensaft, Sambal oelek, Piment, Zimt, Muskat und Pfeffer hinzufügen und alles zu einer dicken Paste pürieren.
➡ Koteletts mit der Würzmischung einreiben und zugedeckt 1 Std. in den Kühlschrank legen.
➡ Inzwischen Tomaten waschen und achteln. Frühlingszwiebeln waschen, putzen und mit dem zarten Grün schräg in feine Ringe schneiden. Mit Essig, Salz, Pfeffer und Olivenöl vermischen.
➡ Den Grill vorheizen. Koteletts auf den Rost legen und 5–6 Min. (oben) pro Seite grillen. Tomatensalat dazu servieren.

Parmesanschnitzel mit Salat

Zutaten für 2 Personen:
2 dünne Kalbsschnitzel (je etwa 150 g)
Salz · schwarzer Pfeffer
2 kleine Eier
40 g frisch geriebener Parmesan
50 g feingeriebene Mandeln
2 EL Öl · 1 EL Butter
½ Bataviasalat (oder ein anderer Kopfsalat) · 100 g saure Sahne
1 EL Zitronensaft
2 EL Pesto (aus dem Glas)
2 Zitronenschnitze

Zubereitungszeit: 30 Min.
Pro Portion: 2695 kJ/645 kcal
60 g E · 41 g F · 14 g K

Gelingt leicht

➡ Die Schnitzel auf beiden Seiten salzen und pfeffern. Die Eier in einem Teller verquirlen. Parmesan und Mandeln in Teller geben.
➡ Öl und Butter in einer Pfanne erhitzen. Die Schnitzel im Parmesan wenden, durch die Eimasse ziehen, dann auf beiden Seiten in die Mandeln drücken. Im heißen Fett bei mittlerer Hitze 2–3 Min. anbraten, wenden und noch 5 Min. bei schwacher Hitze weiterbraten.
➡ Inzwischen den Salat waschen, putzen und trockenschütteln, in mundgerechte Stücke zerpflücken.
➡ Saure Sahne mit Zitronensaft, Pesto, Salz und Pfeffer in einer Schüssel verrühren, Salat darin wenden.
➡ Schnitzel mit Zitronenschnitzen belegen. Salat dazu reichen.

Schweinefilet mit Ingwer-Sesam-Sauce

Zutaten für 2 Personen:
2 EL Sesamsamen
2 Frühlingszwiebeln
1 kleine Chilischote
1 walnußgroßes Stück Ingwer
1/2 Bund Koriander (ersatzweise Petersilie)
350 g Schweinefilet
schwarzer Pfeffer
3 EL Maiskeimöl · 1 EL Sesamöl
100 ml Fleischbrühe
100 g Blattsalat
1 EL Weißweinessig
2 EL helle Sojasauce · Salz

Zubereitungszeit: 20 Min.
Pro Portion: 2060 kJ/490 kcal
42 g E · 34 g F · 7 g K

Raffiniert

➡ Die Sesamsamen in einer trockenen Pfanne bei mittlerer Hitze unter Rühren goldgelb rösten.
➡ Frühlingszwiebeln und Chilischote waschen und putzen. Zwiebeln schräg in dünne Ringe schneiden, Chilischote entkernen und in Streifen schneiden. Ingwer schälen, in feine Stifte schneiden. Koriander waschen, die Blättchen von den Stengeln zupfen.
➡ Das Filet rundherum pfeffern. 1 EL Maiskeim- und das Sesamöl in einer Pfanne erhitzen, das Filet darin anbraten. Frühlingszwiebeln, Chilischote und Ingwer hinzufügen und kurz mitbraten. Mit Brühe ablöschen und das Fleisch zugedeckt bei schwacher Hitze 10–12 Min. garen.
➡ Inzwischen den Salat putzen, waschen und abtropfen lassen. Aus Essig, Pfeffer und restlichem Öl eine Marinade rühren und unter den Salat heben.
➡ Fleisch schräg in Scheiben schneiden, auf Tellern anrichten. Bratfond mit Sojasauce und Salz abschmekken, darüber löffeln. Mit Sesam und Koriander bestreuen, mit Salat servieren.

Gemüseküchlein mit Joghurtsauce

Zutaten für 2 Personen:
Für die Küchlein:
1 Zwiebel
200 g Möhren · 200 g Zucchini
2 Eier · 50 g Sahne
Salz · Pfeffer
1 Prise frisch geriebene Muskatnuß
1 Prise Curry
50 g Pecorino oder Manchego
2 EL Butterschmalz oder Öl
Für die Sauce:
125 g Joghurt
je 1 Bund Dill und Schnittlauch
Salz · Pfeffer

Zubereitungszeit: 30 Min.
Pro Portion: 2095 kJ/500 kcal
26 g E · 36 g F · 19 g K

Preiswert · Gelingt leicht

➡ Für die Küchlein die Zwiebel schälen und sehr fein schneiden. Die Möhren putzen, schälen und fein raspeln. Zucchini waschen, putzen und in feine Streifen (Juliennes) schneiden.

➡ Die Eier in eine Schüssel geben. Die Sahne und das zerkleinerte Gemüse einrühren. Mit Salz, Pfeffer, Muskat und Curry würzen. Den Käse reiben und dazugeben.

➡ Für die Sauce den Joghurt in einer kleinen Schüssel glattrühren. Den Dill und den Schnittlauch waschen, vom Dill einige Spitzen beiseite legen. Die restlichen Kräuter fein schneiden, mit dem Joghurt verrühren. Die Sauce mit Salz und Pfeffer abschmecken.

➡ In einer beschichteten Pfanne das Butterschmalz oder das Öl erhitzen. Mit einem Löffel von der Gemüsemasse kleine Portionen abnehmen und in die Pfanne setzen. Pro Seite bei mittlerer Hitze in 5 Min. goldbraun braten.

➡ Den Backofen auf 50° vorheizen und einen Teller hineinstellen. Die gebackenen Küchlein jeweils zum Warmhalten in den Backofen geben. Die gebackenen Küchlein mit der Sauce servieren. Mit den Dillspitzen garnieren.

Tips!
Noch schneller geht es, wenn Sie die Zwiebel und das Gemüse in der Küchenmaschine fein zerkleinern. Die Flüssigkeit, die sich dabei bildet, abschütten. Wer nicht rein vegetarisch essen möchte, kann zu diesem Eiweißgericht kleine Fischfilets oder dünne Schnitzel, jeweils kurz gebraten, servieren.

Varianten:
Bei der Wahl der Gemüse können Sie sich ganz nach dem Angebot der Jahreszeit richten. So schmecken auch Sellerie und Rosenkohl oder Wirsing, Topinambur oder Petersilienwurzeln und Lauch und viele Sorten mehr. Nur Kartoffeln und Süßkartoffeln dürfen Sie nicht nehmen, die gehören zur Kohlenhydratgruppe.

Überbackene Gemüsepfanne

Zutaten für 2 Personen:
500 g Broccoli · 250 g Fenchel
2–3 EL Öl · 2 Tomaten
1 kleines Bund Petersilie
Salz · Pfeffer
1 Ei
100 g Crème fraîche
50 g frisch geriebener Emmentaler

Zubereitungszeit: 20 Min.
Pro Portion: 2285 kJ/545 kcal
44 g E · 44 g F · 14 g K

Vegetarisch

➡ Gemüse waschen und putzen. Den Broccoli in Röschen teilen. Dicke Stiele schälen und in 1 cm große Würfel schneiden. Fenchel längs halbieren und in feine Streifen hobeln.

➡ In einer großen Pfanne 1–2 EL Öl erhitzen. Den Fenchel und die geschnittenen Broccolistrünke 2–3 Min. andünsten. Die Broccoliröschen dazugeben, 1/8 l Wasser angießen und das Gemüse zugedeckt bei schwacher Hitze 10 Min. dünsten.

➡ Die Tomaten waschen und für einige Minuten auf das Gemüse setzen, dann herausnehmen, die Haut abziehen und das Fruchtfleisch würfeln. Petersilie waschen und die Blättchen fein hakken. Tomaten und Petersilie zum Gemüse geben. Mit Salz und Pfeffer würzen.

➡ Das Ei mit der Crème fraîche und dem Käse verrühren und auf dem Gemüse verteilen. Zugedeckt in 4–5 Min. auf der abgeschalteten Platte stocken lassen.

Pilzpfanne mit Speck und Wein

Zutaten für 2 Personen:
100 g durchwachsener Räucherspeck
1 Bund Frühlingszwiebeln
500 g kleine Egerlinge
1 EL Öl · 2 EL Mandelstifte
1/8 l trockener Weißwein
2 EL Crème fraîche
1 Päckchen tiefgekühlte Petersilie
Salz · schwarzer Pfeffer
gemahlener Koriander
Petersilienblättchen zum Garnieren

Zubereitungszeit: 25 Min.
Pro Portion: 2110 kJ/505 kcal
23 g E · 36 g F · 15 g K

Preiswert · Gelingt leicht

➡ Den Speck von der Schwarte und den Knorpeln befreien und klein würfeln. Die Frühlingszwiebeln waschen, putzen und mit dem hellen Grün in nicht zu feine Ringe schneiden. Die Pilze mit Küchenpapier sauber abreiben, putzen und je nach Größe halbieren oder vierteln.

➡ Das Öl in einer Pfanne erhitzen, den Speck darin bei mittlerer Hitze knusprig anbraten. Den größten Teil der Zwiebelringe und die Mandelstifte mit anbraten. Die Pilze dazugeben und 5 Min. unter häufigem Rühren mitbraten.

➡ Wein, Crème fraîche, Petersilie und die restlichen Frühlingszwiebeln unterrühren, alles noch einmal aufkochen und mit Salz, Pfeffer und Koriander abschmecken. Mit Petersilie garnieren.

Joghurtgemüse mit Mandeln

Zutaten für 2 Personen:
1 große Zwiebel
1 Knoblauchzehe
1 walnußgroßes Stück frischer Ingwer · 1 EL Öl · 200 g Tofu
300 g gemischtes tiefgekühltes Gemüse (z. B. Suppengemüse)
200 g Vollmilchjoghurt
3 EL gemahlene Mandeln
2 EL Tomatenmark
2 TL Garam Masala (indische Gewürzmischung) · Salz

Zubereitungszeit: 25 Min.
Pro Portion: 1005 kJ/240 kcal
13 g E · 10 g F · 25 g K

Spezialität aus Indien

➡ Zwiebel, Knoblauch und Ingwer schälen, fein hacken und miteinander mischen.
➡ Das Öl in einer beschichteten Pfanne erhitzen, die Zwiebel-Knoblauch-Ingwer-Mischung darin leicht andünsten.
➡ Tofu klein würfeln. Mit dem Gemüse dazugeben, etwas Wasser angießen. Zugedeckt bei mittlerer Hitze 5–10 Min. dünsten.
➡ In einer Schüssel den Joghurt mit Mandeln, Tomatenmark und Garam Masala verquirlen.
➡ Die Joghurtmischung zum Gemüse geben, alles verrühren und vorsichtig erhitzen, nicht mehr kräftig kochen lassen. Salzen und möglichst rasch servieren.

Variante:
Wer auf Fleisch bei diesem leckeren Gemüsegericht nicht gänzlich verzichten möchte, kann 200 g Hähnchen- oder Putenbrust schnetzeln und zuerst in der Pfanne in etwas Öl rundherum goldgelb anbraten. Wieder aus der Pfanne nehmen und beiseite stellen, dann das Gemüse wie beschrieben zubereiten. Das Fleisch wieder untermengen und kurz erhitzen.

Käse-Avocado-Omelett

Zutaten für 2 Personen:
100 g Emmentaler
50 g durchwachsener Räucherspeck
1 reife Avocado
2 EL Zitronensaft
4 Eier · 4 EL fettarme Milch
Salz · schwarzer Pfeffer
2 EL Schnittlauchröllchen
2 EL Mandelblättchen
1 EL Butter

Zubereitungszeit: 25 Min.
Pro Portion: 3785 kJ/905 kcal
52 g E · 72 g F · 10 g K

Preiswert

➡ Den Käse in kleine Würfel schneiden. Den Speck ebenfalls klein würfeln. Die Avocado halbieren, den Kern entfernen. Die Hälften schälen und in Spalten schneiden, sofort mit Zitronensaft beträufeln.
➡ Eier, Milch, Salz, Pfeffer und Schnittlauch verrühren.
➡ In einer beschichteten Pfanne die Mandeln bei mittlerer Hitze unter Rühren goldbraun rösten, wieder herausnehmen.
➡ Die Butter in der Pfanne schmelzen lassen, den Speck darin leicht anbraten.
➡ Die verquirlten Eier in die Pfanne geben und bei schwacher Hitze ein wenig stocken lassen.
➡ Die Avocadospalten dekorativ auf das Omelett legen, den Käse darüber verteilen. Die Pfanne zudecken und das Omelett in 5–10 Min. stocken lassen. In Tortenstücke geschnitten anrichten, mit Mandeln bestreuen.

Sesamtofu auf Gurkengemüse

Zutaten für 2 Personen:
250 g Tofu · 3 EL Zitronensaft
2 EL Sojasauce
schwarzer Pfeffer
750 g Schmorgurken
1 Zwiebel · 1 Knoblauchzehe
1 EL Butter · 125 g Sahne · Salz
1 TL frische Thymianblättchen
3–4 EL Sesamsamen
1 EL Öl · 2 Tomaten
1/2 Bund Dill

Zubereitungszeit: 35 Min.
Pro Portion: 1885 kJ/450 kcal
14 g E · 34 g F · 22 g K

Preiswert · Vegetarisch

➡ Den Tofu in knapp 1 cm dicke Scheiben schneiden, mit Zitronensaft, Sojasauce und Pfeffer marinieren, dann 20 Min. ziehen lassen.
➡ Inzwischen die Gurken schälen, längs halbieren und die Kerne herausschaben. Hälften in 1 cm dicke Scheiben schneiden.
➡ Zwiebel und Knoblauch schälen und fein hacken, mit den Gurken in der zerlassenen Butter 3 Min. dünsten. Die Sahne einrühren, mit Salz, Pfeffer und Thymian würzen. Die Gurken zugedeckt bei mittlerer Hitze 15 Min. schmoren lassen.
➡ Tofu abtropfen lassen und im Sesam wenden. In einer Pfanne im Öl in 5–7 Min. goldbraun braten, einmal wenden.
➡ Tomaten waschen und achteln. Dill waschen und hacken. Beides mit 1 EL Tofumarinade unter das Gurkengemüse heben. Sesamtofu darauf anrichten.

Herzhafte Eierpfanne

Zutaten für 2 Personen:
1 Zwiebel
1 EL Butter
300 g gemischtes tiefgekühltes Gemüse
150 g gekochter Schinken
Salz · weißer Pfeffer
1 EL tiefgekühlte italienische Kräuter
4 Eier · 125 g Mozzarella

Zubereitungszeit: 20 Min.
Pro Portion: 2690 kJ/645 kcal
46 g E · 43 g F · 16 g K

Preiswert · Gelingt leicht

➨ Die Zwiebel schälen und in kleine Würfel schneiden. Die Butter in einer beschichteten Pfanne zerlassen, die Zwiebelwürfel darin glasig werden lassen.

➨ Das Gemüse dazugeben, zugedeckt bei schwacher Hitze 5 Min. dünsten.

➨ Den gekochten Schinken würfeln und zum Gemüse geben, dieses mit Salz, Pfeffer und den Kräutern würzen und abschmecken.

➨ In dem Gemüse 4 Mulden formen, jeweils 1 Ei hineingleiten lassen. Den Mozzarella in Scheiben schneiden und darüber legen. Die Pfanne zudecken und die Eier in 5 Min. bei schwacher Hitze stocken lassen. Möglichst sofort servieren.

Tip!
Wer frisches Gemüse nehmen möchte, schneidet es in Würfel und dünstet es mit wenig Wasser und Salz, bis es knapp gar ist. Das Wasser abgießen und das Gericht wie beschrieben fertigstellen.

Blumenkohl-Broccoli-Gratin

Zutaten für 2 Personen:
1 kleiner Blumenkohl
300 g Broccoli
Salz · 3 frische Salbeiblättchen
1 Zwiebel · 1 EL Butter
100 g Lyoner (oder andere Fleischwurst) · schwarzer Pfeffer
100 g Sahne-Gorgonzola
4 EL Sonnenblumenkerne

Zubereitungszeit: 30 Min.
Pro Portion: 2395 kJ/575 kcal
26 g E · 46 g F · 15 g K

Gelingt leicht

➨ Den Blumenkohl und den Broccoli waschen und putzen. Den Blumenkohl und den Broccoli in Röschen zerteilen, beim Broccoli zudem die Stiele schälen und klein würfeln.

➨ Blumenkohl und Broccoli getrennt in wenig Salzwasser in 5–8 Min. gut bißfest dünsten, anschließend gut abtropfen lassen.

➨ Inzwischen den Salbei waschen, abtrocknen und fein schneiden. Die Zwiebel schälen und klein würfeln. Die Butter in einer beschichteten Pfanne zerlassen, die Zwiebel darin glasig werden lassen.

➨ Die Lyoner würfeln und mit dem Salbei dazugeben. Mit Pfeffer würzen.

➨ Den abgetropften Kohl in die Pfanne geben, mit Pfeffer bestreuen. Den Sahne-Gorgonzola zerkleinern und darüber verteilen, die Sonnenblumenkerne aufstreuen. Die Pfanne zudecken und den Gorgonzola in 5 Min. schmelzen lassen.

Gebratener Tofu mit Lauchcreme

Zutaten für 2 Personen:
2 Stangen Lauch
4 EL Olivenöl
100 ml Gemüsebrühe
100 g Sahne
Salz · schwarzer Pfeffer
1/2 TL gemahlener Koriander
250 g geräucherter Tofu
4 EL Mandelblättchen

Zubereitungszeit: 25 Min.
Pro Portion: 2370 kJ/565 kcal
19 g E · 47 g F · 18 g K

Preiswert · Vegetarisch

➨ Den Lauch putzen, aufschlitzen und waschen, in Ringe schneiden. 1 EL Öl in einem Topf erhitzen, den Lauch darin anschwitzen. Mit Gemüsebrühe und Sahne ablöschen, mit Salz, Pfeffer und Koriander würzen und zugedeckt bei mittlerer Hitze 10 Min. dünsten.
➨ Den Tofu in dicke Scheiben schneiden. 3 EL Öl in einer beschichteten Pfanne nur leicht erhitzen, den Tofu darin bei schwacher Hitze von allen Seiten leicht braten.
➨ Den Lauch direkt im Topf mit einem Pürierstab nicht ganz glatt pürieren. Noch einige Minuten offen kochen lassen, bis die Mischung cremig geworden ist. Abschmecken.
➨ Die Mandelblättchen zum Tofu in die Pfanne geben und goldbraun anrösten. Zusammen mit der Lauchcreme servieren.

Tofu-Gemüse-Spieße

Zutaten für 2 Personen:
3 kleine feste Zucchini
12 Champignons
12 Cocktailtomaten
250 g geräucherter Tofu
12 frische Salbeiblätter
3 EL Olivenöl
3 EL Weißwein (ersatzweise Gemüsefond)
1/2 TL Senf
1/4 TL Paprika, edelsüß
Pfeffer
Grillspieße

Zubereitungszeit: 30 Min.
Pro Portion: 1375 kJ/330 kcal
16 g E · 21 g F · 20 g K

Preiswert · Vegetarisch

➨ Zucchini waschen, putzen und ungeschält in 3 cm dicke Scheiben schneiden. Champignons mit Küchenpapier abreiben, große Pilze halbieren. Cocktailtomaten waschen. Tofu in Würfel schneiden.
➨ Den Grill auf höchste Stufe vorheizen. Abwechselnd Zucchini, Pilze, Tomaten, Tofu und Salbeiblätter auf Spieße stecken.
➨ Aus Öl, Wein, Senf und Paprikapulver eine Marinade rühren. Die Spieße damit rundherum bestreichen.
➨ Spieße unter den Grill legen und auf jeder Seite 4–6 Min. bräunen, dabei mit der übrigen Marinade bepinseln. Auf Tellern anrichten und leicht pfeffern.

Eier-Käse-Flan auf Tomatensalat

Zutaten für 2 Personen:
Für den Flan:
150 g weicher Schafkäse
150 g Sahne
2 Eier · 2 Eigelbe
Salz · weißer Pfeffer
Für den Salat:
3 Fleischtomaten
1 Bund Rucola · 1 Schalotte
1/2 Knoblauchzehe
4 EL kaltgepreßtes Olivenöl
Salz · weißer Pfeffer
Butter für die Förmchen

Zubereitungszeit: 45 Min.
Pro Portion: 3110 kJ/745 kcal
28 g E · 65 g F · 12 g K

Raffiniert · Vegetarisch

➡ Den Backofen auf 200° (Umluft 180°) vorheizen. Einen flachen Topf handbreit mit heißem Wasser füllen, auf einen Rost in den Backofen (Mitte) stellen.
➡ Käse durch ein Sieb streichen, mit Sahne, Eiern und Eigelben gründlich verrühren und mit Salz und Pfeffer würzen. In vier gefettete feuerfeste Förmchen von je mindestens 150 ml Inhalt füllen. In den Topf ins Wasserbad stellen und in 25–30 Min. fest werden lassen.
➡ Inzwischen für den Salat die Stielansätze der Tomaten entfernen. Die Tomaten kurz überbrühen, häuten, halbieren und entkernen. Das Fruchtfleisch würfeln. Rucola waschen, abtropfen lassen und grobe Stiele entfernen. Einige Blätter beiseite legen, den Rest in feine Streifen schneiden. Schalotte und Knoblauch schälen, sehr fein hacken.
➡ Alle vorbereiteten Salatzutaten und das Öl miteinander vermengen. Den Salat mit Salz und Pfeffer abschmecken.
➡ Je 2 Flans vorsichtig auf einen Teller stürzen, mit dem Tomatensalat umlegen, mit Rucola garnieren.

Pfannengerührte Eier mit Gemüse

Zutaten für 2 Personen:
250 g Chinakohl
2 Frühlingszwiebeln
1 kleine rote Paprikaschote
1 Bund Petersilie
3 Eier
2–3 EL helle Sojasauce
3 EL Öl · weißer Pfeffer

Zubereitungszeit: 30 Min.
Pro Portion: 1265 kJ/300 kcal
15 g E · 23 g F · 12 g K

Schnell · Gelingt leicht

➡ Chinakohl putzen, waschen, abtropfen lassen und in schmale Streifen schneiden. Dabei eventuell von sehr dicken Blattrippen befreien. Frühlingszwiebeln putzen, waschen und mit dem hellen Grün in Ringe schneiden. Paprikaschote waschen, halbieren und putzen. Dann nochmals teilen und in Streifen schneiden. Petersilie waschen, trockenschütteln und die Blättchen von den Stielen zupfen.

➡ Die Eier in einer Schüssel mit 2 TL Sojasauce leicht verquirlen.

➡ Vom Öl 2 EL in einer hochwandigen Pfanne oder in einem Wok erhitzen. Die Eiermasse hineingießen und bei schwacher bis mittlerer Hitze unter Rühren 2 Min. braten, bis sie gestockt, aber noch glänzend ist. Herausheben und beiseite stellen.

➡ Übriges Öl in Pfanne oder Wok erhitzen. Das Gemüse darin unter Rühren 1 Min. anbraten, anschließend zugedeckt unter gelegentlichem Rühren in 3 Min. bißfest garen.

➡ Eier und Petersilie (bis auf einige Blätter) locker unter das Gemüse heben. Mit der restlichen Sojasauce und Pfeffer abschmecken, mit den Petersilienblättchen bestreut möglichst sofort servieren.

Tip!
Das Rührei wird besonders locker, wenn Sie 2 TL Zitronen- oder Limettensaft unter die Eiermasse rühren.

Varianten:
Das Gemüse zu den Eiern können Sie nach Lust und Jahreszeit variieren. Im Frühling schmeckt zum Beispiel grüner und weißer Spargel fein, der in zentimetergroße Stücke geschnitten und kurz blanchiert wird. Im Sommer paßt eine Kombination aus kleinen Kohlrabi- und Möhrenwürfeln sowie blanchierten Erbsen dazu. Für den Herbst bieten sich feingeschnittener Lauch mit orangefleischigen Kürbiswürfeln und Streifen von roter Paprikaschote an. In den Wintermonaten können Sie zu feingeschnittenem Wirsing, Rote-Bete-Streifen und Spinatblättern greifen.

Gratinierter Meerrettich-Fisch

Zutaten für 2 Personen:
400 g Dorsch- oder Kabeljaufilet
Salz · schwarzer Pfeffer
1 TL Zitronensaft
200 g Zucchini
4 kleine feste Tomaten (etwa 200 g)
1 Knoblauchzehe · 2 EL Butter
1 EL gemahlene Mandeln
2 EL Tomatenmark
200 ml Gemüsefond (aus dem Glas)
50 g Crème fraîche
2 EL geriebener Meerrettich (aus dem Glas)
½ Bund Dill
Butter für die Form

Zubereitungszeit: 55 Min.
Pro Portion: 1935 kJ/465 kcal
34 g E · 26 g F · 23 g K

Raffiniert

➨ Den Fisch kalt waschen und trockentupfen. Dann mit Salz, Pfeffer und Zitronensaft würzen.
➨ Zucchini waschen, putzen und in dünne Scheiben hobeln. Tomaten waschen, ohne Stielansätze in Scheiben schneiden. Knoblauch schälen und fein würfeln.
➨ Den Backofen auf 220° vorheizen. Eine feuerfeste Form einfetten.
➨ Butter zerlassen, die Mandeln und das Tomatenmark darin anschwitzen, mit dem Gemüsefond ablöschen. Unter Rühren bei mittlerer Hitze 5 Min. köcheln lassen. Crème fraîche untermischen, mit Meerrettich, Salz und Pfeffer würzen.
➨ Zucchini- und Tomatenscheiben abwechselnd überlappend in die Form schichten. Salzen, pfeffern und mit Knoblauch bestreuen. Fisch darauf legen und mit der Meerrettichsauce übergießen.
➨ Im Ofen, (Mitte, Umluft 200°) 20–25 Min. überbacken.
➨ Dill waschen, die Blättchen abzupfen, hacken und vor dem Servieren auf den Fisch streuen.

Tip!
Statt Fisch können Sie auf die gleiche Art Kalbsschnitzel oder Putenbrustfilets überbacken, wenn Sie sie vorher kurz anbraten.

Variante: Fisch-Spinat-Gratin mit Käsesauce
Für das Gemüsebett statt Zucchini 300 g zarten Blattspinat verlesen, blanchieren und gut abtropfen lassen. Oder tiefgekühlten und aufgetauten Blattspinat ausdrücken, grob hacken und mit den Tomatenscheiben in die Form geben. Nach Belieben mit frisch geriebenem Muskat würzen. Für die Sauce 200 g Sahne bei schwacher Hitze gut erwärmen. 100 g gewürfelten Gorgonzola und 50 g geriebenen Parmesan darin unter Rühren schmelzen lassen, würzen. Fisch auf den Spinat geben, mit der Sauce bedecken. Wie beschrieben backen. Das Gratin mit gehackter Petersilie bestreuen.

Rotbarschfilet mit Haselnußbutter

Zutaten für 2 Personen:
350 g Rotbarschfilet (frisch oder tiefgekühlt)
1 EL Zitronensaft
Salz
1 Zweig Dill
2 EL Öl
2 EL Butter
3 EL Haselnußblättchen (siehe Tip Seite 70)
frisch geriebene Muskatnuß
weißer Pfeffer
Zitronenscheiben zum Garnieren

Zubereitungszeit: 30 Min.
Pro Portion: 2000 kJ/480 kcal
35 g E · 36 g F · 4 g K

Schnell · Gelingt leicht

➡ Den frischen Fisch kalt waschen, tiefgekühlten auftauen lassen. Filet in 2 gleich große Stücke teilen, trockentupfen, mit Zitronensaft beträufeln und salzen.
➡ Den Dill waschen, trockentupfen und die Spitzen fein schneiden. Öl in einer Pfanne erhitzen. Fischfilets darin in 5–6 Min. von beiden Seiten knusprig braten.
➡ Inzwischen die Butter in einem Pfännchen aufschäumen lassen, die Nußblättchen hinzufügen, darin goldgelb rösten und mit Muskat würzen.
➡ Fischfilets leicht pfeffern, auf vorgewärmten Tellern anrichten. Die Haselnußbutter darüber verteilen und mit Dill bestreuen und mit halbierten Zitronenscheiben garnieren.
Dazu einen neutralen oder eiweißreichen Salat servieren.

Würziges Rührei mit Bückling

Zutaten für 2 Personen:
1 Bückling (etwa 300 g)
1 Bund Schnittlauch
1/4 TL Korianderkörner (nach Belieben)
4 Eier
6–8 EL fettarme Milch
Salz · weißer Pfeffer
1 EL Butter

Zubereitungszeit: 20 Min.
Pro Portion: 2375 kJ/570 kcal
47 g E · 41 g F · 2 g K

Schnell · Gelingt leicht

➡ Bückling häuten, sorgfältig entgräten und die Filets in mundgerechte Stücke teilen. Den Schnittlauch waschen, trockentupfen und in feine Röllchen schneiden. Nach Belieben die Korianderkörner grob zerdrücken.
➡ Die Eier mit der Milch, etwas Salz, Pfeffer und eventuell dem Koriander verquirlen. Die Hälfte des Schnittlauchs hinzufügen.
➡ Die Butter in einer beschichteten Pfanne erhitzen, die Bücklingsstücke darin warm werden lassen. Eimasse über den Fisch in die Pfanne gießen, bei schwacher Hitze in wenigen Minuten stocken lassen. Mit zwei Gabeln locker auseinanderzupfen, mit dem übrigen Schnittlauch bestreuen und sofort servieren.

Tip!
Statt Bückling geräucherte Makrele, Heilbutt oder Schillerlocken verwenden.

Putencurry mit Möhren

Zutaten für 2 Personen:
400 g Putenfilet · 1 Zwiebel
1 EL Butter · 1 EL Öl · 200 ml Hühnerbrühe · 400 g Möhren
1 kleines Stück frischer Ingwer (2 cm lang)
100 g Schmand (ersatzweise Crème fraîche)
1 EL milder Curry
2 EL trockener Sherry (fino) oder Sojasauce
2 EL Sesamsamen
Salz · weißer Pfeffer

Zubereitungszeit: 40 Min.
Pro Portion: 3090 kJ/740 kcal
63 g E · 33 g F · 43 g K

Gelingt leicht

➡ Das Fleisch in 2 cm große Würfel schneiden. Die Zwiebel schälen und würfeln.

➡ Butter und Öl in einem Topf erhitzen und die Fleischwürfel darin anbraten. Zwiebel und Brühe dazugeben und das Fleisch zugedeckt bei mittlerer Hitze 10 Min. schmoren.

➡ Möhren schälen, putzen und in dünne Scheibchen schneiden. Den Ingwer schälen und sehr kleinschneiden. Beides zum Fleisch geben und weitere 10 Min. köcheln lassen.

➡ Den Schmand mit dem Curry und dem Sherry oder der Sojasauce verrühren und zum Fleisch gießen.

➡ Die Sauce im offenen Topf in 5 Min. unter Rühren etwas einkochen lassen. Sesam in einer trockenen Pfanne unter Wenden rösten.

➡ Das Putencurry salzen und pfeffern, den Sesam untermischen.

Hähnchenkeulen mit Paprikagemüse

Zutaten für 2 Personen:
1 TL süßer Senf
2 EL Sojasauce
1 TL Sesamöl · 3 EL neutrales Öl
Cayennepfeffer
2 Hähnchenkeulen · 30 g Speck
1 Fleischtomate
1 Zwiebel · 1 Knoblauchzehe
3 Paprikaschoten, gemischt
Salz

Zubereitungszeit: 55 Min.
(+ 2 Std. Kühlen)
Pro Portion: 2015 kJ/490 kcal
28 g E · 33 g F · 23 g K

Raffiniert · Gelingt leicht

➡ Senf mit Sojasauce, Sesamöl, 2 EL neutralem Öl und Cayennepfeffer verrühren. Die Hähnchenkeulen darin 2 Std. kühl stellen.

➡ Backofen auf 200° vorheizen. Hähnchenkeulen auf dem Grillrost im Backofen (Mitte, Umluft 180°) 40 Min. braten, immer wieder mit Marinade bestreichen.

➡ Speck in feine Streifchen schneiden. Tomate häuten und in Stücke schneiden. Zwiebel und Knoblauch schälen und würfeln. Paprika waschen und in Streifen schneiden.

➡ Zwiebel mit Speck und Knoblauch im restlichen Öl andünsten. Paprikastreifen mild dünsten. Tomatenstücke untermischen. Mit Salz und Cayennepfeffer abschmecken, Hähnchenkeulen darauf legen und zugedeckt bei mittlerer Hitze 10 Min. köcheln lassen.

Putenleberspieße mit Apfelsauce

Zutaten für 2 Personen:
2 mittelgroße Stangen Lauch
Salz · 1 kleine Zwiebel
1 säuerlicher Apfel (z. B. Boskop oder Jonathan)
300 g Putenleber
etwas Öl zum Einpinseln
schwarzer Pfeffer
2 EL Butter · 5 EL Gemüsebrühe
5 EL Sahne
1/2 TL getrockneter Thymian
4 lange hitzefeste Spieße

Zubereitungszeit: 35 Min.
Pro Portion: 1945 kJ/465 kcal
34 g E · 23 g F · 30 g K

Schnell · Gelingt leicht

➡ Den Lauch putzen, gründlich waschen und in etwa 1 1/2 cm dicke Stücke schneiden. In kochendem Salzwasser 2 Min. blanchieren, kalt abschrecken und gut abtropfen lassen.
➡ Zwiebel schälen und fein hacken. Den Apfel schälen, vierteln, entkernen und würfeln. Leber von Sehnen und Häutchen befreien, waschen, trockentupfen und in gleich große Stücke schneiden.
➡ Leber und Lauch abwechselnd auf eingeölte Spieße stecken, rundherum pfeffern.
➡ Butter in einer Pfanne erhitzen, die Spieße darin rundherum kurz anbraten. Herausnehmen und beiseite stellen.
➡ Zwiebel und Apfel im Bratfett andünsten. Brühe, Sahne und Thymian hinzufügen. Spieße darauf legen und alles zugedeckt bei schwacher Hitze 7 Min. garen.
➡ Putenleberspieße herausheben und warm stellen. Apfel und Zwiebel mitsamt der Flüssigkeit fein pürieren. Die Sauce mit Salz und Pfeffer abschmecken. Mit den Leberspießen auf vorgewärmten Tellern anrichten und servieren.

Möhren-Hackfleisch-Pfanne

Zutaten für 2 Personen:
2 mittelgroße Möhren (etwa 150 g)
3 Frühlingszwiebeln
1 kleine Zwiebel
1 Knoblauchzehe · 2 EL Öl
200 g Rinderhackfleisch
½ TL Paprika, edelsüß
2 Prisen Paprika, rosenscharf
Salz · schwarzer Pfeffer
3 EL Fleischbrühe
3 EL Sojasauce
½ Bund Petersilie

Zubereitungszeit: 30 Min.
Pro Portion: 1590 kJ/380 kcal
28 g E · 24 g F · 16 g K

Schnell · Gelingt leicht

➡ Möhren schälen, putzen und schräg in dünne Scheibchen schneiden. Frühlingszwiebeln putzen, gründlich waschen und mit den hellgrünen Teilen in feine Ringe schneiden. Zwiebel und Knoblauchzehe schälen und klein würfeln.

➡ Das Öl in einer Pfanne sehr heiß werden lassen. Zwiebel, Knoblauch, Frühlingszwiebeln und Möhren unter Rühren 3 Min. darin andünsten, herausheben und warm stellen.

➡ Hackfleisch im verbliebenen Fett unter Wenden bei starker Hitze in 5 Min. braun und krümelig braten. Mit beiden Paprikasorten, Salz und Pfeffer abschmecken.

➡ Die angebratenen Zutaten, Brühe und Sojasauce zum Fleisch geben. 3 Min. kochen lassen. Petersilie waschen, Blätter abzupfen und grob hacken. Zum Schluß untermischen.

Pfannengyros mit Knoblauchcreme

Zutaten für 2 Personen:
200 g Schweineschnitzel
2 EL Olivenöl
Salz · schwarzer Pfeffer
½ TL getrockneter Oregano
1 Knoblauchzehe
1 kleine rote Paprikaschote
½ Salatgurke · 3 Zweige Dill
2 EL Weißweinessig
2 EL Sonnenblumenöl
150 g Knoblauch-Frischkäse
2–3 EL saure Sahne

Zubereitungszeit: 30 Min.
(+ 1 Std. Marinieren)
Pro Portion: 2230 kJ/545 kcal
33 g E · 41 g F · 12 g K

Schnell · Gelingt leicht

➡ Schweinefleisch in 4–5 cm lange Streifen schneiden. Olivenöl, etwas Salz, Pfeffer und Oregano verrühren. Knoblauch schälen und dazupressen. Marinade und Fleisch vermengen und 1 Std. kühl stellen.

➡ Die Paprikaschote waschen, putzen und in Streifen schneiden. Gurke waschen, längs halbieren, entkernen und in Scheiben schneiden. Dill abspülen und fein hacken.

➡ Essig mit Salz, Pfeffer, Sonnenblumenöl und Dill kräftig verrühren, unter die Gurke mischen. Den Frischkäse mit der sauren Sahne cremig rühren.

➡ Eine Pfanne erhitzen, Schweinefleisch samt Marinade darin bei starker Hitze anbraten. Paprika hinzufügen, 4 Min. weiterbraten. Salzen und pfeffern. Gyros mit Knoblauchcreme und Gurkensalat anrichten.

Lauch-Schinken-Gratin

Zutaten für 2 Personen:
3 dicke Stangen Lauch (etwa 800 g)
125 g gekochter Schinken am Stück
75 g Blauschimmelkäse
75 g frisch geriebener Emmentaler
3 EL Sonnenblumenkerne

Zubereitungszeit: 40 Min.
Pro Portion: 2455 kJ/585 kcal
44 g E · 39 g F · 15 g K

Gelingt leicht

➡ Den Backofen auf 225° (Umluft 200°) vorheizen. Den Lauch putzen, aufschlitzen und gründlich waschen, in Streifen schneiden.
➡ Wenig Wasser in einem Topf aufkochen lassen, den Lauch darin 5 Min. dünsten. Gut abtropfen lassen.
➡ Den Schinken in kleine Würfel schneiden und mit dem Lauch mischen. In eine Gratinform geben.
➡ Den Blauschimmelkäse mit einer Gabel zerdrücken, mit dem Emmentaler über den Lauch verteilen. Die Sonnenblumenkerne darüber verteilen. Das Gratin im Ofen (Mitte) 15 Min. goldbraun backen.

Tip!
Statt mit zwei verschiedenen Käsesorten können Sie das Gratin natürlich auch ausschließlich mit Blauschimmelkäse oder mit Emmentaler zubereiten. Und natürlich eignen sich auch andere Käsesorten – verwenden Sie das, was Sie gerade zur Hand haben.

Überbackener Rosenkohl

Zutaten für 2 Personen:
500 g Rosenkohl · Salz
75 g Speisequark · 125 g Sahne
3 EL frisch geriebener Greyerzer
schwarzer Pfeffer
frisch geriebene Muskatnuß
100 g gekochter Schinken
1 EL Butter
Fett für die Form

Zubereitungszeit: 45 Min.
Pro Portion: 2275 kJ/545 kcal
32 g E · 41 g F · 10 g K

Gelingt leicht

➡ Rosenkohlröschen waschen, Stiele kürzen und kreuzweise einkerben, große Köpfe längs halbieren. Rosenkohl in kochendem Salzwasser 5 Min. blanchieren, abschrecken und abtropfen lassen.
➡ Backofen auf 225° (Umluft 200°) vorheizen. Eine kleine Gratinform fetten.
➡ Den Quark mit der Sahne und 2 EL Greyerzer verrühren. Mit Salz, Pfeffer und Muskat würzen.
➡ Den Schinken in feine Streifen schneiden, mit dem Rosenkohl in der Form verteilen, pfeffern. Quarkmasse darüber gießen. Mit dem übrigen Greyerzer bestreuen, mit der Butter in Flöckchen belegen.
➡ Gemüse im Ofen (Mitte) 20 Min. überbacken.

Tip!
Auf die gleiche Art können Sie Lauch, Broccoli, Blumenkohl oder Möhren zubereiten – oder auch ein gemischtes Gemüsegratin.

Selleriegratin mit Nüssen

Zutaten für 2 Personen:
250 g Staudensellerie
30 g Walnußkerne
1 Zwiebel · 2 EL Butter
Salz
1 Tomate
100 g Champignons
4 Zweige Petersilie
50 g Manchego der Pecorino
1 Ei
100 g Sahne
Pfeffer
1 Prise frisch geriebene Muskatnuß

Zubereitungszeit: 40 Min.
Pro Portion: 2545 kJ/610 kcal
17 g E · 53 g F · 18 g K

Raffiniert · Vegetarisch

➡ Die Selleriestangen waschen und putzen. Von den dickeren Stangen die Fäden abziehen. Die Stangen in feine Streifen schneiden. Die Walnußkerne grob zerbrechen. Die Zwiebel schälen und sehr fein würfeln.

➡ Die Hälfte der Butter in einem Topf erhitzen. Die Zwiebel darin kurz andünsten. Die Selleriestreifen hinzufügen und salzen. $^1/_8$ l Wasser angießen und das Gemüse zugedeckt bei mittlerer Hitze 10 Min. dünsten. Die Tomate waschen und den Stielansatz entfernen. Die Tomate kurz auf das Gemüse setzen, herausnehmen, häuten und in Achtel schneiden.

➡ Den Backofen auf 200° (Umluft 180°) vorheizen. Die Pilze putzen, mit Küchenpapier sauber abreiben und in Scheiben schneiden. Die restliche Butter erhitzen, die Pilze darin bei starker Hitze unter Rühren kurz andünsten. Petersilie waschen, die Blättchen fein hacken. Den Käse fein reiben.

➡ Das Ei mit der Sahne verrühren, mit Salz, Pfeffer und Muskat würzen. Selleriemischung und Pilze mit je der Hälfte von den Nüssen, dem Käse und der Petersilie mischen. Die Masse in eine feuerfeste Form geben, die Tomatenachtel dekorativ darauf setzen. Die Eiersahne darüber verteilen, mit den restlichen Nüssen und dem übrigen Käse bestreuen.

➡ Das Selleriegratin im Ofen (Mitte) 15–20 Min. gratinieren. Mit der restlichen Petersilie bestreut servieren.

Tip!
Statt mit Pilzen schmeckt dieses Gratin auch mit Schinkenstreifen sehr gut. Ob Sie gekochten oder rohen nehmen, bleibt Ihrem Geschmack überlassen, zu Eiweißgerichten paßt beides. Und auch Räucherlachs, der zu den neutralen Lebensmitteln zählt, wäre geeignet.

Kürbis-Käse-Soufflé mit Tomatensahne

Zutaten für 2 Personen:
etwa 500 g Kürbis (geputzt gewogen 250–300 g)
50 g Butter
1 TL gekörnte Gemüsebrühe
Salz · Pfeffer · 1 Bund Petersilie
2 Eier · 1 Fleischtomate
50 g Sahne · 1 Knoblauchzehe

Zubereitungszeit: 50 Min.
Pro Portion: 1210 kJ/290 kcal
9 g E · 24 g F · 9 g K

Raffiniert · Vegetarisch

➡ Den Kürbis putzen und dünn schälen. Fein raspeln.
➡ 40 g Butter in einem Topf erhitzen. Den Kürbis dazugeben und bei mittlerer Hitze 5 Min. andünsten.
➡ Den Kürbis mit der Gemüsebrühe, Salz und Pfeffer abschmecken und leicht abkühlen lassen.
➡ Petersilie waschen, Blättchen fein hacken. Eier trennen. Eiweiße mit 1 Prise Salz steif schlagen.
➡ Den Backofen auf 220° (Umluft 200°) vorheizen. Eine flache Auflaufform darin 5 Min. anwärmen. Dann die übrige Butter darin schmelzen lassen. Mit einem Pinsel auf dem Boden verteilen.
➡ Die Petersilie und die Eigelbe mit dem Kürbis mischen. Den Eischnee unterheben. In die Form füllen.
➡ Das Soufflé im heißen Ofen (Mitte) 20–25 Min. backen, bis es aufgegangen und schön gebräunt ist.
➡ Die Tomate häuten, halbieren und würfeln. Die Sahne erhitzen. Den Knoblauch schälen und hineinpressen. Die Tomatenwürfel untermischen und alles bei mittlerer Hitze offen einige Minuten köcheln lassen. Salzen und pfeffern.
➡ Vom Soufflé mit einem Löffel kleine Nocken abstechen und auf vorgewärmte Teller geben. Mit der Sauce umrunden.

Pochierte Eier auf Kräutersauce

Zutaten für 2 Personen:
2 Frühlingszwiebeln
1 großes Bund gemischte Kräuter
1 EL Olivenöl
100 g Crème fraîche
30 g frisch geriebener Parmesan
schwarzer Pfeffer
Salz
1 EL Essig
4 Eier
2 Tomaten

Zubereitungszeit: 20 Min.
Pro Portion: 2030 kJ/485 kcal
22 g E · 41 g F · 6 g K

Schnell · Vegetarisch

➡ Die Frühlingszwiebeln waschen, putzen und mit dem hellen Grün in schmale Ringe schneiden. Die Kräuter waschen, verlesen und abtrocknen. Einige Blättchen zum Garnieren beiseite legen, die restlichen fein hacken.

➡ Die Frühlingszwiebeln und die gehackten Kräuter mit dem Olivenöl in einen Topf geben und leicht erwärmen. Die Crème fraîche einrühren, dann auch den Parmesan. Den Käse bei schwacher Hitze unter Rühren schmelzen lassen, die Sauce mit Pfeffer abschmecken.

➡ Gleichzeitig in einem breiten Topf reichlich Wasser zum Kochen bringen, Salz und den Essig hineingeben. Die Hitze reduzieren, bis das Wasser gerade eben siedet.

➡ Die Eier einzeln in eine Tasse aufschlagen und vorsichtig in das siedende Wasser gleiten lassen. Jedes Ei dann mit 2 Eßlöffeln in Form halten, dabei das Eiweiß um das Eigelb ziehen. Die Eier 4 Min. ziehen, aber nicht kochen lassen. Die Tomaten waschen und achteln. Die Kräutersauce in vorgewärmte Teller verteilen.

➡ Die pochierten Eier mit einer Schaumkelle aus dem Wasser heben und gut abtropfen lassen. Auf der Kräutersauce anrichten und mit den übrigen Kräutern bestreuen. Die Tomaten dazulegen.

Tips!
Auf Wochenmärkten werden gemischte Kräuter im Bund verkauft. Oft kann man wählen zwischen Kräutern für kalte Saucen und solchen, die besser zum Erhitzen geeignet sind. Wenn Sie kein Kräuterbund bekommen, stellen Sie sich die Mischung selbst zusammen, z. B. aus Petersilie, Kerbel, Basilikum, Estragon, Borretsch und Zitronenmelisse.
Pochierte Eier haben nur eine kurze Garzeit, sie sollten deshalb sehr frisch sein. Achten Sie auf das Legedatum!

Gemüse-Schafkäse-Tortilla

Zutaten für 2 Personen:
1 EL Butter
300 g gemischtes tiefgekühltes Gemüse
4 Eier
2 EL gehackte tiefgekühlte Petersilie
Salz · schwarzer Pfeffer
200 g Schafkäse (Feta)

Zubereitungszeit: 20 Min.
Pro Portion: 2190 kJ/525 kcal
36 g E · 36 g F · 10 g K

Schnell · Gelingt leicht

➠ Die Butter in einer beschichteten Pfanne zerlassen. Das Gemüse unaufgetaut hineingeben und zugedeckt bei mittlerer Hitze 5–10 Min. garen, bis es aufgetaut und heiß ist.
➠ Die Eier in einer Schüssel mit der Petersilie, Salz und Pfeffer verquirlen. Den Käse in kleine Würfel schneiden.
➠ Die Eier in die Pfanne geben, den Käse darüber streuen. Alles noch 3–4 Min. garen, bis das Gemüse knackig ist und die Eier gestockt sind.

Tip!
Statt mit Schafkäse schmeckt solch eine Tortilla auch mit einem anderen Käse, etwa mit Mozzarella, Emmentaler oder sogar mit Camembert.

Curry-Wirsing mit geräuchertem Tofu

Zutaten für 2 Personen:
1 kleiner Wirsing (etwa 600 g)
1 große Zwiebel
2 EL Öl · 1 1/2 EL Curry
300 ml Gemüsebrühe
2 EL Sojasauce
250 g geräucherter Tofu
Salz · schwarzer Pfeffer

Zubereitungszeit: 25 Min.
Pro Portion: 1550 kJ/370 kcal
20 g E · 17 g F · 40 g K

Vegetarisch · Gelingt leicht

➠ Den Wirsing waschen. Die äußeren Blätter entfernen, den Strunk keilförmig herausschneiden. Den Kohlkopf vierteln, die Viertel quer in Streifen schneiden. Die Zwiebel schälen und in kleine Würfel schneiden.
➠ Das Öl in einem Topf erhitzen, die Zwiebelwürfel darin glasig werden lassen. Curry darüber streuen und leicht anrösten, dann mit der Brühe ablöschen.
➠ Den Wirsing unterrühren, alles mit Sojasauce würzen und fest zugedeckt bei mittlerer Hitze 10 Min. dünsten.
➠ Den Tofu in mundgerechte Stücke schneiden und unter den Wirsing mengen, kurz mit erhitzen. Alles vorsichtig mit Salz und Pfeffer abschmecken und auf vorgewärmten Tellern servieren.

Tip!
Geräucherten Tofu bekommen Sie im Naturkostladen oder Reformhaus, meist mit Pilzen oder mit Algen.

Seeteufel mit Safransauce

Zutaten für 4 Personen:
800 g Seeteufel
1 EL Zitronensaft
Salz · Pfeffer
1 kg Broccoli
4 EL Butterschmalz
300 g Sahne
1 Döschen gemahlener Safran
1 Prise gekörnte Gemüsebrühe

Zubereitungszeit: 30 Min.
Pro Portion: 1725 kJ/410 kcal
38 g E · 23 g F · 10 g K

Gelingt leicht

➡ Den Fisch kalt waschen und trockentupfen, dann in 2 cm dicke Scheiben schneiden. Mit dem Zitronensaft beträufeln und mit Salz und Pfeffer würzen.
➡ Den Broccoli waschen und putzen. Die Röschen abtrennen, die Stiele schälen und in kleine Würfel schneiden.
➡ Die Broccoliwürfel mit $^1/_8$ l Wasser in einem Topf zum Kochen bringen und zugedeckt bei mittlerer Hitze 10 Min. dünsten. Dann die Röschen dazugeben und alles weitere 5 Min. garen.
➡ Gleichzeitig Butterschmalz in einer Pfanne erhitzen. Fischstücke darin pro Seite 4 Min. anbraten. Die Fischstücke zur Seite schieben. Die Sahne angießen und leicht einkochen lassen. Den Safran einrühren und die Sauce mit Salz, Pfeffer und gekörnter Brühe würzen.
➡ Den Broccoli abtropfen lassen und mit dem Fisch und der Sauce auf vorgewärmten Tellern anrichten.

Lachsfilet mit Gurkengemüse

Zutaten für 4 Personen:
700 g Schmorgurken
2 Schalotten · 3 EL Butter
100 ml Gemüsebrühe
100 g Sahne
1 EL körniger Senf
200 g Sahnejoghurt
700 g Lachsfilet
Salz · weißer Pfeffer
3–4 EL Öl
5–6 Zweige frischer Estragon

Zubereitungszeit: 30 Min.
Pro Portion: 3005 kJ/720 kcal
40 g E · 57 g F · 11 g K

Schnell · Gelingt leicht

➡ Gurken schälen, längs halbieren, entkernen und in 2 cm dicke Stücke schneiden. Schalotten schälen und fein würfeln.
➡ Butter in einem Topf aufschäumen, die Gurken darin bei mittlerer Hitze 3 Min. andünsten, herausheben.
➡ Schalotten im Bratfett glasig dünsten. Brühe und Sahne hinzufügen, 3 Min. köcheln lassen. Senf und Joghurt unterrühren. Gurken dazugeben, alles bei schwacher Hitze zugedeckt 5 Min. köcheln lassen.
➡ Lachs in 8 gleich große Stücke schneiden, salzen und pfeffern. Öl in einer beschichteten Pfanne erhitzen, die Filets darin auf jeder Seite bei mittlerer Hitze 3 Min. braten.
➡ Estragon waschen, trockentupfen, die Blätter abzupfen, zum Gurkengemüse geben. Gemüse abschmekken und mit dem Lachs anrichten.

Pilzpfanne mit Riesengarnelen

Zutaten für 4 Personen:
2 Bund Frühlingszwiebeln
500 g Egerlinge (braune Champignons)
200 g Shiitake-Pilze
300 g Austernpilze
4 EL Öl
Salz · schwarzer Pfeffer
1 kräftige Prise gemahlener Koriander
250 g Mozzarella
12 geschälte gegarte Riesengarnelen
1 Bund Basilikum

Zubereitungszeit: 25 Min.
Pro Portion: 2005 kJ/480 kcal
35 g E · 21 g F · 47 g K

Raffiniert · Gelingt leicht

➡ Die Frühlingszwiebeln waschen und putzen und mit dem zarten hellen Grün in schmale, schräge Ringe schneiden.
➡ Die Pilze waschen oder mit Küchenpapier sauber abreiben, putzen und in dicke Scheiben schneiden. Shiitake- und Austernpilze auch von den zähen Stielen befreien.
➡ Das Öl in einer Pfanne erhitzen, die weißen Zwiebelteile darin glasig werden lassen. Die Pilze dazugeben und bei starker Hitze anbraten, dann mit Salz, Pfeffer und Koriander würzen und bei mittlerer Hitze unter Rühren 5 Min. braten.
➡ Den Mozzarella erst in dünne Scheiben, dann in lange Streifen schneiden. Die Riesengarnelen kalt abwaschen und gut abtrocknen. Das Basilikum waschen und abtrocknen. Einige Blättchen zum Garnieren beiseite legen, die restlichen hacken.
➡ Frühlingszwiebeln, Garnelen und das gehackte Basilikum zu den Pilzen geben und unterrühren. Die Mozzarellastreifen darüber legen, die Pfanne zudecken und alles noch 2–3 Min. garen, bis der Käse geschmolzen ist. Mit Basilikum garniert servieren.

Tip!
Bei den eiweißreichen Mahlzeiten ist Wein durchaus erlaubt – genießen Sie also ein Gläschen zu diesem würzigen Pilzgericht. Gut paßt beispielsweise ein trockener, nicht zu leichter Weißwein, etwa ein Weißburgunder aus Baden.

Varianten:
Statt Garnelen können Sie festfleischiges Fischfilet in Würfeln nehmen. Gut schmecken Seeteufel oder Kabeljau. Aber auch Hühnerfleisch ist köstlich. Dieses jedoch etwas länger anbraten, da es durchgegart sein muß.
Zu einem köstlichen vegetarischen Gericht wird die Pfanne, wenn Sie die Garnelen ganz weglassen und mehr Frühlingszwiebeln, Pilze und Mozzarella nehmen. Es ist dann nicht mehr eiweißreich, sondern neutral.

Mariniertes Schweinefilet

Zutaten für 4 Personen:
600 g Schweinefilet am Stück
5 EL Olivenöl
2 EL Zitronensaft
2 EL getrockneter Oregano
schwarzer Pfeffer
2 dicke Zucchini
4 große Tomaten
250 g Schafkäse
Salz

Zubereitungszeit: 30 Min.
(+ 2–3 Std. Marinieren)
Pro Portion: 1765 kJ/435 kcal
46 g E · 26 g F · 6 g K

Raffiniert · Gelingt leicht

➡ Das Schweinefilet in 1 1/2 cm dicke Scheiben schneiden. In einer Schüssel das Olivenöl mit Zitronensaft, Oregano und Pfeffer verquirlen, die Filetscheiben darin wenden. Zugedeckt 2–3 Std. im Kühlschrank marinieren.
➡ Die Zucchini waschen, putzen und in 1 cm dicke Scheiben schneiden. Die Tomaten waschen, die Stielansätze herausschneiden. Die Tomaten ebenfalls in Scheiben schneiden. Den Schafkäse klein würfeln oder zerbröckeln.
➡ Eine beschichtete Pfanne erhitzen. Die Filetscheiben mit der Marinade hineinlegen und von jeder Seite scharf anbraten, dann wieder aus der Pfanne nehmen.
➡ Die Zucchinischeiben im verbliebenen Bratfett in der Pfanne bei mittlerer Hitze in 5 Min. goldbraun braten. Mit Salz und Pfeffer würzen und auf Teller geben, zugedeckt warm halten.
➡ Die Filetscheiben wieder in die Pfanne geben, mit Tomatenscheiben belegen und mit dem Schafkäse bestreuen. Alles zugedeckt noch 3 Min. garen, bis der Käse leicht zu schmelzen beginnt. Mit Zucchini servieren.

Filetsteaks mit Petersilienwurzeln

Zutaten für 4 Personen:
800 g Petersilienwurzeln
3–4 EL Öl · Salz
4 Frühlingszwiebeln
1 Bund Petersilie
1 Bund Schnittlauch
4 Filetsteaks vom Rind oder Kalb (je etwa 150 g) · Pfeffer
4 EL Crème fraîche · 2 TL Senf

Zubereitungszeit: 30 Min.
Pro Portion: 2570 kJ/615 kcal
40 g E · 44 g F · 14 g K

Raffiniert · Gelingt leicht

➡ Die Petersilienwurzeln putzen, schälen und in feine Scheiben schneiden.
➡ Die Hälfte vom Öl erhitzen, die Petersilienwurzeln darin andünsten. Salzen und zugedeckt bei mittlerer Hitze 10 Min. dünsten.
➡ Frühlingszwiebeln waschen, putzen und in feine Ringe schneiden. Zu den Frühlingszwiebeln geben und alles weitere 5 Min. dünsten.
➡ Die Kräuter waschen und fein schneiden.
➡ Die Steaks mit Salz und Pfeffer würzen. Das restliche Öl in einer Pfanne erhitzen. Die Steaks darin 5–7 Min. bei starker bis mittlerer Hitze braten, dabei einmal wenden. An den Rand der Pfanne schieben.
➡ Den Bratsatz mit 1/8 l Wasser lösen. Crème fraîche und Kräuter unterrühren, mit Senf, Salz und Pfeffer abschmecken.
➡ Die Steaks mit der Sauce auf Tellern anrichten. Das Gemüse dazu reichen.

Gratinierte Rinderfiletscheiben

Zutaten für 4 Personen:
6 Rinderfiletsteaks (je etwa 150 g) · 2 EL Öl
Salz · schwarzer Pfeffer
1 Zwiebel · 200 g Champignons
3 Tomaten · 180 g Mozzarella
2 EL Butter
1 TL frische Thymianblättchen
250 g Sahne · 2 TL Kapern
6 große Basilikumblätter

Zubereitungszeit: 30 Min.
Pro Portion: 2545 kJ/610 kcal
42 g E · 44 g F · 12 g K

Raffiniert · Schnell

➡ Das Fleisch im Öl von jeder Seite in 5 Min. braun braten, salzen und pfeffern.
➡ Den Backofen auf 250° (Umluft 220°) vorheizen. Zwiebel schälen und in feine Ringe schneiden. Pilze mit Küchenpapier sauber abreiben, putzen und feinblättrig schneiden. Tomaten waschen, in Scheiben schneiden und entkernen. Mozzarella ebenfalls in Scheiben schneiden.
➡ Die Filetsteaks in eine Gratinform legen. Butter schmelzen, Zwiebel und Pilze darin in 5 Min. braun anbraten. Mit Salz, Pfeffer und Thymian würzen. Auf dem Fleisch verteilen, mit Tomaten- und Mozzarellascheiben belegen.
➡ Die Filets im Ofen (Mitte) 6–8 Min. überbacken.
➡ Bratsatz in der Pfanne mit der Sahne lösen und 3 Min. köcheln lassen. Kapern einrühren. Salzen und pfeffern, über die Steaks gießen. Mit Basilikum garnieren.

Huhn mit Morcheln und Gemüse

Zutaten für 4 Personen:
40 g getrocknete Morcheln
500 g Zuckerschoten
400 g junge, möglichst schlanke Möhren
3 EL Butterschmalz
4 Schalotten
2 Hähnchenbrustfilets (etwa 600 g)
Salz · Pfeffer
2 EL Öl
400 g Sahne
2 TL gekörnte Gemüsebrühe
1 Bund Petersilie

Zubereitungszeit: 30 Min.
(+ 30 Min. Quellen)
Pro Portion: 1445 kJ/345 kcal
33 g E · 11 g F · 29 g K

Raffiniert

➨ 1/2 l Wasser zum Kochen bringen. Die Morcheln in einer Schüssel damit begießen und 30 Min. quellen lassen.

➨ Inzwischen Zuckerschoten waschen, putzen und gegebenenfalls die Fäden abziehen. Möhren putzen, schälen und längs halbieren.

➨ Die Hälfte des Butterschmalzes in einem Topf erhitzen. Die Möhren darin andünsten, 1/8 l Wasser angießen und die Möhren zugedeckt bei schwacher Hitze in 10–15 Min. nicht ganz weich dünsten.

➨ Inzwischen für die Sauce die Schalotten schälen und fein würfeln. Die Morcheln durch eine Filtertüte gießen, das Einweichwasser auffangen. Die Morcheln unter fließendem Wasser gründlich abspülen, um mögliche Sandreste zu entfernen. Große Morcheln längs halbieren.

➨ Das restliche Schmalz erhitzen, die Schalotten darin andünsten, bis sie goldbraun sind. Die Morcheln hinzufügen, mit dem Einweichwasser aufgießen und dieses offen bei starker Hitze auf die Hälfte einkochen lassen.

➨ Das Fleisch kalt abspülen, abtrocknen und mit einem großen Messer jeweils längs in 2 dünne Scheiben schneiden. Mit Salz und Pfeffer würzen.

➨ Die Zuckerschoten zu den Möhren geben, das Gemüse noch etwa 5 Min. dünsten.

➨ Das Öl erhitzen und die Hähnchenscheiben darin bei mittlerer Hitze 2–3 Min. pro Seite braten. Die Pilze mit der Sauce angießen und den Bratensatz damit lösen. Die Sahne unterrühren. Die Sauce leicht einkochen lassen und mit Salz, Pfeffer und der gekörnten Gemüsebrühe würzen.

➨ Die Petersilie waschen, trockenschwenken und die Blättchen fein hacken. Das Gemüse salzen, die Hälfte der Petersilie darüber streuen. Die übrige Petersilie über dem Hähnchen und der Sauce verteilen. Beides auf vorgewärmten Tellern servieren.

Putenröllchen »Saltimbocca«

Zutaten für 4 Personen:
12 frische Salbeiblätter
4 dünne Putenschnitzel (je etwa 150 g)
schwarzer Pfeffer
4 kleine Scheiben roher Schinken
4 feste Tomaten
600 g grüne Bohnen
Salz
evtl. etwas frisches Bohnenkraut
4 EL Olivenöl
Holzspießchen zum Feststecken

Zubereitungszeit: 30 Min.
Pro Portion: 1325 kJ/315 kcal
32 g E · 16 g F · 10 g K

Schnell · Gelingt leicht

➡ Den Salbei waschen und abtrocknen. Die Putenschnitzel kalt abwaschen und abtrocknen, auf einem Brett ausbreiten, flachstreichen. Mit Pfeffer würzen.

➡ Je 1 Schinkenscheibe ohne Rand und 3 Salbeiblättchen auf jedes Putenschnitzel legen. Dieses fest aufrollen und mit Holzspießchen zustecken.

➡ Die Tomaten waschen und über Kreuz einritzen. Die Bohnen waschen und putzen, eventuell halbieren.

➡ In einem Topf etwas Salzwasser aufkochen lassen, die Bohnen und eventuell das Bohnenkraut hineingeben. Die Tomaten darauf legen, den Topf zudecken, das Gemüse 1 Min. dünsten. Die Tomaten herausheben, die Bohnen zugedeckt in 7–14 Min. (je nach Sorte und Dicke) bißfest dünsten.

➡ Die Tomaten häuten, vom Stielansatz befreien und klein würfeln.

➡ Gleichzeitig das Olivenöl in einer Pfanne erhitzen, die Putenröllchen darin bei starker Hitze rundherum goldbraun anbraten. Die Hitze reduzieren, die Röllchen mit Salz und Pfeffer würzen und in weiteren 8 Min. rundherum sanft braten.

➡ Die Bohnen abtropfen lassen, zurück in den Topf geben und darin mit den Tomatenwürfeln mischen. Das Gemüse mit Salz und Pfeffer abschmecken und zusammen mit den Putenröllchen auf vorgewärmten Tellern anrichten.

Getränketip!
Zu den Putenschnitzeln paßt ein leichter trockener Rotwein sehr gut, etwa ein junger Chianti. Aber auch ein Roséwein kann ausgezeichnet zu der feinen Fleisch-Gemüse-Kombination munden.

Tip!
Schneller geht's, wenn Sie einfach gut gewürzte, in Butter und Öl sanft gebratene Putenschnitzel zu dem Bohnen-Tomaten-Gemüse reichen. Einige Salbeiblättchen dann ganz kurz mit in der Pfanne schwenken und zum Servieren auf die Schnitzel legen.

Lamm-Gemüse-Gulasch

Zutaten für 4 Personen:
800 g Lammschulter ohne Knochen
2 große Zwiebeln
2 Knoblauchzehen
700 g Möhren
400 g Knollensellerie
3–4 EL Olivenöl
2 TL Paprika, edelsüß
1 Prise getrockneter Thymian
400 ml Lammfond (aus dem Glas)
500 g grüne Bohnen
800 g Fleischtomaten
1 Bund Petersilie
Salz · schwarzer Pfeffer

Zubereitungszeit: 40 Min.
Pro Portion: 2270 kJ/545 kcal
52 g E · 20 g F · 34 g K

Preiswert

➡ Das Fleisch in 2 cm große Würfel schneiden. Die Zwiebeln und den Knoblauch schälen und klein würfeln. Die Möhren und den Sellerie schälen. Das Gemüse in nicht zu kleine Würfel schneiden.
➡ Das Olivenöl in einem weiten Topf erhitzen und die Fleischwürfel darin portionsweise unter Wenden anbraten. Wenn alles Fleisch gebraten ist, die Zwiebelwürfel dazugeben und glasig werden lassen. Die Möhren und den Sellerie, Paprika und Thymian untermischen.
➡ Den Fond angießen und das Fleisch zugedeckt bei schwacher Hitze 40 Min. schmoren.
➡ Inzwischen die Bohnen waschen, von den Enden und eventuell auch den Fäden befreien und schräg in Stücke schneiden. Die Stielansätze der Tomaten entfernen. Die Tomaten kurz überbrühen, häuten, entkernen und grob würfeln.
➡ Die Bohnen- und Tomatenstücke zum Fleisch geben und das Gulasch in weiteren 20 Min. fertiggaren.
➡ Die Petersilie waschen, trockentupfen und kleinschneiden. Das Gulasch mit Salz und Pfeffer abschmekken und mit der Petersilie bestreut servieren.

Tips!
Lammfond ist nicht gerade preiswert, dafür aber in erstklassiger Qualität erhältlich. Sie können das Fleisch aber auch mit Instant-Fleischbrühe, verrührt mit 1 EL Tomatenmark, aufgießen.
Es lohnt sich, aus der doppelten Menge Fleisch, Zwiebeln, Knoblauch, Möhren, Sellerie, Olivenöl und Fond ein Gulasch zu kochen und die Hälfte davon einzufrieren. Einige reizvolle Variationsmöglichkeiten sind mit diesem »Grundgulasch« möglich: Mischen Sie statt Bohnen und Tomaten je 500 g in Scheiben geschnittene Zucchini und grobgewürfelte Auberginen unter das Fleisch. Beides vor dem Untermischen in wenig Olivenöl unter Wenden anbraten und im Fleischtopf fertiggaren. Oder Sie fügen je 1 rote, gelbe und grüne Paprikaschote, in Stücke geschnitten, hinzu.

Entenbrust mit Apfelgratin

Zutaten für 4 Personen:
Für das Apfelgratin:
800 g säuerliche Äpfel (z.B. Cox Orange, Gravensteiner)
4 EL Zitronensaft
100 g Crème fraîche
150 g Sahne · 1 Eigelb
2 TL getrockneter Majoran
weißer Pfeffer
2 Entenbrustfilets (je etwa 250 g)
2 EL Butterschmalz · Salz
Majoranblättchen zum Garnieren

Zubereitungszeit: 50 Min.
Pro Portion: 3315 kJ/795 kcal
27 g E · 63 g F · 33 g K

Raffiniert · Gelingt leicht

➨ Den Backofen auf 175° vorheizen. Die Äpfel schälen, vierteln, vom Kerngehäuse befreien und in 1 cm dicke Spalten schneiden. Mit Zitronensaft beträufeln.
➨ Eine Gratinform mit den Apfelspalten auslegen. Crème fraîche, Sahne, Eigelb und Majoran verrühren und mit etwas Pfeffer würzen. Über die Apfelspalten gießen, im heißen Ofen (Mitte, Umluft 160°) in 30 Min. goldgelb backen.
➨ Inzwischen die Haut der Entenbrustfilets mit einem scharfen Messer rautenförmig bis fast auf das Fleisch einschneiden. Mit Salz und Pfeffer einreiben.
➨ Butterschmalz heiß werden lassen. Entenbrüste darin auf der Hautseite 4 Min. anbraten, wenden und nur kurz anbraten.
➨ Fleisch aus der Pfanne heben, in Alufolie wickeln und für die letzten 8 Min. neben das Gratin in den Backofen legen.
➨ Fleisch und Gratin aus dem Ofen nehmen, beides 2 Min. ruhen lassen. Entenbrüste aus der Folie wickeln und schräg in dünne Scheiben schneiden. Mit dem Apfelgratin auf Tellern anrichten, mit Majoran garnieren.

Kalbsgeschnetzeltes mit Fenchel

Zutaten für 4 Personen:
600 g mageres Kalbfleisch
1 Fenchelknolle (etwa 300 g)
200 g Champignons
3 Schalotten · 1 unbehandelte Zitrone · 40 g Butterschmalz
Salz · schwarzer Pfeffer
100 ml Kalbsfond (aus dem Glas)
200 g Sahne
100 g Cocktailtomaten
1/2 Bund frisch gehackte Petersilie

Zubereitungszeit: 40 Min.
Pro Portion: 1090 kJ/260 kcal
43 g E · 12 g F · 11 g K

Raffiniert

➡ Das Fleisch in feine Streifen schnetzeln. Den Fenchel waschen, putzen, vierteln und in feine Streifen schneiden. Die Pilze mit Küchenpapier sauber abreiben und in Scheibchen schneiden. Die Schalotten schälen und fein würfeln. Die Zitronenschale fein abreiben. Saft auspressen.
➡ 30 g Butterschmalz erhitzen. Fleisch darin portionsweise anbraten. Herausnehmen, salzen und pfeffern.
➡ Die Schalotten im übrigen Schmalz glasig dünsten. Den Fenchel und die Pilze bei mittlerer Hitze 5 Min. mitbraten. Mit 2 EL Zitronensaft und dem Kalbsfond ablöschen. Die Sahne angießen, aufkochen. 5 Min. köcheln lassen.
➡ Tomaten waschen und halbieren. Das Fleisch unter das Gemüse heben. Mit Salz, Pfeffer und Zitronenschale würzen. Petersilie und Tomaten vorsichtig unterheben.

Asiatische Entenbrust-Pfanne

Zutaten für 4 Personen:
2 Entenbrustfilets (je etwa 250 g)
1/2 TL Fünf-Gewürze-Pulver
500 g Chinakohl · 4 Frühlingszwiebeln · 100 g Sojasprossen
1 Knoblauchzehe
1 unbehandelte Orange
1/8 l Geflügelfond (aus dem Glas)
2 EL Sojasauce · 2 EL Sherry (Fino, ersatzweise Geflügelfond)
1 TL Speisestärke
Salz · schwarzer Pfeffer

Zubereitungszeit: 30 Min.
Pro Portion: 1755 kJ/420 kcal
30 g E · 26 g F · 16 g K

Raffiniert

➡ Entenbrüste häuten, in Streifen schneiden und mit Fünf-Gewürze-Pulver würzen. 30 g Haut würfeln.
➡ Chinakohl waschen und in breite Streifen schneiden. Frühlingszwiebeln waschen, putzen und in feine Ringe schneiden. Sprossen abbrausen. Knoblauch schälen.
➡ Von der Orange 1/2 TL Schale abreiben. Die Orange filetieren, den Saft auffangen. Den Saft (etwa 50 ml) mit Geflügelfond, Sojasauce, Sherry, Orangenschale und Stärke verrühren.
➡ Die Entenhaut ausbraten, darin das Fleisch anbraten. Herausnehmen, salzen und pfeffern.
➡ Den zerdrückten Knoblauch im Bratfett andünsten. Chinakohl, Zwiebeln und Sprossen 3 Min. im Fett mitbraten.
➡ Würzsauce angießen und 2 Min. köcheln lassen. Entenbrust und Orangenfilets untermischen.

Hähnchenbrust in grüner Pfeffersahne

Zutaten für 4 Personen:
4 Hähnchenbrustfilets (etwa 700 g)
Salz · schwarzer Pfeffer
75 g Frühstücksspeck (Bacon)
½ Bund Petersilie
1 TL frische Thymianblättchen
2 EL Crème fraîche
1 Kopfsalat · 2 Tomaten
1 Dose Artischockenherzen (400 g Inhalt)
½ Knoblauchzehe (zum Ausreiben)
3 EL Zitronensaft · 6 EL Olivenöl
2 EL neutrales Öl · 1 EL Butter
⅛ l Weißwein (ersatzweise Brühe)
⅛ l Hühnerbrühe
125 g Sahne
1 EL eingelegte grüne Pfefferkörner
Holzstäbchen zum Feststecken

Zubereitungszeit: 1 Std.
Pro Portion: 3220 kJ/770 kcal
60 g E · 51 g F · 8 g K

Gut vorzubereiten · Raffiniert

➡ In die Filets seitlich eine Tasche schneiden, aber die Filets nicht durchtrennen. Das Fleisch innen und außen mit Salz und Pfeffer würzen.
➡ Den Speck sehr klein würfeln. Die Petersilie abbrausen, die Blätter abzupfen und hacken. Zusammen mit dem Schinkenspeck, Thymian und Crème fraîche vermischen, mit Pfeffer würzen. Die Filets damit füllen. Die Taschen mit Holzstäbchen zustecken.
➡ Den Salat waschen, putzen und mundgerecht zerpflücken. Die Tomaten waschen und achteln. Die Artischockenherzen abtropfen lassen und je nach Größe vierteln oder sechsteln.
➡ Eine Schüssel mit der Knoblauchhälfte ausreiben. Darin den Zitronensaft mit Salz, Pfeffer und Olivenöl verquirlen.
➡ In einer großen Pfanne das neutrale Öl erhitzen, die Butter hinzufügen und einmal aufschäumen lassen. Die Filets darin beidseitig bei mittlerer Hitze in 5 Min. braun anbraten. Mit dem Wein und der Brühe ablöschen und zugedeckt bei mittlerer Hitze 6–7 Min. schmoren.
➡ Das Fleisch warm stellen. Die Sahne in die Sauce rühren und noch 5 Min. bei starker Hitze einkochen lassen. Die zerdrückten Pfefferkörner hinzufügen. Mit Salz und Pfeffer abschmecken. Das Fleisch in die Sauce geben.
➡ Die vorbereiteten Salatzutaten in dem Dressing wenden. Die Hähnchenfilets in der Pfeffersahne dazu servieren.

Varianten:
Für die Füllung statt Speck 75 g geschälte und gegarte Garnelen hacken. Mit 1 EL Zitronensaft, Salz und ½ TL fein abgeriebener Zitronenschale würzen. ½ Bund Dill fein hacken, mit 2 EL Crème fraîche untermischen.
Sie können als Fülle auch 100 g Frischkäse verwenden und mit 2 EL Sahne und 2 EL gemischten feingehackten Kräutern (Petersilie, Basilikum) verrühren.

Erbsen-Frittata mit Estragon

Zutaten für 1 Person:
1 kleine Zwiebel
50 g Bergkäse am Stück (mindestens 45 % Fett)
1 Zweig frischer Estragon
1 EL Butter
100 g tiefgekühlte Erbsen (angetaut)
2 Eigelbe
5 EL Sahne
Salz · weißer Pfeffer

Zubereitungszeit: 30 Min.
Pro Portion: 2715 kJ/650 kcal
28 g E · 48 g F · 27 g K

Preiswert

➡ Die Zwiebel schälen und fein hacken. Den Käse entrinden und in dünne Scheiben schneiden. Estragon waschen, die Blättchen abzupfen, einen Teil davon zum Garnieren beiseite legen, den Rest fein hacken.
➡ Die Butter in einer kleinen beschichteten Pfanne zerlassen. Zwiebel und Erbsen darin bei schwacher Hitze leicht andünsten.
➡ Eigelbe mit Sahne und Estragon gut verquirlen, sparsam salzen und kräftig pfeffern. Eiersahne in die Pfanne gießen. Die Masse bei schwacher Hitze in 15–20 Min. stocken lassen. Bevor sie fest wird, den Käse darüber verteilen und schmelzen lassen.
➡ Die Erbsen-Frittata vorsichtig aus der Pfanne auf eine Platte gleiten lassen und wie eine Torte aufschneiden oder würfeln. Sie schmeckt sowohl warm als auch kalt sehr gut. Dazu paßt Blattsalat.

Paprikaschote mit Frischkäsefüllung

Zutaten für 1 Person:
1 kleine Paprikaschote
4 schwarze oder grüne Oliven
½ Bund Basilikum
2 Zweige Petersilie
100 g Doppelrahm-Frischkäse
1 EL Joghurt
Salz · Pfeffer

Zubereitungszeit: 15 Min.
Pro Portion: 1430 kJ/340 kcal
7 g E · 30 g F · 10 g K

Schnell · Preiswert

➡ Die Paprikaschote waschen, halbieren und putzen. Die Oliven eventuell entsteinen, dann fein hacken. Die Kräuter waschen und trockenschwenken, einige Blättchen zum Garnieren beiseite legen. Restliche Kräuter fein hacken.
➡ Frischkäse mit Joghurt, Oliven und gehackten Kräutern mischen und mit Salz und Pfeffer abschmecken.
➡ Käsecreme in die Schotenhälften streichen, in eine Plastikdose geben. Mit den Kräuterblättchen garnieren und verschließen.

Tip!
Die gefüllte Paprikaschote schmeckt gut zu Blattsalat. Als Beilage können Sie kräftiges Vollkornbrot oder auch knuspriges Baguette essen.

Blumenkohl-Tomaten-Gemüse

Zutaten für 1 Person:
1/4 Blumenkohl (etwa 300 g)
1/2 Zwiebel
1 kleine Knoblauchzehe
2 EL Öl
1 TL Paprika, edelsüß
1/2 TL scharfer Curry
1/4 TL gemahlener Kreuzkümmel
200 g stückige Tomaten (aus der Dose)
6 EL kräftige Gemüsebrühe
Salz · schwarzer Pfeffer
3 Zweige Petersilie
75 g Joghurt

Zubereitungszeit: 40 Min.
Pro Portion: 1560 kJ/395 kcal
18 g E · 20 g F · 37 g K

Preiswert · Gelingt leicht

➡ Den Blumenkohl waschen, putzen und in Röschen teilen. Die Zwiebel und die Knoblauchzehe schälen und fein würfeln.
➡ Das Öl erhitzen, Zwiebel und Knoblauch darin glasig dünsten. Den Blumenkohl bei mittlerer Hitze unter Rühren 5 Min. mitbraten. Paprika, Curry und Kreuzkümmel darüber stäuben, Gemüse in den Gewürzen wenden. Die Tomaten und die Brühe dazugeben, alles aufkochen und mit Salz und Pfeffer würzen. Zugedeckt bei mittlerer Hitze in 15–20 Min. bißfest garen.
➡ Petersilie abspülen, Blätter hacken und aufstreuen.
➡ Gericht in ein verschließbares Gefäß füllen und im Büro erwärmen oder kalt essen. Den Joghurt extra dazu reichen.

Pikanter Gemüsesalat mit Schafkäse

Zutaten für 1 Person:
1 kleiner Kohlrabi
1 kleine Möhre
1 Frühlingszwiebel
1/2 TL frische Thymianblättchen
1 EL Sojasauce
2 EL kaltgepreßtes Olivenöl
weißer Pfeffer
100 g Schafkäse
eventuell Salz
Thymian zum Garnieren

Zubereitungszeit: 20 Min.
Pro Portion: 1945 kJ/465 kcal
26 g E · 33 g F · 17 g K

Schnell

➡ Den Kohlrabi und die Möhre schälen und fein würfeln oder grob raspeln. Die Frühlingszwiebel waschen, putzen und in sehr feine Ringe schneiden.
➡ In einer Schüssel den Thymian mit der Sojasauce, dem Olivenöl und etwas Pfeffer verrühren, das Gemüse darin wenden.
➡ Den Schafkäse klein würfeln oder zerbröseln und unter den Salat mischen, diesen eventuell mit etwas Salz abschmecken. In ein verschließbares Gefäß füllen, mit Thymian garnieren.

Tip!
Statt Kohlrabi können Sie auch 1 Zucchino oder 1 kleine Gurke nehmen.

Käse-Walnuß-Salat mit Gurke

Zutaten für 1 Person:
75 g würziger Bergkäse (mindestens 45 % Fett)
75 g Camembert (mindestens 45 % Fett)
150 g Salatgurke
40 g Walnußkerne
75 g Vollmilchjoghurt
2 EL Walnußöl
Salz · weißer Pfeffer
1 Prise Paprika, edelsüß

Zubereitungszeit: 15 Min.
Pro Portion: 4070 kJ/975 kcal
47 g E · 82 g F · 11 g K

Schnell

➡ Den Käse eventuell entrinden und in mundgerechte Würfel schneiden. Die Gurke schälen oder gründlich waschen, halbieren und entkernen, dann ebenfalls in Würfel schneiden.

➡ Die Walnußkerne grob hacken, mit dem Käse und den Gurkenwürfeln mischen.

➡ In einer Schüssel den Joghurt mit dem Walnußöl, Salz, weißem Pfeffer und Paprikapulver verrühren, die anderen Zutaten darin wenden. Den Salat herzhaft abschmecken und in ein verschließbares Gefäß füllen. Bis zum Mitnehmen in den Kühlschrank stellen.

Tip!
Ein eher gehaltvoller Salat zum Sattessen. Wer nicht so großen Hunger hat, kommt auch mit je 50 g Käse und 20 g Nüssen aus.

Tomaten-Zucchini-Salat

Zutaten für 1 Person:
2 feste Tomaten
2 kleine Zucchini
3 EL Olivenöl
1 kleine Knoblauchzehe
Salz · schwarzer Pfeffer
1/2–1 Bund Petersilie
100 g Vollmilchjoghurt

Zubereitungszeit: 20 Min.
Pro Portion: 1600 kJ/385 kcal
11 g E · 29 g F · 19 g K

Schnell · Preiswert

➡ Die Tomaten waschen und halbieren. Stielansätze und Kerne entfernen, das Fruchtfleisch grob würfeln.

➡ Die Zucchini waschen, putzen und in Scheiben schneiden. 2 EL Öl in einer beschichteten Pfanne erhitzen. Den Knoblauch schälen und dazupressen. Die Zucchinischeiben darin bei mittlerer Hitze von beiden Seiten in 2–3 Min. goldbraun braten. Mit Salz und Pfeffer würzen und in einer Schüssel mit den Tomaten mischen. Das Gemüse abschmecken und in ein verschließbares Gefäß füllen.

➡ Die Petersilie waschen und abtrocknen. Einige Blättchen abzupfen und zum Gemüse geben. Die restlichen Blättchen zusammen mit dem Joghurt und dem restlichen Öl pürieren. Mit Salz und Pfeffer herzhaft abschmecken und über das Gemüse träufeln. Verschließen und mitnehmen.

Mangold mit Parmaschinken

Zutaten für 2 Personen:
500 g Mangold
2 EL Pinienkerne
2 EL Butter
1 Knoblauchzehe
Salz · Pfeffer
3 EL Crème fraîche
2 TL Aceto Balsamico
6 dünne Scheiben Parmaschinken

Zubereitungszeit: 30 Min.
Pro Portion: 1525 kJ/365 kcal
19 g E · 33 g F · 6 g K

Gelingt leicht

➡ Mangold waschen und putzen. Die Blätter von den Stielen trennen. Blätter in breite, Stiele in schmale Streifen schneiden.
➡ Pinienkerne in einer großen Pfanne bei mittlerer Hitze unter Rühren ohne Fett goldgelb rösten. Herausnehmen und beiseite stellen.
➡ Butter in der Pfanne zerlassen. Mangoldstiele darin bei schwacher Hitze zugedeckt 5 Min. dünsten. Knoblauch schälen und durch eine Presse dazudrücken. Mangoldblätter untermischen und unter Rühren 2 Min. mitdünsten. Salzen und pfeffern.
➡ Crème fraîche und Essig unter das Gemüse rühren. Alles einmal kräftig aufkochen lassen, mit Salz und Pfeffer abschmecken.
➡ Mangold und Parmaschinken auf Tellern anrichten, das Gemüse mit den gerösteten Pinienkernen bestreuen.

Sprossen-Gurken-Pfanne mit Käse

Zutaten für 2 Personen:
2 Schmorgurken (etwa 400 g)
100 g gemischte Sprossen (z. B. Alfalfa, Bockshornklee, Rettich)
100 g Champignons
1 Zwiebel
2 EL Olivenöl
Salz · schwarzer Pfeffer
½ TL Cayennepfeffer
200 g milder Schafkäse

Zubereitungszeit: 20 Min.
Pro Portion: 1550 kJ/370 kcal
24 g E · 25 g F · 14 g K

Preiswert

➡ Die Schmorgurken waschen und längs halbieren, die Hälften in Scheiben schneiden. Die Sprossen ganz kurz abbrausen und gut trockenschütteln.
➡ Die Champignons mit Küchenpapier sauber reiben und putzen, in Scheiben schneiden. Die Zwiebel schälen und klein würfeln.
➡ Das Öl in einer Pfanne erhitzen, die Zwiebelwürfel darin glasig werden lassen. Die Gurken dazugeben und leicht anbraten, dann auch die Sprossen untermischen. Mit Salz, Pfeffer und dem Cayennepfeffer würzen.
➡ Den Schafkäse klein würfeln und zum Gemüse geben, kurz erwärmen.

Variante:
Wenn Sie keine Sprossenmischung bekommen, verwenden Sie Sojasprossen oder erhöhen die Gemüsemengen und geben Kresse auf das Gemüse.

Möhren-Fenchel-Gemüse

Zutaten für 2 Personen:
2 kleine Fechnelknollen (etwa 400 g)
250 g Möhren · 1 Zwiebel
20 g Butter
⅛ l Gemüsebrühe
100 g Doppelrahm-Frischkäse
½ Bund Schnittlauch
Salz · schwarzer Pfeffer
1 TL scharfer Senf · 1 Eigelb

Zubereitungszeit: 30 Min.
Pro Portion: 1725 kJ/410 kcal
45 g E · 28 g F · 28 g K

Gelingt leicht · Vegetarisch

➡ Den Fenchel putzen, waschen und der Länge nach vierteln. Den Strunk herausschneiden, die Viertel in feine Streifen schneiden. Die Möhren schälen und schräg in dünne Scheiben schneiden. Die Zwiebel schälen und klein würfeln.
➡ Die Butter in einem breiten Topf erhitzen. Zuerst die Zwiebel darin unter gelegentlichem Rühren glasig dünsten, dann den Fenchel und die Möhren hinzufügen und 3 Min. mitdünsten. Die Brühe einrühren, zum Kochen bringen. Den Frischkäse untermischen, aufkochen und schmelzen lassen. Das Gemüse zugedeckt bei schwacher Hitze in 7 Min. bißfest dünsten.
➡ Schnittlauch abbrausen und in Röllchen schneiden.
➡ Das Gemüse mit Salz, Pfeffer und Senf abschmekken. Den Topf vom Herd nehmen, das Eigelb unterrühren. Das Gemüse anrichten und den Schnittlauch aufstreuen.

Zucchini-Tomaten-Gratin

Zutaten für 2 Personen:
2 kleine Zucchini (etwa 300 g)
4 reife Tomaten
125 g Mozzarella
½ Bund Basilikum
1 Knoblauchzehe
Salz · schwarzer Pfeffer
2 EL Olivenöl

Zubereitungszeit: 10 Min.
(+ 15–20 Min. Backzeit)
Pro Portion: 1255 kJ/300 kcal
19 g E · 21 g F · 8 g K

Vegetarisch · Gelingt leicht

➡ Den Backofen auf 200° (Umluft 180°) vorheizen. Zucchini waschen, putzen und ungeschält in dünne Scheiben schneiden. Die Stielansätze der Tomaten entfernen. Die Tomaten kurz überbrühen, häuten und quer in Scheiben schneiden.
➡ Mozzarella abtropfen lassen, halbieren, dann ebenfalls in dünne Scheiben schneiden. Basilikum waschen, die Blättchen abzupfen. Den Knoblauch schälen und längs halbieren.
➡ Eine flache Gratinform mit den Schnittflächen des Knoblauchs ausreiben. Zucchini, Tomaten und Mozzarella dachziegelartig in die Form schichten, zwei Drittel des Basilikums dazwischen verteilen. Das Ganze mit Salz und Pfeffer bestreuen und mit Öl beträufeln.
➡ Gratin im Ofen (Mitte) 15–20 Min. überbacken. Vor dem Servieren mit den restlichen Basilikumblättern bestreuen.

Auberginen-Tomaten-Gemüse

Zutaten für 2 Personen:
1 mittelgroße Aubergine (etwa 300 g)
300 g Zucchini
1 Zwiebel · 1 Knoblauchzehe
4 EL Olivenöl
1 EL Tomatenmark
500 g gehackte Tomaten (aus der Packung)
1 TL gekörnte Gemüsebrühe
1 TL Kräuter der Provence
Salz · schwarzer Pfeffer
50 g Provolone (mindestens 45 % Fett)
50 g schwarze Oliven
Rosmarin zum Garnieren

Zubereitungszeit: 30 Min.
Pro Portion: 1700 kJ/405 kcal
15 g E · 28 g F · 25 g K

Raffiniert · Gelingt leicht

➡ Die Aubergine und die Zucchini waschen und putzen. Je nach Dicke längs vierteln oder halbieren und in dünne Scheiben schneiden. Zwiebel und Knoblauch schälen und würfeln.
➡ Das Öl in einer Pfanne erhitzen, Zwiebel, Knoblauch, Aubergine und Zucchini darin bei starker Hitze 3 Min. anbraten.
➡ Tomatenmark und Tomaten hinzufügen, mit gekörnter Brühe, Kräutern der Provence, Salz und Pfeffer würzen. Aufkochen und zugedeckt bei schwacher Hitze 10 Min. schmoren lassen.
➡ Inzwischen den Provolone entrinden und grob raspeln.
➡ Das Gemüse abschmecken, Oliven untermischen. Mit Provolone und Rosmarin bestreut servieren.

Grüner Spargel mit Möhrendip

Zutaten für 2 Personen:
1 Möhre
1 Schalotte
4 TL Butter
50 ml Gemüsebrühe
750 g grüner Spargel
Salz · 1 Prise Zucker
50 g milder Edelpilzkäse (mindestens 45 % Fett)
2 EL Schmand (ersatzweise Crème fraîche)
schwarzer Pfeffer
etwas Gartenkresse zum Garnieren

Zubereitungszeit: 30 Min.
Pro Portion: 1230 kJ/295 kcal
14 g E · 19 g F · 17 g K

Vegetarisch

➡ Möhre und Schalotte schälen, fein würfeln und in einem Topf in 2 TL Butter andünsten. Brühe angießen, das Gemüse bei schwacher Hitze zugedeckt 20 Min. köcheln lassen.
➡ Inzwischen den Spargel waschen, nur im unteren Drittel schälen und die Enden abschneiden. In einem großen Topf 1 l Wasser mit 1 TL Salz, der restlichen Butter und dem Zucker aufkochen. Spargel hineinlegen und zugedeckt in 10–15 Min. bißfest garen.
➡ Edelpilzkäse würfeln. Möhre und Schalotte grob pürieren, den Schmand untermischen, Käse hinzufügen und im heißen Püree schmelzen lassen. Mit Salz und Pfeffer abschmecken.
➡ Spargel und Möhrendip auf vorgewärmten Tellern anrichten, mit Kresse und etwas Pfeffer bestreuen.

Gemischtes Gemüse mit Sesamsauce

Zutaten für 2 Personen:
1 EL Sesamsamen
1 Zwiebel · 1 Knoblauchzehe
1 EL Öl
600 g tiefgekühltes Suppengemüse (z. B. Blumenkohl, Erbsen, grüne Bohnen, Lauch, Möhren, Sellerie, Rosenkohl, Wirsing)
1 TL Mehl
1/4 l kräftige Gemüsebrühe
1/2 Bund Petersilie
75 g Tahin (Sesampaste; türkischer Laden)
Salz · schwarzer Pfeffer
1 TL Zitronensaft

Zubereitungszeit: 25 Min.
Pro Portion: 1980 kJ/475 kcal
18 g E · 27 g F · 44 g K

Raffiniert · Gelingt leicht

➡ Den Sesam in einer trokkenen Pfanne bei mittlerer Hitze goldbraun rösten.
➡ Zwiebel und Knoblauch schälen, fein würfeln und im heißen Öl hellgelb andünsten. Das Gemüse einrühren, mit Mehl bestäuben und kurz anschwitzen.
➡ Die Brühe dazugießen und zum Kochen bringen. Das Gemüse zugedeckt bei schwacher Hitze 10 Min. leise köcheln lassen.
➡ Inzwischen die Petersilie waschen, Blätter abzupfen und fein hacken. Mit dem gerösteten Sesam mischen.
➡ Die Tahinpaste unter das Gemüse mischen, mit Salz, Pfeffer und Zitronensaft abschmecken. Noch 2–3 Min. ziehen lassen.
➡ Die Petersilien-Sesam-Mischung vor dem Servieren auf das Gemüse streuen.

Überbackener Wirsing

Zutaten für 2 Personen:
½ Kopf Wirsing (etwa 450 g)
Salz · weißer Pfeffer
2 kleine Tomaten
100 g Champignons
100 g Chesterkäse (50 % Fett)
150 ml Milch
1 EL frisch gehackte Petersilie
Butter für die Form

Zubereitungszeit: 40 Min.
Pro Portion: 1535 kJ/365 kcal
19 g E · 19 g F · 17 g K

Vegetarisch

➡ Wirsing putzen, waschen und vierteln. Den Strunk so abschneiden, daß die Blätter noch zusammenhalten. Die Wirsingstücke in sprudelnd kochendem Salzwasser 6–7 Min. blanchieren. Dann kalt abschrecken und gut abtropfen lassen.
➡ Die Tomaten waschen und klein würfeln, die Stielansätze dabei entfernen. Die Pilze putzen und nicht zu fein hacken. Den Käse entrinden und reiben. Den Backofen auf 200° (Umluft 180°) vorheizen.
➡ Milch in einem Topf bei schwacher Hitze erwärmen. Käse darin unter Rühren schmelzen lassen. Tomaten, Pilze und Petersilie unterrühren, die Sauce mit Pfeffer und wenig Salz abschmecken.
➡ Eine flache Auflaufform mit Butter fetten. Wirsingstücke nebeneinander hineinlegen, mit der Käsesauce begießen. Im Ofen (Mitte) in 10 Min. goldgelb überbacken.

Pastinaken-Erbsen-Gemüse

Zutaten für 2 Personen:
1 große Zwiebel
400 g Pastinaken
2 EL Olivenöl
1 Bund Petersilie oder Schnittlauch
300 g tiefgekühlte Erbsen
Salz · Pfeffer
1 Prise frisch geriebene Muskatnuß
150 g Crème fraîche
1 TL Dijon-Senf

Zubereitungszeit: 30 Min.
Pro Portion: 1675 kJ/400 kcal
9 g E · 29 g F · 26 g K

Gelingt leicht

➡ Die Zwiebel schälen und halbieren, dann in feine Streifen schneiden. Die Pastinaken putzen, dünn schälen und in etwa 1 cm große Würfel schneiden.
➡ Das Öl in einem Topf erhitzen und die Zwiebel darin goldgelb dünsten. Die Pastinaken dazugeben und kurz andünsten. Mit 1/8 l Wasser begießen, aufkochen lassen und zugedeckt bei schwacher Hitze 15 Min. dünsten.
➡ Inzwischen die Petersilie oder den Schnittlauch waschen und fein schneiden.
➡ Die Erbsen zu den Pastinaken geben und alles weitere 2–3 Min. dünsten. Mit Salz, Pfeffer und Muskat würzen.
➡ Crème fraîche, Senf und Petersilie oder Schnittlauch unter das Gemüse mischen, nochmals mit Salz und Pfeffer abschmecken.
Dazu passen Kartoffeln oder Reis.

Rotkohl mit Gorgonzola

Zutaten für 2 Personen:
1/2 kleiner Rotkohl (etwa 400 g)
75 ml kräftiger Rotwein
Salz · schwarzer Pfeffer
1 Bund Frühlingszwiebeln
1 1/2 EL Butterschmalz
100 g Gorgonzola (mindestens 45 % Fett)
1 EL Sonnenblumenkerne

Zubereitungszeit: 30 Min.
Pro Portion: 1350 kJ/325 kcal
14 g E · 23 g F · 8 g K

Gut vorzubereiten

➡ Rotkohl putzen, halbieren, vom Strunk befreien und auf dem Gemüsehobel sehr fein hobeln. Mit Wein übergießen, salzen, pfeffern und 20 Min. marinieren.
➡ Frühlingszwiebeln putzen, waschen und in dünne Ringe schneiden.
➡ Kohl abtropfen lassen, den Sud auffangen.
➡ Schmalz erhitzen. Den Kohl darin bei mittlerer Hitze unter Rühren anbraten. Frühlingszwiebeln kurz mitbraten. Weinsud dazugießen, alles bei mittlerer Hitze zugedeckt 5–7 Min. schmoren. Salzen und pfeffern.
➡ Den Käse in kleine Stücke schneiden, auf dem Kohl verteilen, zugedeckt schmelzen lassen. Rotkohl mit Sonnenblumenkernen bestreut servieren.

Tip!
Wundern Sie sich nicht, daß ein Gericht mit 75 ml Rotwein als neutral gilt. Aber der Alkohol verdampft beim Garen und spielt nur geschmacklich eine Rolle.

Geschmorte Chinakohlröllchen

Zutaten für 2 Personen:
1 mittelgroßer Chinakohl (etwa 700 g)
Salz · schwarzer Pfeffer
2 Zwiebeln · 2 EL Öl
75 g Sonnenblumenkerne
75 g mittelalter Gouda (mindestens 45 % Fett)
1 Bund Frühlingszwiebeln
1 kleine Dose geschälte Tomaten (400 g)
1 TL getrockneter Thymian
Küchengarn zum Umwickeln

Zubereitungszeit: 50 Min.
Pro Portion: 2260 kJ/540 kcal
26 g E · 37 g F · 28 g K

Für Gäste

➨ Den Chinakohl waschen und putzen, den Strunk 3–4 cm breit abschneiden, die äußeren Blätter entfernen. Die nächsten 8 großen Blätter ablösen.

➨ In einem großen Topf reichlich leicht gesalzenes Wasser aufkochen lassen. Die Chinakohlblätter darin 1/2–1 Min. vorgaren, gut abtropfen lassen und auf einem sauberen Küchentuch ausbreiten, damit sie abtropfen können. Mit Salz und Pfeffer bestreuen.

➨ Die Zwiebeln schälen und klein würfeln. 1 EL Öl in einer Pfanne erhitzen, die Zwiebeln darin glasig werden lassen. Die Sonnenblumenkerne einrühren und goldbraun rösten, in eine Schüssel umfüllen. Gouda eventuell entrinden, dann grob raspeln und dazugeben.

➨ Die Frühlingszwiebeln waschen, putzen und mit dem hellen Grün in Ringe schneiden, zusammen mit den Tomaten und dem Thymian in einen Topf geben, mit Salz und Pfeffer würzen, erhitzen und 5 Min. bei mittlerer Hitze ohne Deckel sanft köcheln lassen.

➨ Die Sonnenblumenkern-Käse-Mischung auf die Chinakohlblätter geben, diese wie Rouladen aufrollen, dabei die Seiten nach innen einschlagen. Mit Küchengarn umwickeln.

➨ Das restliche Öl in einer beschichteten Pfanne erhitzen, die Chinakohlröllchen darin rundherum leicht anbraten. Auf die Tomatensauce legen und zugedeckt bei mittlerer Hitze 15 Min. garen, bis der Kohl bißfest ist. Mit der Tomatensauce servieren.

Variante:
Für eine besondere Gelegenheit können Sie die preiswerten Sonnenblumenkerne durch die besonders feinen, leider aber auch teuren Pinienkerne ersetzen. Auch diese sollten Sie vor dem Hacken in einer trockenen Pfanne goldgelb anrösten, damit sie ihr Aroma bestmöglich freisetzen. Statt des milden Goudas paßt dann ein würziger Käse gut in die Füllung. Verwenden Sie einen Greyerzer oder einen Bergkäse, etwa aus Südtirol.

Gemüsetopf mit Petersilienpesto

Zutaten für 2 Personen:
400 g grüne Bohnen
400 g Möhren
1 Kohlrabi
1 Zwiebel
1 Zweig frisches Bohnenkraut
2 EL Öl
3/4 l Gemüsebrühe
Salz · weißer Pfeffer
2 Bund Petersilie
1–2 Knoblauchzehen
2 EL abgezogene Mandeln
50 g Greyerzer am Stück (mindestens 45 % Fett)
4 EL kaltgepreßtes Olivenöl

Zubereitungszeit: 40 Min.
Pro Portion: 3495 kJ/835 kcal
31 g E · 44 g F · 80 g K

Vegetarisch · Gelingt leicht

➨ Alle Gemüse waschen oder schälen und putzen. Bohnen in 3 cm lange Stücke, Möhren und Kohlrabi in ebenso lange Stifte schneiden. Zwiebel schälen und fein hacken, das Bohnenkraut waschen.

➨ Öl in einem Suppentopf erhitzen, die Zwiebel darin glasig dünsten. Gemüse, Brühe und Bohnenkraut hinzufügen. Das Ganze leicht salzen und pfeffern. Die Flüssigkeit einmal aufkochen, das Gemüse dann zugedeckt bei schwacher Hitze 25 Min. köcheln lassen, bis es bißfest ist.

➨ Inzwischen die Petersilie waschen, trockentupfen und mit den Stielen grob hacken. Knoblauch schälen, mit den Mandeln grob hacken. Den Käse in Stückchen schneiden.

➨ Petersilie, Knoblauch, Mandeln, Käse, Öl und etwas Salz im Mixer zu einer Paste pürieren. Pesto mit 1–2 EL Garflüssigkeit vom Gemüse cremig rühren, mit Salz und Pfeffer abschmecken.

➨ Das Bohnenkraut aus dem Topf entfernen. Den Gemüseeintopf abschmecken, mit dem Pesto servieren.

Tip!
Den Pesto können Sie gut schon 1–2 Tage vorher zubereiten. Die Paste in ein kleines Schraubverschlußglas füllen, glattstreichen und die Oberfläche mit Öl bedecken. Bis zum Gebrauch in den Kühlschrank stellen. Erst kurz vor dem Servieren mit etwas heißer Gemüsebrühe cremig rühren.

Variante:
Statt Petersilienpesto können Sie auch ein Basilikumpesto zum Bohnen-Möhren-Topf servieren. Dazu 2 EL Pinienkerne in einer kleinen Pfanne ohne Fett unter Rühren goldgelb rösten und abkühlen lassen. Von 1 großem Bund Basilikum die Blätter abzupfen und mit Küchenpapier behutsam abreiben, nicht waschen. 50 g Pecorino oder Parmesan in Stückchen brechen, 1 Knoblauchzehe schälen und vierteln. Basilikum, Pinienkerne, Käse, Knoblauch, 1 Prise Salz und 4 EL kaltgepreßtes Olivenöl im Mixer zu einer feinen Paste pürieren. Anschließend mit etwas Gemüsebrühe cremig rühren.

Grünes Spargelragout mit Provolone

Zutaten für 4 Personen:
750 g grüner Spargel
300 g tiefgekühlte Erbsen
2 Schalotten
200 g mittelalter Provolone (mindestens 45 % Fett)
20 g Butter
1/4 l Gemüsefond (aus dem Glas)
125 g Sahne
100 g Cocktailtomaten
1 Bund Basilikum
Salz · schwarzer Pfeffer
1/2 TL abgeriebene Schale von 1 unbehandelten Zitrone
Worchestersauce

Zubereitungszeit: 35 Min.
Pro Portion: 1930 kJ/460 kcal
23 g E · 30 g F · 25 g K

Raffiniert · Gelingt leicht

➨ Den Spargel waschen und die Enden abschneiden. Die Stangen nur im unteren Drittel schälen und schräg in 4 cm große Stücke schneiden. Die Erbsen antauen lassen. Die Schalotten schälen und fein würfeln. Den Provolone entrinden und raspeln.
➨ Die Butter zerlassen. Schalotten und Spargel darin 2–3 Min. andünsten. Fond und Sahne nacheinander angießen, aufkochen und den Spargel 7 Min. bei mittlerer Hitze zugedeckt garen.
➨ Die Erbsen einrühren und alles noch 3–4 Min. köcheln lassen.
➨ Die Tomaten waschen und halbieren. Die Basilikumblätter abreiben und abzupfen. Einige zum Garnieren beiseite legen, die übrigen in feine Streifen schneiden.
➨ Das Gemüse mit Salz, Pfeffer, Zitronenschale und Worchestersauce abschmekken, die Basilikumstreifen dazugeben.
➨ Das Spargelragout auf vorgewärmten Tellern anrichten, den Provolone darüber streuen. Mit den beiseite gelegten Basilikumblättern garniert servieren.

Wirsing-Walnuß-Säckchen

Zutaten für 4 Personen:
Für die Wirsing-Walnuß-Säckchen:
1 großer Wirsingkohl
2 Bund Frühlingszwiebeln
100 g Walnußkerne
2 EL Öl
Salz · schwarzer Pfeffer
frisch geriebene Muskatnuß
1/8 l Gemüsebrühe
Für die Möhrensauce:
300 g Möhren
150 g Crème fraîche
Salz · weißer Pfeffer
1/2 TL gemahlener Kreuzkümmel
Küchengarn zum Verschließen

Zubereitungszeit: 1 1/4 Std.
Pro Portion: 1845 kJ/440 kcal
10 g E · 36 g F · 23 g K

Vegetarisch

➡ Für die Wirsingsäckchen den Kohl waschen und putzen, die äußeren Blätter und den Strunk entfernen. Dann die äußeren 12 Blätter vorsichtig ablösen.
➡ In einem großen Topf reichlich Wasser aufkochen lassen, die Wirsingblätter darin je nach Sorte 1/2–1 1/2 Min. vorgaren, bis sie biegsam sind. Herausheben, kalt abschrecken und gut abtropfen lassen, auf einem sauberen Küchentuch ausbreiten. Jeweils die harte mittlere Blattrippe keilförmig herausschneiden.
➡ Die Frühlingszwiebeln waschen, putzen und mit dem hellen Grün in Ringe schneiden. Die Walnußkerne grob hacken. Das Öl in einer Pfanne erhitzen, die Frühlingszwiebeln darin andünsten, die Walnüsse dazugeben. Vom Herd nehmen.
➡ Die Nußfüllung in der Mitte auf die Wirsingblätter geben, mit Salz, Pfeffer und Muskat würzen. Die Blätter vorsichtig über der Füllung zusammennehmen und -drehen, so daß Säckchen entstehen. Mit Küchengarn zusammenbinden.
➡ Für die Möhrensauce die Möhren waschen, schälen und würfeln. Mit ganz wenig Wasser in einen Topf geben und zugedeckt bei mittlerer Hitze in 15 Min. weich dünsten.
➡ Die Wirsingsäckchen in einen Dämpfeinsatz setzen, über kochendem Wasser zugedeckt 15 Min. dämpfen.
➡ Die Möhren im Topf pürieren und mit der Crème fraîche verrühren. Wieder aufkochen lassen, mit Salz, Pfeffer und Kreuzkümmel abschmecken. Die Wirsingsäckchen auf der Sauce servieren.

Tip!
Besonders fein schmeckt dieses Gericht mit zartem Wirsing und jungen Möhren im Frühsommer. Statt Wirsing können Sie dann auch den feinen Spitzkohl nehmen.

Kohlrabi-Cordon bleu mit Salat

Zutaten für 4 Personen:
4 Kohlrabi (je etwa 250 g)
Salz
75 g Sesamsamen
4 Eigelbe
300 g Friséesalat
200 g saure Sahne
2 TL Zitronensaft
2 TL Senf
schwarzer Pfeffer
160 g Tilsiter, in Scheiben geschnitten (mindestens 45 % Fett)
160 g Emmentaler, in Scheiben geschnitten (mindestens 45 % Fett)
4 EL Butterschmalz

Zubereitungszeit: 40 Min.
Pro Portion: 2420 kJ/580 kcal
35 g E · 42 g F · 14 g K

Vegetarisch · Gut vorzubereiten

➡ Den Kohlrabi putzen, schälen und in je 6 gleich dicke Scheiben schneiden. In kochendem Salzwasser in 8 Min. bißfest garen, dann abgießen und gut abtropfen lassen.

➡ Inzwischen den Sesam in einen Teller geben, die Eigelbe mit 2 EL Wasser in einem zweiten Teller verquirlen.

➡ Den Salat waschen, putzen und in mundgerechte Stücke zupfen. Saure Sahne, Zitronensaft, Senf, Salz und Pfeffer in einer Schüssel verrühren. Salat darin wenden.

➡ Kohlrabischeiben beidseitig mit Salz und Pfeffer würzen. Die Hälfte davon mit je 1 passenden Scheibe Tilsiter und Emmentaler belegen. Je 1 zweite Kohlrabischeibe daraufgeben.

➡ Die Kohlrabi durch die verquirlten Eigelbe ziehen, dann im Sesam panieren. Scheiben nebeneinander legen.

➡ In einer großen oder besser in zwei beschichteten Pfannen das Butterschmalz erhitzen, die Cordon bleu darin bei schwacher Hitze in 3–4 Min. pro Seite goldbraun braten. Dabei vorsichtig wenden, damit sie zusammenhalten. Mit dem Salat servieren.

Tip!
Die beiden Kohlrabischeiben halten jeweils durch den Käse, der beim Erhitzen schmilzt, zusammen. Dennoch müssen sie vorsichtig, am besten mit Bratenwender und Gabel, umgedreht werden.
Zu diesem neutralen Gericht können Sie gut eine Beilage wie Kartoffeln oder einfach nur Brot servieren, vorausgesetzt, Vorspeise und Dessert sind neutral oder kohlenhydratreich.

Varianten:
Auf die gleiche Art können Sie statt Kohlrabi auch zarte Steckrüben, weiße Rüben oder Knollensellerie zubereiten.

Streifengemüse mit Walnuß-Pesto

Zutaten für 4 Personen:
2 Bund Petersilie
1 Knoblauchzehe
100 g Walnußkerne
60 g frisch geriebener Parmesan
100 ml Olivenöl
Salz · schwarzer Pfeffer
500 g Möhren
500 g kleine Zucchini
4 dünne Stangen Lauch
4 EL Butter
1/4 l Gemüsefond (aus dem Glas)

Zubereitungszeit: 30 Min.
Pro Portion: 2540 kJ/605 kcal
20 g E · 46 g F · 28 g K

Schnell · Raffiniert

➡ Für das Pesto Petersilie waschen, Blätter abzupfen und einige zum Garnieren beiseite legen. Knoblauch schälen, Petersilie mit Knoblauch und Nüssen im Mixer fein zerkleinern. Die Hälfte des Parmesans dazugeben und alles mit dem Öl zu einer glatten Paste verarbeiten. Salzen und pfeffern.
➡ Möhren schälen, Zucchini und Lauch waschen und putzen. Alle Gemüse längs in dünne Scheiben oder Streifen schneiden. Eventuell noch einmal längs halbieren.
➡ Die Butter in einem Topf erhitzen, Gemüse darin 3 Min. andünsten. Den Gemüsefond angießen. Gemüse zugedeckt bei schwacher Hitze in 5 Min. bißfest dünsten. Salzen und pfeffern.
➡ Gemüsestreifen mit dem Pesto anrichten. Den übrigen Parmesan darauf streuen, mit der Petersilie garnieren.

Paprikagemüse mit Avocadosauce

Zutaten für 4 Personen:
1,2 kg rote, gelbe und grüne Paprikaschoten
4 EL Olivenöl
60 g Sonnenblumenkerne
2 TL Paprika, edelsüß
1 TL Paprika, rosenscharf
Salz · schwarzer Pfeffer
200 ml kräftige Gemüsebrühe
2 vollreife Avocados
2 Knoblauchzehen
2 Schalotten
4 EL Crème fraîche

Zubereitungszeit: 25 Min.
Pro Portion: 1970 kJ/470 kcal
11 g E · 37 g F · 28 g K

Vegetarisch

➡ Die Paprikaschoten waschen, halbieren, putzen. In 2 cm große Stücke schneiden.
➡ In einem Topf das Olivenöl erhitzen, Sonnenblumenkerne und Paprikastücke darin unter Rühren 3 Min. anbraten. Mit beiden Paprikapulvern, Salz und Pfeffer würzen, kurz anschwitzen. Die Brühe angießen und das Gemüse zugedeckt bei schwacher Hitze 10 Min. dünsten, bis es bißfest ist.
➡ Inzwischen die Avocados halbieren, den Kern entfernen und das Fleisch herauslöffeln. Mit 3 EL Dünstflüssigkeit von der Paprika glatt pürieren. Die Knoblauchzehen schälen und dazudrücken. Die Schalotten schälen und fein hacken, mit der Crème fraîche unterrühren.
➡ Das Gemüse nochmals abschmecken, anrichten und mit dem Avocadomus überziehen.

Sesamfladen mit Avocadocreme

Zutaten für 1 Person:
½ reife Avocado
1 TL Zitronensaft
1 EL Joghurt
2 EL frisch gehackte gemischte Kräuter (z.B. Petersilie, Dill, Schnittlauch, Basilikum)
Salz · schwarzer Pfeffer
2 kleine Tomaten
1 Handvoll Rucolablätter
1 kleiner Sesamfladen (Portionsgröße)

Zubereitungszeit: 15 Min.
Pro Portion: 2065 kJ/495 kcal
19 g E · 38 g F · 25 g K

Schnell · Gelingt leicht

➨ Avocadohälfte schälen und das Fruchtfleisch mit einer Gabel zerdrücken. Mit Zitronensaft, Joghurt und Kräutern verrühren, mit Salz und Pfeffer würzen.
➨ Tomaten waschen, quer in Scheiben schneiden und dabei die Stielansätze entfernen. Rucolablätter waschen und trockentupfen. Sesamfladen quer halbieren.
➨ Rucolablätter auf der unteren Fladenhälfte verteilen. Avocado-Kräuter-Creme daraufgeben und verstreichen. Mit Tomatenscheiben belegen, leicht salzen und pfeffern. Zusammenklappen.

Tip!
Wenn Sie getrocknete, in Öl eingelegte Tomaten bekommen: 3–4 davon in Streifen schneiden und mit den frischen Tomaten auf der Creme verteilen.

Sandwich mit Käsecreme

Zutaten für 1 Person:
50 g Ziegenfrischkäse (mindestens 45 % Fett, ersatzweise Doppelrahm-Frischkäse)
1 EL Sahnequark
1 Essiggurke
¼ rote Paprikaschote
4 schwarze Oliven
1 EL Schnittlauchröllchen
4 Scheiben Vollkorntoast oder 1 Baguettebrötchen

Zubereitungszeit: 10 Min.
Pro Portion: 920 kJ/220 kcal
8 g E · 9 g F · 27 g K

Schnell

➨ Den Käse mit dem Quark mit einer Gabel gründlich vermengen.
➨ Essiggurke fein würfeln. Paprika waschen, putzen und ebenfalls fein würfeln. Oliven entsteinen und fein schneiden.
➨ Essiggurke, Paprika, Oliven und Schnittlauch unter die Käsecreme mischen.
➨ Die Toastscheiben toasten oder das Brötchen aufschneiden. Die Hälfte der Brotscheiben mit der Käsecreme bestreichen und mit dem restlichen Brot bedekken. In Butterbrotpapier gewickelt oder in einer Plastikdose mit Deckel mitnehmen.

Tip!
Wenn Sie das Sandwich nicht mit ins Büro nehmen, sondern zu Hause servieren, streuen Sie einen Teil der Gemüsewürfel und den Schnittlauch obendrauf.

Blätterteigtaschen mit Gemüse

Zutaten für 1 Person:
1 Platte tiefgekühlter Blätterteig
2 TL Pesto (aus dem Glas)
2 EL tiefgekühltes gemischtes Gemüse
1 EL frisch geriebener Hartkäse (mindestens 45 % Fett)
Pfeffer · eventuell Salz
1 kleines Eigelb zum Bestreichen

Zubereitungszeit: 25 Min.
Pro Portion: 1740 kJ/415 kcal
13 g E · 30 g F · 22 g K

Preiswert · Vegetarisch

➡ Die Blätterteigplatte auftauen lassen. Den Backofen auf 220° (Umluft 200°) vorheizen.
➡ Die Blätterteigplatte quadratisch ausrollen. Diese zu 4 Quadraten schneiden. In die Mitte jedes Quadrates etwas Pesto geben, darauf ein Viertel vom Gemüse verteilen und mit 1 TL Käse bestreuen. Mit Pfeffer und eventuell etwas Salz würzen.
➡ Die Teigränder mit Wasser bestreichen, die Teigstücke zu Dreiecken zusammenklappen. Die Ränder zusammendrücken.
➡ Ein Backblech kalt abspülen und nicht abtrocknen. Die Teigtaschen darauf legen, mit dem Eigelb bepinseln und im Backofen (Mitte) in 15–20 Min. goldbraun backen.

Tip!
Essen Sie dazu einen bunt gemischten Salat mit den typischen Zutaten der Saison.

Mit Couscous gefüllte Tomaten

Zutaten für 1 Person:
1 Frühlingszwiebel
1 Knoblauchzehe
1/2 TL gekörnte Brühe
Salz · 50 g Couscous
2 große Tomaten
4 schwarze Oliven · 1 TL Kapern
3–4 Zweige Zitronenmelisse oder Petersilie · 1 EL Olivenöl
1 TL Zitronensaft oder Essig
Pfeffer

Zubereitungszeit: 20 Min.
Pro Portion: 1385 kJ/330 kcal
10 g E · 11 g F · 48 g K

Gelingt leicht

➡ Die Frühlingszwiebel putzen, waschen und in feine Streifen schneiden. Den Knoblauch schälen und fein hacken.
➡ In einem Topf 1/8 l Wasser mit der gekörnten Brühe zum Kochen bringen. Frühlingszwiebel, Knoblauch und das Couscous einrühren und zugedeckt auf der abgeschalteten Herdplatte 5 Min. quellen lassen.
➡ Inzwischen die Tomaten waschen, einen Deckel abschneiden und das Fruchtfleisch mit einem Teelöffel herauslösen. Oliven vom Stein befreien und mit den Kapern fein hacken. Kräuter waschen, ein paar Blättchen beiseite legen, den Rest fein hacken.
➡ Couscous mit Oliven, Kapern, Kräutern, Öl und Zitronensaft oder Essig mischen und mit Salz und Pfeffer abschmecken. Die Masse in die Tomaten füllen und mit Kräuterblättchen garnieren.

Scharfe Maispastetchen

Zutaten für 2 Personen:
4 Platten backfertiger tiefgekühlter Hefeteig (180 g)
1 große Zwiebel
1 EL Öl
1 Knoblauchzehe
1 kleine Dose Maiskörner (150 g)
1/4–1/2 TL getrocknete zerbröselte Chilischoten
1 TL getrockneter Thymian
schwarzer Pfeffer
125 g Mozzarella
2 EL Vollmilch
2 EL Sesamsamen
Backpapier für das Backblech

Zubereitungszeit: 30 Min.
(+ 20–30 Min. Auftauen + 15 Min. Backen)
Pro Portion: 2290 kJ/545 kcal
23 g E · 23 g F · 61 g K

Preiswert

➨ Die Hefeteigplatten nebeneinander unter einem Tuch in 20–30 Min. auftauen lassen.
➨ Inzwischen die Zwiebel schälen und in kleine Würfel schneiden. Das Öl in einer Pfanne erhitzen, die Zwiebel darin glasig werden lassen. Den Knoblauch schälen und durch die Presse dazudrücken.
➨ Den Mais abtropfen lassen und zu den Zwiebeln geben, das Gemüse mit zerbröselten Chilischoten, Thymian und Pfeffer würzen. In eine Schüssel umfüllen.
➨ Den Mozzarella klein würfeln und unter den Mais mischen.
➨ Den Backofen auf 200° (Umluft 180°) vorheizen. Ein Backblech mit Backpapier auslegen.
➨ Die Maismischung in die Mitte der 4 Teigplatten geben. Die Ränder mit etwas Wasser befeuchten und die Stücke zu Dreiecken zusammenfalten. Die Ränder mit einer Gabel gut zusammendrücken.
➨ Die Teigtaschen auf das vorbereitete Blech legen. Mit Milch bepinseln und mit Sesam bestreuen. Im Ofen (Mitte) 15 Min. backen, bis sie aufgegangen und schön gebräunt sind.

Tips!
Obwohl sonst alle Gerichte zum Mitnehmen für 1 Person konzipiert sind, machen wir bei diesem Rezept eine Ausnahme. Es lohnt sich nicht, die Pastetchen nur für eine Mahlzeit zuzubereiten. Essen Sie einfach eine Hälfte schon am Abend oder frieren Sie sie ein.
Es werden unterschiedliche Packungen mit tiefgefrorenem Hefeteig angeboten, Größe und Gewicht der Teigplatten schwankt je nach Hersteller. Am schnellsten und einfachsten lassen sich backfertige Scheiben verarbeiten. Andere Hefeteigscheiben müssen nach dem Auftauen auf etwas Mehl ausgerollt und dann in Stücke (am besten in Quadrate mit 12 x 12 cm Kantenlänge) geschnitten werden. Lesen Sie dazu die Packungsaufschrift.

Paprika-Mais-Tortilla

Zutaten für 1 Person:
150 g Maiskörner (aus der Dose)
½ kleine rote Paprikaschote
2 EL tiefgekühlte Erbsen
½ kleine Zwiebel
½ kleine Knoblauchzehe
2 EL Olivenöl
Salz · schwarzer Pfeffer
2 Eigelbe · 75 ml Milch
25 g Polenta (Maismehl)
Cayennepfeffer
½ TL frisch gehackter Thymian
1 Tomate
1 Scheibe Vollkornbrot

Zubereitungszeit: 45 Min.
Pro Portion: 2925 kJ/700 kcal
19 g E · 32 g F · 71 g K

Preiswert · Vegetarisch

➡ Mais gut abtropfen lassen. Paprika waschen, putzen und in kleine Würfel schneiden. Erbsen antauen lassen. Zwiebel schälen und fein würfeln. Knoblauch schälen.
➡ In einer beschichteten Pfanne (26 cm Ø) das Öl bei mittlerer Hitze heiß werden lassen. Knoblauch durch die Presse hineindrücken, Zwiebel dazugeben, beides glasig dünsten. Paprika, Mais und Erbsen dazugeben und alles bei schwacher Hitze 5 Min. braten. Mit Salz und Pfeffer würzen.
➡ Eigelbe, Milch und Polenta verquirlen. Mit Salz, Pfeffer, Cayennepfeffer und Thymian würzen.
➡ Eigelbmasse über das Gemüse gießen und bei schwacher Hitze in 15 Min. stokken lassen. Die Pfanne dabei gelegentlich hin- und herrütteln, damit die Tortilla nicht ansetzt. Wenn die Oberfläche nicht mehr flüssig ist, den Fladen auf einen Teller gleiten lassen, wenden und zurück in die Pfanne gleiten lassen. Den Deckel auflegen und die Tortilla noch 5 Min. bei schwacher Hitze backen.
➡ Tomate waschen, in Scheiben schneiden. Mais-Tortilla und Brot dazu essen.

Penne mit Gurken und Schafkäse

Zutaten für 1 Person:
Salz · 75 g Penne (ohne Ei)
125 g Salatgurke
1/2 kleine rote Paprikaschote
100 g Manouri (oder anderer milder Schafkäse, mindestens 45 % Fett)
75 g Maiskörner (aus der Dose)
75 g Vollmilchjoghurt
1 1/2 EL Olivenöl
schwarzer Pfeffer
1 EL tiefgekühlte Kräuter der Provence

Zubereitungszeit: 30 Min.
Pro Portion: 3130 kJ/750 kcal
33 g E · 36 g F · 79 g K

Preiswert

➡ Reichlich Salzwasser in einem Topf aufkochen lassen. Die Nudeln hineingeben und nach Packungsaufschrift gerade eben bißfest garen. In ein Sieb abgießen und unter kaltem Wasser abkühlen, gut abtropfen lassen.
➡ Inzwischen die Salatgurke nach Belieben schälen oder sehr gründlich waschen. Längs halbieren, die Kerne entfernen, die Hälften dann quer in 1/2 cm dicke Scheiben schneiden.
➡ Die Paprikaschote waschen, putzen und in feine Würfel schneiden. Den Käse grob würfeln, den Mais in einem Sieb abtropfen lassen.
➡ In einer Schüssel den Joghurt mit Olivenöl, Salz, Pfeffer und Kräuter verrühren. Nudeln, Gurke, Paprika, Käse und Mais vorsichtig untermengen, den Salat herzhaft abschmecken.

Kartoffelsalat mit Radicchio

Zutaten für 1 Person:
250 g kleine festkochende Kartoffeln · Salz
1/2 kleiner Radicchio
1/2 Gemüsezwiebel
1 EL Olivenöl
1 TL getrockneter Majoran
75 ml Gemüsebrühe
schwarzer Pfeffer
1 Prise gemahlener Koriander
1–2 EL Rosinen

Zubereitungszeit: 30 Min.
Pro Portion: 1470 kJ/350 kcal
8 g E · 9 g F · 60 g K

Preiswert · Gelingt leicht

➡ Die Kartoffeln waschen und gründlich abbürsten, zugedeckt in wenig Salzwasser in 20 Min. garen.
➡ Inzwischen den Radicchio putzen, waschen und gründlich trockenschleudern, in Streifen schneiden.
➡ Die Zwiebel schälen und in kleine Würfel schneiden. Das Öl in einer Pfanne nicht zu stark erhitzen, die Zwiebelwürfel und den Majoran hineingeben, die Zwiebel in 10 Min. glasig und weich werden lassen. Mit der Brühe ablöschen und mit Salz, Pfeffer und Koriander würzen, die Rosinen untermengen. Vom Herd nehmen.
➡ Die Kartoffeln abgießen, etwas abkühlen lassen und schälen, in dicke Scheiben schneiden. In eine große Schüssel geben und darin vorsichtig mit dem Radicchio und der Zwiebelmischung mischen. Abkühlen lassen.

Kartoffelsalat mit Sesamdressing

Zutaten für 1 Person:
30 g Tahin (Sesampaste; türkischer Laden oder Naturkostladen)
60 g Sahne
1 kleine Schalotte
1 kleine Knoblauchzehe
1/4 TL Paprika, edelsüß
Salz · schwarzer Pfeffer
1 festkochende Kartoffel (etwa 100 g)
1 kleine Möhre (etwa 50 g)
1 Stück Weißkohl (etwa 50 g)
50 g grüne Bohnen
1 Handvoll Sojasprossen
50 g Salatgurke
1 kleine Tomate
1 Frühlingszwiebel
3 Zweige Petersilie
50 g schöne Kopfsalatblätter

Zubereitungszeit: 40 Min.
Pro Portion: 2215 kJ/530 kcal
15 g E · 37 g F · 38 g K

Gut vorzubereiten · Gelingt leicht

➡ Für das Dressing Tahin und Sahne gut verquirlen. Schalotte und Knoblauch schälen, fein würfeln und untermischen. Die Sauce mit Paprika, Salz und Pfeffer abschmecken. In ein Plastikgefäß füllen, verschließen und kalt stellen.

➡ Kartoffel, Möhre, Weißkohl und Bohnen waschen und schälen oder putzen. Kartoffel und Möhre in dünne Scheiben, Weißkohl in feine Streifen schneiden. Bohnen ein- oder zweimal quer halbieren.

➡ Kartoffel und Gemüse in reichlich kochendem Salzwasser 5 Min. garen, Sprossen zum Schluß 1 Min. mit ins Kochwasser geben. Kartoffeln und Gemüse abgießen, kalt abschrecken und gut abtropfen lassen.

➡ Gurke schälen und in Scheiben schneiden. Tomate waschen und achteln, dabei vom Stielansatz befreien. Frühlingszwiebel waschen, putzen und mit dem zarten Grün in feine Ringe schneiden. Petersilie abbrausen, Blätter abzupfen und hacken.

➡ Die gegarte Gemüsemischung mit dem rohen Gemüse und der Petersilie vorsichtig vermischen. Mit Salz und Pfeffer würzen.

➡ Salat waschen, grob zerteilen und ein verschließbares Gefäß damit auslegen. Die Gemüsemischung darauf anrichten.

➡ Am Arbeitsplatz den Salat mit dem Sesamdressing überziehen.

Tips!
Einen indonesischen Einschlag bekommt der Salat, wenn Sie für das Dressing statt Tahin Erdnußpaste (aus dem Glas) nehmen und die Sahne gegen Creamed Coconut (ungesüßte dicke Kokosmilch als Block oder aus der Dose) austauschen. Kokosmasse im Block so auflösen: 30 g Masse mit 30 ml Wasser erhitzen. Je nach Saison können Sie die Mischung auch mit verschiedenen anderen rohen oder gekochten Gemüsesorten variieren.

Gemüse mit Currydip

Zutaten für 1 Person:
1 kleine Fenchelknolle
2 mittelgroße Möhren
250 g Broccoli
2–3 Frühlingszwiebeln
Salz · weißer Pfeffer
1 EL Sesamsamen
150 g Sahnequark
2–3 EL saure Sahne
1 TL Curry
1 EL frisch gehackte Petersilie
1 EL Erdnuß- oder Maiskeimöl
½ kleines Mehrkorn-Baguette

Zubereitungszeit: 45 Min.
Pro Portion: 2445 kJ/585 kcal
51 g E · 21 g F · 17 g K

Vegetarisch

➡ Gemüse waschen und putzen oder schälen. Fenchel der Länge nach achteln, Strunk jeweils herausschneiden. Möhren längs und quer halbieren. Broccoli in Röschen teilen, große Röschen noch einmal teilen, Frühlingszwiebeln nur vom dunklen Grün befreien und ganz lassen.

➡ Einen Topf 5 cm hoch mit Salzwasser füllen. Gemüse in einen Dämpfeinsatz legen und in den Topf stellen. Wasser aufkochen, Gemüse zugedeckt bei mittlerer Hitze in 20–25 Min. knackig garen.

➡ Inzwischen Sesamsamen in einem Pfännchen bei mittlerer Hitze unter Rühren goldgelb rösten. Beiseite stellen. Quark, saure Sahne, Currypulver und Petersilie gut verrühren. Mit Salz und Pfeffer abschmecken. Dip mit Sesamsamen bestreuen.

➡ Gemüse anrichten, mit Öl beträufeln, Currydip und (Vollkorn-)Baguette dazu servieren.

Tip!
Sie können das Gemüse auch in wenig Fett und etwas Wasser bißfest dünsten. Die Garzeit beträgt dann nur 15–20 Min.

Variante:
Servieren Sie zum knackig gegarten Gemüse mal einen Avocadodip. Dazu 1 große Tomate überbrühen, häuten, entkernen und klein würfeln. 1 Schalotte schälen, ½ Bund Petersilie waschen und die Blättchen abzupfen. Petersilie und Schalotte fein hacken.
1 kleine reife Avocado längs halbieren und den Stein entfernen. Das Fruchtfleisch mit einem Löffel aus den Hälften lösen und mit 2 TL Zitronensaft fein zerdrükken. Tomatenwürfel, gehackte Schalotte und Petersilie unter das Avocadomus rühren. Den Dip mit Salz und Cayennepfeffer abschmecken und mit Petersilienblättchen garnieren.

Reissalat nach arabischer Art

Zutaten für 1 Person:
1/8 l Gemüsebrühe
65 g Langkornreis
1 TL Korinthen · 1 kleine Möhre
1 Stange Staudensellerie
1 Frühlingszwiebel
1 TL Pinienkerne
3 Zweige Petersilie
50 g Sahnejoghurt
1/2 TL Zitronensaft
1/4 TL Harissa (scharfe Chilipaste aus Tunesien; ersatzweise Sambal oelek)
Salz · schwarzer Pfeffer

Zubereitungszeit: 30 Min.
Pro Portion: 1670 kJ/400 kcal
12 g E · 7 g F · 75 g K

Gut vorzubereiten · Schnell

➡ Die Brühe aufkochen lassen, Reis und Korinthen hineinstreuen und zugedeckt bei schwacher Hitze in 20 Min. ausquellen lassen.
➡ Inzwischen Möhre schälen und klein würfeln. Staudensellerie und Frühlingszwiebel waschen, putzen und fein schneiden. Die Pinienkerne in einer trockenen Pfanne bei mittlerer Hitze goldbraun rösten. Petersilie abbrausen, Blätter abzupfen und hacken.
➡ Joghurt mit 1 EL Wasser, Zitronensaft und Harissa verrühren. Reis, Gemüse und Petersilie untermischen, salzen und pfeffern.
➡ Den Salat in ein Plastikgefäß füllen, Pinienkerne aufstreuen. Deckel auflegen.

Tip!
Sehr dekorativ sieht es aus, wenn Sie den Reissalat in Paprikahälften servieren.

Paprika-Reis-Salat mit Käse

Zutaten für 1 Person:
1/8 l Gemüsebrühe
1/2 Döschen gemahlener Safran
50 g Natur-Langkornreis
70 g mittelalter Gouda (mindestens 45 % Fett)
je 1/2 kleine grüne, rote und gelbe Paprikaschote
1 kleine Tomate
1 kleine Zwiebel
75 g Vollmilchjoghurt
1/2 TL frisch geriebener Meerrettich
1 TL scharfer Senf
Salz · weißer Pfeffer
1/4 Bund Petersilie

Zubereitungszeit: 35 Min.
Pro Portion: 2410 kJ/575 kcal
28 g E · 20 g F · 72 g K

Gelingt leicht

➡ Die Brühe mit dem Safran zum Kochen bringen.
➡ Den Reis waschen, abtropfen lassen, in der Brühe bei schwacher Hitze in 30 Min. ausquellen lassen.
➡ Den Käse entrinden und in Würfel schneiden. Die Paprikaschoten waschen, putzen und ebenfalls würfeln. Stielansatz der Tomate entfernen. Tomate kurz überbrühen, häuten, entkernen und klein würfeln.
➡ Die Zwiebel schälen, fein reiben und mit dem Joghurt, dem Meerrettich, dem Senf, Salz und Pfeffer verrühren. Petersilie waschen, die Blättchen kleinschneiden.
➡ Den etwas abgekühlten Reis mit Paprika, Tomate und den Käsewürfeln mischen, Petersilie unterheben. Die Joghurtsauce getrennt mitnehmen.

Gemüse-Gewürz-Reis

Zutaten für 1 Person:
1 EL Mandelstifte
1/4 Zimtstange
2 Kardamomkapseln
2 Gewürznelken
1 Lorbeerblatt
1/2 kleine Möhre
1 Zwiebel
1/2 Döschen gemahlener Safran
1 EL Butterschmalz
75 g Basmatireis
100 g tiefgekühlte Erbsen
150 ml Gemüsebrühe
Salz · 1/2 TL Zucker
1 kleine Handvoll Spinatblätter
schwarzer Pfeffer

Zubereitungszeit: 40 Min.
Pro Portion: 2410 kJ/575 kcal
18 g E · 13 g F · 101 g K

Spezialität aus Indien

➡ Mandeln, Zimt, Kardamom, Nelken und Lorbeer nacheinander im Wok oder in einem Topf ohne Fett bei mittlerer Hitze rösten, bis sie duften. Beiseite stellen.
➡ Möhre und Zwiebel schälen und klein würfeln. Safran in 2 EL heißem Wasser anrühren.
➡ Das Butterschmalz erhitzen. Möhre, Zwiebel und Reis darin kurz anbraten. Mandeln, Gewürze, Erbsen und Safran hinzufügen. Mit der Brühe ablöschen, mit Salz und Zucker würzen. Alles aufkochen und zugedeckt bei schwacher Hitze 10 Min. garen.
➡ Inzwischen den Spinat waschen, putzen und in breite Streifen schneiden.
➡ Spinat unterheben, den Reis in etwa 10 Min. fertiggaren, bis er weich ist und die Flüssigkeit aufgesaugt hat. Mit Salz und Pfeffer abschmecken. Schmeckt warm oder kalt.

Tip!
Wenn Sie den Reis kalt essen, eine Sauce aus Joghurt, wenig Öl, Salz und Cayennepeffer reichen.

Bunter Gemüse-Eintopf

Zutaten für 1 Person:
200 g festkochende Kartoffeln
Salz
1 Zwiebel
½ rote Paprikaschote
½ Zucchino
1 Tomate
75 g Egerlinge (braune Champignons)
1 EL Öl
½ EL Butter
½ TL Kräutersalz
1 Prise Paprika, rosenscharf
20 g Parmesan am Stück
1 Zweig Rosmarin
½ Bund Petersilie
1 Zweig frischer Thymian

Zubereitungszeit: 35 Min.
Pro Portion: 1435 kJ/355 kcal
13 g E · 13 g F · 48 g K

Vegetarisch

➡ Die Kartoffeln waschen und von Salzwasser bedeckt in 20–30 Min. (je nach Größe) garen, danach abkühlen lassen.

➡ Die Zwiebel schälen, die Paprikaschote waschen und putzen, beides würfeln. Den Zucchino waschen und in dünne Scheiben schneiden. Den Stielansatz der Tomate entfernen. Die Tomate kurz überbrühen, häuten, entkernen und kleinschneiden. Die Pilze mit Küchenpapier sauber abreiben, putzen und in Scheibchen schneiden. Die Kartoffeln schälen und würfeln.

➡ Das Öl mit der Butter in einem Topf erhitzen, Zucchinischeiben, Zwiebel- und Paprikawürfel sowie die Pilze darin anbraten. Die Kartoffeln mit Tomatenstücken dazugeben. Das Gemüse mit Kräutersalz und Paprika abschmecken und zugedeckt bei mittlerer Hitze 5 Min. garen.

➡ Den Parmesan hobeln. Die Kräuter waschen, Rosmarinnadeln, Petersilien- und Thymianblättchen abzupfen, kleinschneiden und unter das Gemüse mischen. Den Käse darüber streuen.

Tips!

Für das Mittagessen im Büro die Kräuter erst kurz vor dem Essen schneiden. Den Gemüsetopf mit den Kräutern gemischt in der Mikrowelle erwärmen und mit dem Parmesan bestreuen.

Aus den gleichen Zutaten läßt sich aber auch ein Gemüsesalat zubereiten. Dafür die Kartoffeln garen und das übrige Gemüse wie beschrieben vorbereiten. Das rohe Gemüse mit den gekochten Kartoffelwürfeln und den Parmesanspänen mischen. Aus den kleingeschnittenen Kräutern, dem Kräutersalz, Paprika und 75 g Vollmilchjoghurt eine Sauce rühren. Die Sauce gesondert mitnehmen und erst kurz vor dem Essen unter die Salatzutaten mischen.

Kohlrabi-Kartoffeln mit Béchamel

Zutaten für 1 Person:
200 g festkochende Kartoffeln
1 zarter Kohlrabi (etwa 150 g)
200 ml Gemüsebrühe
1/2 EL Butter · 2 TL Mehl
100 ml Vollmilch
Salz · schwarzer Pfeffer
frisch geriebene Muskatnuß
1/2 Päckchen tiefgekühlte 8-Kräuter-Mischung

Zubereitungszeit: 30 Min.
Pro Portion: 2010 kJ/480 kcal
14 g E · 10 g F · 61 g K

Preiswert · Schnell

➨ Kartoffeln schälen, waschen und in dünne Scheiben schneiden. Kohlrabi putzen, schälen und vierteln. In Scheibchen teilen.
➨ In einem Topf die Brühe aufkochen lassen, Kartoffel- und Kohlrabischeiben darin in 5–6 Min. bißfest garen. Abgießen, Brühe dabei auffangen, Gemüse abtropfen lassen, warm stellen.
➨ In einem Topf die Butter bei mittlerer Hitze zerlassen, das Mehl darüber stäuben und unter Rühren goldbraun anschwitzen. Milch und 50 ml Gemüsebrühe einrühren und aufkochen lassen. Bei schwacher Hitze 8 Min. offen köcheln lassen. Mit Salz, Pfeffer und Muskat abschmecken.
➨ Gemüse und Kräuter untermischen und noch einige Minuten ziehen lassen. Etwas abkühlen lassen, dann in ein verschließbares Gefäß füllen. Am Arbeitsplatz in der Mikrowelle erwärmen.

Kartoffelsuppe mit Lachsstreifen

Zutaten für 1 Person:
200 g mehligkochende Kartoffeln
1 Stück Knollensellerie (50 g)
100 g Möhren · 1 kleine Zwiebel
1 kleine Petersilienwurzel
1 EL Olivenöl
175 ml Gemüsebrühe
1 Lorbeerblatt · 70 g Sahne
1/2 TL milder Curry
1/2 TL Kräutersalz
1 Prise Cayennepfeffer
1 Zweig Petersilie
50 g geräucherter Lachs

Zubereitungszeit: 35 Min.
Pro Portion: 2805 kJ/670 kcal
24 g E · 35 g F · 65 g K

Raffiniert

➨ Die Kartoffeln, den Sellerie, die Petersilienwurzel, die Möhren und die Zwiebel schälen und waschen, dann würfeln.
➨ Das Öl in einem Topf erhitzen. Das Gemüse darin dünsten, die Brühe angießen und das Lorbeerblatt hineingießen. Alles zugedeckt bei mittlerer Hitze 20 Min. köcheln lassen.
➨ Das Lorbeerblatt entfernen. Die Sahne und den Curry in die Suppe geben, dann mit dem Pürierstab fein zerkleinern. Die Kartoffelsuppe mit dem Kräutersalz und Cayennepfeffer würzen.
➨ Petersilienblättchen abzupfen, Lachs in Streifen schneiden. Beides getrennt mitnehmen. Die Suppe in der Mikrowelle im Büro erwärmen. Petersilie und Lachs darüber streuen.

Spaghetti mit Gemüse-Nußsauce

Zutaten für 2 Personen:
25 g Haselnüsse
250 g Broccoli
Salz · 200 g Spaghetti (ohne Ei)
1–2 EL Crème fraîche
100 g Sahne · Pfeffer
frisch geriebene Muskatnuß
1 TL gekörnte Gemüsebrühe
20 g frisch geriebener Parmesan

Zubereitungszeit: 30 Min.
Pro Portion: 2905 kJ/695 kcal
23 g E · 30 g F · 82 g K

Raffiniert · Vegetarisch

➡ Nüsse in einer trockenen Pfanne unter Rühren rösten. Dann die Schalen in einem Tuch abreiben. Ein Drittel grob hacken.
➡ Den Broccoli putzen und waschen. Die Röschen abschneiden, den Strunk schälen und würfeln. Broccoli in kochendem Salzwasser in 5 Min. nicht zu weich garen, herausheben.
➡ Spaghetti im Broccoliwasser nach Packungsaufschrift al dente kochen.
➡ Restliche Nüsse im Blitzhacker fein hacken. Die Hälfte vom Broccoli und die Crème fraîche dazugeben und mitpürieren. Übrigen Broccoli warm halten.
➡ Sahne mit der Gemüsepaste verrühren, einmal aufkochen und mit Salz, Pfeffer, Muskat und gekörnter Brühe abschmecken.
➡ Die Nudeln abgießen, mit der Hälfte vom Käse unter die Gemüsesauce mischen.
➡ Nudeln mit dem übrigen Broccoli, den gehackten Nüssen und dem restlichen Käse garnieren.

Penne mit Käsesauce

Zutaten für 2 Personen:
Salz
200 g Penne (ohne Ei)
3–4 Frühlingszwiebeln
1 kleine rote Paprikaschote
30 g Salami · 1 EL Butter
100 ml Gemüsebrühe
100 g Blauschimmelkäse (mindestens 45 % Fett)
2 EL Crème fraîche
schwarzer Pfeffer
Paprika, edelsüß

Zubereitungszeit: 20 Min.
Pro Portion: 3145 kJ/750 kcal
28 g E · 35 g F · 87 g K

Preiswert

➡ In einem Topf reichlich Salzwasser zum Kochen bringen. Die Penne darin bißfest garen.
➡ Frühlingszwiebeln waschen, putzen und in feine Ringe schneiden. Die Paprikaschote waschen, halbieren, putzen und klein würfeln. Die Salami ebenfalls klein würfeln.
➡ Die Butter aufschäumen lassen. Frühlingszwiebeln, den größten Teil der Paprikastücke und die Salamiwürfel darin bei schwacher Hitze 5 Min. garen.
➡ Mit der Brühe ablöschen, den Käse würfeln, hineingeben und schmelzen lassen. Crème fraîche unterrühren, alles mit Pfeffer und Paprika herzhaft abschmecken.
➡ Die Nudeln gut abtropfen lassen. Auf Teller geben und mit der Käsesauce übergießen, mit etwas Pfeffer und Paprikapulver sowie mit den restlichen Paprikawürfeln bestreuen.

Tagliatelle mit grünen Bohnen

Zutaten für 2 Personen:
1 Zwiebel · 1 Knoblauchzehe
1 EL Olivenöl
1 EL Tomatenmark
1 kleine Dose geschälte Tomaten (400 g Inhalt)
½ TL frisch gehackter Rosmarin
300 g zarte grüne Bohnen
3 Zweige frisches Bohnenkraut
Salz · 200 g Tagliatelle (schmale Bandnudeln ohne Ei)
schwarzer Pfeffer · 1 EL Butter
50 g frisch geriebener Parmesan

Zubereitungszeit: 35 Min.
Pro Portion: 2860 kJ/685 kcal
30 g E · 18 g F · 98 g K

Raffiniert · Gelingt leicht

➡ Zwiebel und Knoblauch schälen und fein würfeln, im Öl glasig dünsten. Tomatenmark, Tomaten samt Saft sowie den Rosmarin einrühren. Sauce zugedeckt bei schwacher Hitze 25 Min. köcheln lassen.

➡ Inzwischen Bohnen waschen und putzen. Bohnenkraut kalt waschen und die Blättchen abrebeln.

➡ Reichlich Salzwasser zum Kochen bringen. Die Nudeln, die Bohnen und das Bohnenkraut darin zusammen in 8–10 Min. bißfest garen, abgießen und abtropfen lassen.

➡ Nudelmischung in eine vorgewärmte Schüssel geben. Mit Salz und Pfeffer würzen und mit Butterflöckchen belegen.

➡ Die Tomatensauce salzen und pfeffern und dazu reichen. Mit Parmesan bestreuen und servieren.

Rigatoni mit scharfem Paprikagemüse

Zutaten für 2 Personen:
je 1 gelbe, rote und grüne Paprikaschote
1 Zwiebel · 1 Knoblauchzehe
1 haselnußgroßes Stück frischer Ingwer
½ Bund Petersilie · Salz
250 g Hartweizen-Rigatoni (ohne Ei)
2 EL Olivenöl
100 ml Gemüsebrühe
1 TL Honig · Cayennepfeffer
125 g fester Ricotta (ersatzweise Doppelrahm-Frischkäse)

Zubereitungszeit: 30 Min.
Pro Portion: 3125 kJ/745 kcal
31 g E · 21 g F · 110 g K

Vegetarisch · Raffiniert

➡ Paprikaschoten waschen, halbieren, putzen und in kurze Streifen schneiden. Zwiebel, Knoblauch und Ingwer schälen und fein hacken. Petersilie waschen, die Blättchen abzupfen und ebenfalls hacken.

➡ In einem großen Topf reichlich Salzwasser zum Kochen bringen. Nudeln darin nach Packungsanweisung al dente kochen.

➡ Inzwischen das Öl in einer Pfanne erhitzen. Zwiebel, Knoblauch, Ingwer und Paprika hinzufügen und unter gelegentlichem Rühren bei mittlerer Hitze in 4–5 Min. bißfest braten. Brühe und Honig hinzufügen. Mit Salz und Cayennepfeffer scharf abschmecken. Petersilie unterrühren.

➡ Nudeln abgießen, sofort mit Paprikagemüse mischen und mit grob zerbröckeltem Ricotta bestreuen.

Süßscharfe Glasnudelpfanne

Zutaten für 2 Personen:
100 g Glasnudeln
1 EL Öl
3 EL Cashewkerne
300 g gemischtes tiefgekühltes Chinagemüse (ersatzweise anderes Mischgemüse)
1/4 l Gemüsebrühe
1/2–1 TL getrocknete zerbröselte Chilischoten
2 EL Honig
2–3 TL Fünf-Gewürze-Pulver
3–4 EL Sojasauce

Zubereitungszeit: 20 Min.
Pro Portion: 2490 kJ/595 kcal
11 g E · 20 g F · 95 g K

Raffiniert · Gelingt leicht

➡ Die Glasnudeln in eine Schüssel geben, mit heißem Wasser übergießen und einige Minuten quellen lassen.
➡ Das Öl in einem Wok oder einer großen Pfanne erhitzen. Die Cashewkerne hineingeben und unter Rühren goldbraun anrösten.
➡ Das Chinagemüse, die Brühe und die Chilibrösel in den Wok oder in die Pfanne geben, alles zugedeckt bei mittlerer Hitze 5–10 Min. köcheln lassen, bis das Gemüse bißfest ist.
➡ Den Honig zum Gemüse geben. Die Glasnudeln abtropfen lassen und eventuell mit einer Schere kleinschneiden, ebenfalls zum Gemüse geben.
➡ Alles gründlich vermengen, mit Fünf-Gewürze-Pulver und Sojasauce abschmecken und noch kurz kochen lassen. Dann servieren.

Risotto mit roter Bete und Lauch

Zutaten für 2 Personen:
1 Zwiebel
1–2 Knoblauchzehen
2 EL Olivenöl
250 g Risotto-Reis
1/2 l erwärmte Gemüsebrühe
250 g gegarte rote Beten
1 Stange Lauch
1/2 Bund Petersilie
100 g frisch geriebener Pecorino oder Parmesan
Salz · Pfeffer

Zubereitungszeit: 30 Min.
Pro Portion: 4075 kJ/975 kcal
40 g E · 26 g F · 143 g K

Preiswert · Vegetarisch

➨ Die Zwiebel und den Knoblauch schälen, fein hacken und im Öl glasig dünsten. Reis einstreuen und mit der Brühe aufgießen. Den Reis zugedeckt bei schwacher Hitze 10–15 Min. garen. Dabei immer wieder durchrühren.
➨ Inzwischen die gegarten roten Beten schälen und raspeln. Den Lauch putzen, der Länge nach aufschlitzen und gründlich waschen. Dann in Streifen schneiden.
➨ Rote Beten und Lauch zum Reis geben, bei Bedarf noch etwas Wasser angießen. Risotto noch 5–10 Min. garen, bis der Reis bißfest ist.
➨ Inzwischen Petersilie waschen, trockenschwenken und die Blättchen fein hacken.
➨ Käse und Petersilie unter den Risotto mischen, mit Salz und Pfeffer abschmekken und in vorgewärmten Tellern servieren.

Chicorée-Risotto mit Austernpilzen

Zutaten für 2 Personen:
2 Chicoréestauden (etwa 400 g)
1 kleine Zwiebel
1 Knoblauchzehe
2 EL Butter · 1 EL Öl
200 g Langkornreis, mit Wildreis gemischt
400 ml Gemüsebrühe
100 g Austernpilze
Salz · schwarzer Pfeffer
75 g Maiskörner (aus der Dose)
4 EL Sahne · 1/2 Bund Petersilie
40 g frisch geriebener Parmesan

Zubereitungszeit: 40 Min.
Pro Portion: 3305 kJ/780 kcal
26 g E · 28 g F · 111 g K

Raffiniert · Gelingt leicht

➨ Chicorée putzen, waschen, längs halbieren und in Streifen schneiden.
➨ Zwiebel und Knoblauch schälen, fein hacken und in 1 EL Butter und dem Öl glasig dünsten. Reis und die Hälfte des Chicorée dazugeben und unter Rühren 3 Min. anbraten. Mit etwas Brühe ablöschen und diese verdampfen lassen. Nach und nach die übrige Brühe dazugießen und den Reis in 20 Min. bei schwacher Hitze zugedeckt bißfest ausquellen lassen.
➨ Pilze abreiben und zerteilen, in der übrigen Butter bei mittlerer Hitze 5 Min. braten, salzen und pfeffern.
➨ Den übrigen Chicorée, Pilze, Mais und Sahne unter den Reis mischen, noch 5 Min. ziehen lassen. Risotto abschmecken.
➨ Petersilie fein hacken und unterheben. Risotto mit Parmesan bestreut servieren.

Kokosgemüse mit Curryreis

Zutaten für 2 Personen:
1 Zwiebel
1 EL Öl
1 EL Curry
100 g Schnellkochreis (8-Min.-Reis)
200 ml Gemüsebrühe
1 Päckchen ungesüßtes Kokospulver (60 g; Asienladen)
300 g gemischtes tiefgekühltes Chinagemüse
schwarzer Pfeffer
3 EL Sojasauce

Zubereitungszeit: 20 Min.
Pro Portion: 2655 kJ/635 kcal
14 g E · 26 g F · 89 g K

Preiswert · Gelingt leicht

➡ Die Zwiebel schälen und in kleine Würfel schneiden. Das Öl in einem kleinen Topf erhitzen, die Zwiebelwürfel darin glasig werden lassen. Curry darüber streuen und unter Rühren leicht anrösten.

➡ Den Reis unterrühren und ebenfalls kurz anrösten, mit der Brühe ablöschen. Den Reis fest zugedeckt bei mittlerer Hitze in 8 Min. garen.

➡ Inzwischen 100 ml Wasser in einen Topf gießen, das Kokospulver dazugeben und mit dem Wasser verrühren. Das Chinagemüse unaufgetaut dazugeben, alles zum Kochen bringen, dann bei schwacher Hitze zugedeckt gut 5 Min. köcheln lassen.

➡ Das Kokosgemüse mit Pfeffer und Sojasauce abschmecken, zusammen mit dem Curryreis servieren.

Indischer Spinat-Tomaten-Reis

Zutaten für 2 Personen:
1 EL Mandelstifte
300 g tiefgekühlter Blattspinat (aufgetaut)
1 Zwiebel
1 Knoblauchzehe · 2 EL Öl
200 g Basmatireis · 2 TL Curry
1/4 TL gemahlener Koriander
Salz · schwarzer Pfeffer
200–300 ml Gemüsebrühe
2 mittelgroße Tomaten

Zubereitungszeit: 45 Min.
Pro Portion: 2640 kJ/630 kcal
20 g E · 16 g F · 103 g K

Vegetarisch

➡ Mandelstifte in einer trockenen Pfanne goldbraun rösten. Spinat gut ausdrükken, den Spinatsaft dabei auffangen, Spinat grob hacken. Zwiebel und Knoblauch schälen und fein würfeln.

➡ Öl in einem breiten Topf heiß werden lassen. Zwiebel und Knoblauch darin glasig dünsten. Reis hinzufügen und unter Rühren 1–2 Min. braten. Curry und Koriander dazugeben und kurz anschwitzen. Spinat einrühren, salzen und pfeffern.

➡ Spinatwasser mit Brühe auf 400 ml auffüllen, dazugießen und den Reis zugedeckt bei schwacher Hitze in 20 Min. bißfest garen.

➡ Tomaten überbrühen, häuten, entkernen und in Würfel schneiden.

➡ Tomaten unter den Reis mischen, noch 5 Min. zugedeckt ziehen lassen. Den Reis nochmals abschmekken und mit den Mandelstiften bestreut servieren.

Möhren-Couscous-Pfanne

Zutaten für 2 Personen:
350 ml kräftige Gemüsebrühe
200 g Couscous (Weizengrieß; türkischer Laden oder Reformhaus)
400 g Möhren
1 Zwiebel · 1 Knoblauchzehe
1 Bund Petersilie
2 EL Olivenöl
Salz · schwarzer Pfeffer
1/2 TL gemahlener Kreuzkümmel (ersatzweise Paprika, rosenscharf)
1 TL Zitronensaft
1 EL Butter

Zubereitungszeit: 35 Min.
Pro Portion: 2970 kJ/710 kcal
21 g E · 17 g F · 116 g K

Preiswert · Gelingt leicht

➡ Die Brühe aufkochen lassen. Über den Couscous gießen und diesen zugedeckt in 15 Min. quellen lassen.
➡ Inzwischen die Möhren putzen, schälen und schräg in dünne Scheiben schneiden. Zwiebel schälen und fein würfeln. Knoblauchzehe ebenfalls schälen. Petersilie abbrausen, einige Blättchen beiseite legen, den Rest hacken.
➡ Das Öl in einer großen Pfanne erhitzen. Zwiebel und Möhren hinzufügen, Knoblauch dazupressen und bei mittlerer Hitze unter Rühren 5 Min. dünsten.
➡ Den aufgelockerten Couscous dazugeben und bei mittlerer Hitze 5 Min. anrösten, dabei häufig wenden. Mit Salz, Pfeffer, Kreuzkümmel und Zitronensaft abschmecken.
➡ Butter in Flöckchen teilen und mit der Petersilie unter den Couscous mischen, zugedeckt noch 3 Min. ziehen lassen. Mit den übrigen Petersilienblättchen garnieren.

Pellkartoffeln mit Erbsencreme

Zutaten für 2 Personen:
600 g kleine neue Kartoffeln
Salz
30 g roh geräucherter Schinken in dünnen Scheiben
1 Zwiebel · 1 EL Öl
1/8 l Gemüsebrühe
300 g tiefgekühlte Erbsen
2 EL Crème fraîche
1 EL frisch gehackter Dill
schwarzer Pfeffer

Zubereitungszeit: 30 Min.
Pro Portion: 1985 kJ/475 kcal
19 g E · 9 g F · 78 g K

Preiswert

➡ Kartoffeln waschen und zugedeckt in wenig Salzwasser in 20 Min. garen.
➡ Inzwischen den Schinken in feine Streifen schneiden. Die Zwiebel schälen und klein würfeln.
➡ Das Öl in einem Topf erhitzen, die Zwiebelwürfel darin glasig werden lassen. Mit der Brühe ablöschen, die Erbsen dazugeben. Zugedeckt bei schwacher Hitze 10 Min. garen.
➡ Etwa 4 EL von den Erbsen aus dem Topf nehmen. Die restlichen Erbsen mit der Brühe pürieren. Dann wieder aufkochen lassen. Mit Crème fraîche und Dill verrühren, mit Salz und Pfeffer abschmecken. Die ganzen Erbsen und den Schinken untermengen.
➡ Die Kartoffeln abgießen und etwas ausdämpfen lassen, dann pellen und mit der Erbsencreme anrichten.

Pellkartoffeln mit Bohnen und Mais

Zutaten für 2 Personen:
300 g tiefgekühlte grüne Bohnen
400 g festkochende Kartoffeln
Salz
2 Zweige Zitronenmelisse
2 Schalotten
250 g Speisequark (20 % Fett)
1 EL Öl
1 Msp. getrocknetes Bohnenkraut
1/8 l Gemüsebrühe
150 g Maiskörner (aus der Dose)
schwarzer Pfeffer
1 EL Kürbiskerne

Zubereitungszeit: 35 Min.
Pro Portion: 1805 kJ/430 kcal
25 g E · 9 g F · 64 g K

Vegetarisch · Gelingt leicht

➡ Die Bohnen aus der Packung nehmen. Die Kartoffeln waschen und von Salzwasser bedeckt in 20–30 Min. garen.
➡ Die Melisse waschen, die Blättchen in feine Streifen schneiden. Die Schalotten schälen und sehr klein würfeln. Die Hälfte davon mit den Melisseblättchen und 1/2 TL Salz unter den Quark rühren.
➡ Übrige Schalottenwürfel im Öl glasig dünsten, die Bohnen mit dem Bohnenkraut dazugeben, mit der Brühe aufgießen und zugedeckt bei mittlerer Hitze in 12 Min. garen.
➡ Die Maiskörner abgetropft hinzufügen. Das Bohnengemüse salzen und pfeffern. Die Kürbiskerne über den Quark streuen.
➡ Die Kartoffeln schälen und mit dem Gemüse und dem Quark anrichten.

Kartoffel-Lauch-Pfanne mit Joghurt

Zutaten für 2 Personen:
Für die Sauce:
1 Bund Dill
150 g Vollmilchjoghurt
50 g Sahne
1 Stück Salatgurke
Salz
Pfeffer
Für die Kartoffelpfanne:
400 g festkochende Kartoffeln
2 EL Olivenöl
200 g Champignons oder Egerlinge
1 Stange Lauch
2 Knoblauchzehen
40 g Butter
Salz
Pfeffer
Curry
4 Zweige Petersilie

Zubereitungszeit: 30 Min.
Pro Portion: 1955 kJ/465 kcal
11 g E · 36 g F · 25 g K

Preiswert · Vegetarisch

➡ Für die Sauce den Dill waschen, trockenschwenken und die Spitzen abschneiden. Fein hacken und mit dem Joghurt und der Sahne verrühren. Gurke schälen, fein raspeln und untermischen. Die Sauce mit Salz und Pfeffer abschmecken.
➡ Die Kartoffeln waschen, schälen und fein würfeln. Das Öl in einer beschichteten Pfanne erhitzen und die Kartoffeln darin unter gelegentlichem Rühren bei mittlerer Hitze in 10–15 Min. goldbraun und weich braten.
➡ Inzwischen die Pilze mit Küchenpapier abreiben, putzen und in Scheiben schneiden. Den Lauch putzen, längs aufschlitzen und gründlich kalt abspülen. Dann in Streifen schneiden. Knoblauch schälen und fein hacken.
➡ In einer zweiten Pfanne die Butter erhitzen. Knoblauch, Pilze und Lauch darin bei mittlerer Hitze einige Minuten andünsten. Die Kartoffeln untermischen, alles mit Salz, Pfeffer und Curry würzen.
➡ Die Petersilie waschen, die Blättchen fein hacken. Über die Kartoffelpfanne streuen und diese mit der Sauce servieren.

Tips!
Die schnelle Joghurt-Gurken-Sauce paßt nicht nur zur Kartoffelpfanne, sondern auch als Sauce für Blattsalat, aber auch zu Fleisch, Fisch und Getreide.
Sie können die Pfanne auch gut mit übrigen Pellkartoffeln vom Vortag zubereiten. Dann müssen Sie die Kartoffeln nur so lange braten, bis sie schön gebräunt sind, also 5–10 Min.
Auch Süßkartoffeln sind einmal eine interessante Geschmacksvariante.

Rote Bete mit Kartoffelcreme

Zutaten für 2 Personen:
2–3 mehligkochende Kartoffeln (etwa 300 g) · 2 Knoblauchzehen
1 Zweig frischer Rosmarin
200 ml Gemüsebrühe
2–3 gegarte rote Bete (je etwa 200 g)
1/2 Bund Schnittlauch
4 EL Crème fraîche
etwa 100 ml Vollmilch
Salz · schwarzer Pfeffer

Zubereitungszeit: 25 Min.
Pro Portion: 790 kJ/190 kcal
6 g E · 4 g F · 24 g K

Vegetarisch · Preiswert

➡ Kartoffeln waschen, schälen und sehr klein würfeln. Knoblauch schälen, Rosmarin waschen.
➡ Kartoffeln mit Knoblauch, Rosmarin und Brühe aufkochen und zugedeckt 15 Min. köcheln lassen.
➡ Rote Bete schälen und in gleichmäßige Scheiben schneiden. Schnittlauch waschen, ein paar Halme beiseite legen, den Rest fein schneiden.
➡ Rosmarin aus dem Topf entfernen. Kartoffeln und Knoblauch samt Brühe pürieren. Nacheinander Crème fraîche und so viel Milch unterrühren, daß eine sämige Creme entsteht. Salzen und pfeffern, Schnittlauchröllchen unterziehen.
➡ Creme auf Teller verteilen, rote Bete darauf anrichten, mit grobem Pfeffer übermahlen und mit den restlichen Schnittlauchhalmen garnieren.

Käseschnitzel mit Broccoli

Zutaten für 2 Personen:
100 ml Vollmilch
2 EL Crème fraîche
Salz · schwarzer Pfeffer
Paprika, edelsüß
30 g Sesamsamen
2 dicke Scheiben Bergkäse (je etwa 80 g; mindestens 45 % Fett)
4 Scheiben Vollkorntoast
3 EL Öl
300 g tiefgekühlter Broccoli

Zubereitungszeit: 25 Min.
Pro Portion: 2250 kJ/540 kcal
18 g E · 33 g F · 34 g K

Preiswert

➡ In einem tiefen Teller die Milch mit der Crème fraîche, Salz, Pfeffer und Paprika verrühren. Die Sesamsamen auf einen anderen Teller geben.
➡ Die Käsescheiben auf gleiche Größe wie die Toastscheiben zurechtschneiden. Jeweils 2 Toastscheiben mit 1 Käsescheibe dazwischen zum Sandwich zusammenlegen. Von beiden Seiten gründlich in die Milch tunken, dann in den Sesamsamen wenden.
➡ Das Öl in einer beschichteten Pfanne erhitzen. Die Käseschnitzel darin von beiden Seiten bei mittlerer Hitze goldbraun braten.
➡ Gleichzeitig den Broccoli zugedeckt in wenig Salzwasser bißfest dünsten. Abtropfen lassen, mit Salz und Pfeffer würzen und möglichst sofort mit den Käseschnitzeln servieren.

Schafkäse-Tomaten-Pizza

Zutaten für 2 Personen:
225 g tiefgefrorener Hefeteig
1 kleine Dose geschälte Tomaten (400 g)
schwarzer Pfeffer
1 ½ EL getrockneter Majoran
30 g Salami in dünnen Scheiben
100 g Schafkäse (Feta)
2 EL Olivenöl
Backpapier für das Blech
Mehl zum Ausrollen

Zubereitungszeit: 20 Min.
Pro Portion: 2465 kJ/590 kcal
23 g E · 28 g F · 59 g K

Preiswert

➨ Die Teigplatten nebeneinander unter einem Tuch in 20–30 Min. auftauen lassen.

➨ Den Backofen auf 225° (Umluft 200°) vorheizen. Ein Backblech mit Backpapier auslegen.

➨ Die Teigplatten leicht überlappend aneinander legen und auf einer leicht bemehlten Arbeitsfläche zu einem dünnen Rechteck ausrollen. Auf das vorbereitete Blech heben.

➨ Die Tomaten in ein Sieb abgießen und gut abtropfen lassen, Tomaten grob hacken und auf dem Teig verteilen. Mit Pfeffer und Majoran würzen.

➨ Die Salami auf den Teig legen. Den Schafkäse zerbröckeln und aufstreuen. Alles mit dem Olivenöl beträufeln. Die Pizza im Ofen (unten) 10 Min. backen.

Paprika-Pizza mit Pesto

Zutaten für 2 Personen:
225 g tiefgekühlter Pizzateig
250 g Pizza-Tomaten (aus der Dose)
Salz · schwarzer Pfeffer
1 TL getrockneter Oregano
200 g rote, gelbe und grüne Paprikaschoten
125 g Mozzarella
1 TL frische Thymianblättchen
2 EL frisch geriebener Parmesan
1 EL Olivenöl
4 TL Pesto (aus dem Glas)
Backpapier für das Blech

Zubereitungszeit: 30 Min.
Pro Portion: 4595 kJ/1100 kcal
30 g E · 84 g F · 58 g K

Gelingt leicht

➨ Den Backofen auf 50° (Umluft auch 50°) vorheizen. Die Teigplatten aus der Packung nehmen, 5 Min. antauen lassen, dann leicht überlappend auf ein mit Backpapier ausgelegtes Blech legen. Die Ränder fest andrücken und den Teig im ausgeschalteten Ofen in 20 Min. aufgehen lassen.

➨ Tomaten mit Salz, Pfeffer und Oregano würzen. Paprika waschen, in Streifen schneiden. Mozzarella in Scheiben teilen.

➨ Den Backofen auf 200° (Umluft 180°) vorheizen. Den Teig auf dem Blech dünn ausrollen. Tomaten darauf verteilen, mit Mozzarella und Paprika belegen. Mit Salz, Pfeffer, Thymian und Parmesan bestreuen. Mit dem Öl beträufeln.

➨ Die Pizza im Ofen (Mitte) 20 Min. backen. Pesto auf der Pizza verteilen.

Pizza-Toast mit Zucchini

Zutaten für 2 Personen:
6 Scheiben Toastbrot
1 kleine Zwiebel
150 g junge Zucchini
2 EL Olivenöl
je 1 Prise getrockneter Thymian und Oregano
Salz · Pfeffer
2 kleine Tomaten
125 g Mozzarella oder Gouda (mindestens 45 % Fett)
1/2 Bund Basilikum

Zubereitungszeit: 30 Min.
Pro Portion: 1590 kJ/380 kcal
17 g E · 19 g F · 36 g K

Preiswert · Vegetarisch

➡ Die Brotscheiben toasten. Die Zwiebel schälen, halbieren und in feine Streifen schneiden. Die Zucchini waschen, putzen und in kleine Würfel teilen.

➡ Das Öl in einer Pfanne erhitzen. Die Zwiebel darin andünsten. Die Zucchini dazugeben und bei schwacher Hitze 3–4 Min. dünsten. Mit Thymian, Oregano, Salz und Pfeffer würzen.

➡ Die Tomaten waschen und würfeln, dabei von den Stielansätzen befreien. Mozzarella oder Gouda fein würfeln. Tomaten und Käse mit den Zucchini mischen und mit Salz abschmecken.

➡ Den Backofengrill vorheizen. Die Gemüse-Käse-Mischung auf den Toastscheiben verteilen und auf ein Backblech legen. In 5 Min. unter dem heißen Grill backen.

➡ Inzwischen Basilikum waschen, die Blättchen abzupfen. Die Toasts damit garniert servieren.

Kräuterpfannkuchen mit Champignons

Zutaten für 2 Personen:
Für die Pfannkuchen:
150 g Mehl
1/4 TL Salz
1/4 TL Vollmilch
1 Eigelb
2 EL frisch gehackte Petersilie
2 EL Butterschmalz
Für die Füllung:
2 EL Öl
300 g Champignons
1 Bund Frühlingszwiebeln
1 Knoblauchzehe
1/2 TL getrockneter Thymian
50 ml Gemüsebrühe
50 g Sahne
Salz · weißer Pfeffer
Thymian zum Garnieren

Zubereitungszeit: 35 Min.
Pro Portion: 3000 kJ/715 kcal
17 g E · 40 g F · 54 g K

Vegetarisch · Preiswert

➡ Für die Pfannkuchen Mehl, Salz und etwas Milch verrühren. Eigelb mit einem Schneebesen unterschlagen, den Teig mit der übrigen Milch glattrühren. Petersilie hinzufügen und den Teig 20 Min. zugedeckt ruhen lassen.

➡ Inzwischen für die Füllung Pilze mit Küchenpapier abreiben, putzen und blättrig schneiden. Frühlingszwiebeln putzen, waschen und mit dem zarten Grün in feine Ringe schneiden, Knoblauch schälen.

➡ Wenig Butterschmalz in einer beschichteten Pfanne erhitzen. So viel Teig einfüllen, daß der Boden gut bedeckt ist. Pfannkuchen bei mittlerer Hitze auf jeder Seite in 1–2 Min. goldgelb backen. Aus dem übrigen Teig auf die gleiche Weise 3 weitere Pfannkuchen backen, zugedeckt warm stellen.

➡ Öl in der Pfanne erhitzen. Pilze und Frühlingszwiebeln darin bei mittlerer Hitze unter Rühren 4 Min. braten. Knoblauch durch die Presse dazudrücken. Thymian hinzufügen. Mit Brühe und Sahne aufgießen, zum Kochen bringen und alles 2 Min. leicht köcheln lassen. Salzen und pfeffern.

➡ Kräuterpfannkuchen mit dem Pilzgemüse füllen, zusammenklappen und mit Thymian garniert servieren.

Tip!
Die Champignons zur Abwechslung durch Austernpilze austauschen. Oder die Füllung aus frischen Pfifferlingen oder Steinpilzen zubereiten.

Variante:
Wer keine Pilze mag, kann die Pfannkuchen natürlich mit Gemüse füllen. Zum Beispiel für eine provenzalische Füllung 1 Zwiebel schälen und hacken, 2 kleine Zucchini, 1 rote Paprikaschote und 250 g Tomaten waschen, putzen und klein würfeln. Zwiebel in 2 EL Olivenöl andünsten, Zucchini und Paprika 3 Min. mitdünsten. Tomaten, 1 EL Tomatenmark, 1 TL feingehackte Rosmarinnadeln, 1/2 TL frische Thymianblättchen und 50 ml Gemüsebrühe unterrühren. Mit Salz und Pfeffer würzen und alles zugedeckt 15 Min. schmoren. Die Pfannkuchen damit füllen.

Gemüsetopf mit Polentaklößchen

Zutaten für 2 Personen:
1/2 l Gemüsebrühe
50 g Polenta (feiner Maisgrieß)
1 Päckchen tiefgekühlte italienische Kräuter
1 Eigelb
300 g gemischtes tiefgekühltes Gemüse
1 kleine Dose Maiskörner (150 g)
125 g Crème fraîche
Salz · weißer Pfeffer

Zubereitungszeit: 25 Min.
Pro Portion: 1720 kJ/410 kcal
17 g E · 8 g F · 68 g K

Preiswert

➡ In einem kleinen Topf 200 ml Brühe aufkochen lassen. Die Polenta und die Kräuter einrühren, einmal aufkochen, dann zugedeckt noch einige Minuten auf der ausgeschalteten Platte ausquellen lassen. Das Eigelb unterrühren.

➡ Gleichzeitig das Gemüse zusammen mit der restlichen Brühe in einem Topf zum Kochen bringen. Das Gemüse unter Rühren bei mittlerer Hitze bißfest garen.

➡ Den Mais und die Crème fraîche einrühren, das Gemüse mit Salz und Pfeffer abschmecken.

➡ Aus der Polentamasse mit zwei nassen Löffeln Bällchen abstechen, diese in den Gemüsetopf geben und in vorgewärmten Tellern servieren.

Zucchini-Pilz-Reis mit Pinienkernen

Zutaten für 2 Personen:
1 EL Pinienkerne
300 g Zucchini
150 g Champignons
150 g Austernpilze
1 Zwiebel · 1 Knoblauchzehe
2 EL Olivenöl
150 g 8-Minuten-Reis
300 ml Gemüsebrühe
1/2 TL getrockneter Thymian
Salz · schwarzer Pfeffer
1/2 Bund Petersilie · 50 g Sahne
30 g frisch geriebener Parmesan

Zubereitungszeit: 30 Min.
Pro Portion: 2920 kJ/700 kcal
23 g E · 26 g F · 94 g K

Vegetarisch · Gelingt leicht

➡ Die Pinienkerne in einer Pfanne bei mittlerer Hitze ohne Fett goldbraun rösten.

➡ Die Zucchini waschen, putzen und in Stifte schneiden. Die Pilze mit Küchenpapier abreiben. Champignons in Scheibchen, Austernpilze in mundgerechte Stücke schneiden.

➡ Zwiebel und Knoblauch schälen, fein würfeln und im Öl glasig dünsten. Zucchini und Pilze 3 Min. mitdünsten. Den Reis hinzufügen. Die Brühe angießen, aufkochen lassen. Mit Thymian, Salz und Pfeffer würzen. Den Reis zugedeckt bei schwacher Hitze in 8–9 Min. ausquellen lassen.

➡ Petersilie abbrausen, Blätter hacken. Mit Sahne und der Hälfte vom Käse unter den Reis mischen, salzen und pfeffern. Den übrigen Parmesan und die Pinienkerne aufstreuen.

Nudeln mit Lauch und Frischkäse

Zutaten für 2 Personen:
200 g breite Bandnudeln (ohne Ei) · Salz
250 g Lauch
2 EL Wal- oder Haselnußkerne
2 EL Butter
1/2 TL frische Thymianblättchen
weißer Pfeffer
100 g Doppelrahm-Frischkäse
Thymian zum Garnieren

Zubereitungszeit: 25 Min.
Pro Portion: 2985 kJ/715 kcal
23 g E · 32 g F · 85 g K

Vegetarisch

➡ Die Nudeln in reichlich sprudelnd kochendem Salzwasser nach Packungsanweisung garen.
➡ Inzwischen den Lauch putzen, längs halbieren, gründlich waschen und in 1 cm lange Stücke schneiden. Die Nüsse grob hacken.
➡ Die Butter in einer großen Pfanne zerlassen, Lauch und Thymian hinzufügen, unter gelegentlichem Rühren bei mittlerer Hitze 4 Min. dünsten. Nüsse unterrühren.
➡ Nudeln abgießen, mit der Lauch-Nußmischung in der Pfanne vermengen, mit Salz und Pfeffer abschmecken und in vorgewärmte Teller verteilen. Käse in Stücke teilen, über die Nudeln streuen. Mit Thymian garnieren und servieren.

Bandnudeln mit China-Gemüse

Zutaten für 2 Personen:
300 g tiefgekühltes Pfannengemüse (z. B. Blumenkohl, Erbsen, Lauch, Bohnenkeime, Paprika, Bambussprossen)
1 Zwiebel · 1 Knoblauchzehe
300 ml milde Gemüsebrühe
2 EL Sojasauce
2 EL trockener Sherry (Fino, ersatzweise Gemüsebrühe)
1 TL gemahlener Ingwer
2 TL Speisestärke · Salz
200 g schmale Bandnudeln (ohne Ei)
1 EL Öl · schwarzer Pfeffer
1/2 Bund Schnittlauch
2 TL Sesamöl

Zubereitungszeit: 25 Min.
Pro Portion: 2610 kJ/625 kcal
24 g E · 18 g F · 120 g K

Vegetarisch · Gelingt leicht

➡ Gemüse antauen lassen. Zwiebel und Knoblauch schälen und fein würfeln.
➡ Die Brühe mit Sojasauce, Sherry, Ingwer und Stärke verrühren.
➡ In einem Topf reichlich Salzwasser zum Kochen bringen. Die Nudeln darin bißfest garen.
➡ In einer Pfanne das Öl erhitzen, das Gemüse darin bei starker Hitze 4 Min. anbraten. Die Würzsauce angießen und alles noch 4–6 Min. bei mittlerer Hitze garen. Salzen und pfeffern.
➡ Schnittlauch abbrausen und in Röllchen schneiden.
➡ Die Nudeln abgießen, abtropfen lassen und mit dem Sesamöl vermischen. Mit der Sauce anrichten, mit Schnittlauch bestreuen.

Kartoffel-Sellerie-Gratin

Zutaten für 2 Personen:
500 g festkochende Kartoffeln
1 große Möhre
4 Stangen Staudensellerie
2 süße Äpfel (z. B. Gala)
3 Zweige frischer Thymian
200 g Sahne
Salz · Pfeffer
1 TL milder Curry
100 g Bergkäse (mindestens 45 % Fett)
2 EL Kürbiskerne
40 g Butter für die Form und zum Belegen

Zubereitungszeit: 20 Min.
(+ 50 Min. Backen)
Pro Portion: 4015 kJ/960 kcal
26 g E · 67 g F · 64 g K

Gelingt leicht

➨ Kartoffeln und Gemüse waschen. Die Kartoffeln und die Möhre schälen und in dünne Scheibchen hobeln. Die Selleriestangen putzen und in Scheiben schneiden. Die Äpfel vierteln, vom Kerngehäuse befreien und in Spalten schneiden.
➨ Den Backofen auf 220° vorheizen. Eine Gratinform mit Butter ausstreichen.
➨ Kartoffel- und Möhrenscheiben, Selleriestückchen und Apfelspalten dachziegelartig in die Form schichten. Thymianblättchen von den Stielen zupfen und darüber streuen.
➨ Die Sahne mit je 1 kräftigen Prise Salz und Pfeffer sowie dem Curry verrühren und über das Gemüse gießen. Das Gratin mit Butterflöckchen besetzen und die Kürbiskerne darüber streuen. Das Gratin im heißen Ofen (Mitte, Umluft 200°) 50 Min. überbacken, bis die Oberfläche goldbraun ist. Eventuell nach 30 Min. ein Stück Pergamentpapier darüber legen, damit das Gratin nicht zu stark bräunt.

Maispuffer mit Tomatensalsa

Zutaten für 2 Personen:
Für die Salsa:
1 Zwiebel
1 Knoblauchzehe
1 EL Öl
200 g geschälte Tomaten in Stückchen (Tetrapack)
1 TL Honig
Salz · Cayennepfeffer
Für die Puffer:
1 Dose Maiskörner (230 g Inhalt)
1 mittelgroße Kartoffel
2 EL Mehl
2 Eigelbe
1 EL frisch gehackte Petersilie
Salz · weißer Pfeffer
2–3 EL Butter

Zubereitungszeit: 30 Min.
Pro Portion: 1825 kJ/435 kcal
10 g E · 27 g F · 42 g K

Schnell · Vegetarisch

➡ Für die Salsa Zwiebel und Knoblauch schälen, fein hacken und im Öl glasig dünsten. Tomaten hinzufügen und die Sauce bei schwacher Hitze zugedeckt 5 Min. köcheln lassen.
➡ Salsa mit Honig, Salz und Cayennepfeffer süß-scharf abschmecken. In eine Schüssel füllen und abkühlen lassen.
➡ Für die Puffer den Mais in einem Sieb gut abtropfen lassen. Die Kartoffel schälen und fein reiben, mit Mais, Mehl, Eigelben und Petersilie vermischen, mit Salz und Pfeffer würzen.
➡ Die Butter in einer beschichteten Pfanne erhitzen, aus der Masse 6–8 Puffer in die Pfanne setzen und bei mittlerer Hitze pro Seite in 5 Min. goldbraun braten. Mit der Salsa auf vorgewärmten Tellern anrichten und sofort servieren.

Tip!
Die Salsa läßt sich gut am Vortag zubereiten und über Nacht zugedeckt im Kühlschrank aufbewahren. Etwa 1 Std. vor dem Servieren aus dem Kühlschrank nehmen und bei Zimmertemperatur stehenlassen, damit sich das Aroma der Salsa entwickeln kann.

Variante: Kartoffel-Möhren-Puffer
Die Tomatensalsa schmeckt auch fein zu Kartoffel-Möhren-Puffern: 200 g Kartoffeln und 150 g Möhren schälen, waschen, fein raspeln und in einem Tuch gut ausrücken. Mit 2 Eigelben, 1 EL Mehl, Salz und Pfeffer verrühren. Aus dem Teig in heißem Öl 6 flache Puffer von beiden Seiten goldbraun backen. Oder die Möhren durch Kohlrabi oder Zucchini ersetzen und zusätzlich 2 EL feingehackte Mandeln zum Teig geben. Wer zu den Puffern einen ganz schnell gemachten Dip braucht, der verrührt 3 EL Crème fraîche mit 1 EL Joghurt und 2 EL gehackter Petersilie. Knoblauchfans können noch 1 kleine geschälte Knoblauchzehe dazudrücken. Den Dip mit Salz und Pfeffer abschmecken.

Nudel-Gemüse-Auflauf

Zutaten für 2 Personen:
Für den Auflauf:
200 g Bandnudeln (ohne Ei)
Salz · 2 Möhren
150 g Knollensellerie
1 dünne Stange Lauch
200 g Champignons
1 Zwiebel
1 Zweig frischer Estragon
2 EL Öl · 5 EL Gemüsebrühe
schwarzer Pfeffer
1 Eigelb · 100 ml Vollmilch
50 g frisch geriebener Greyerzer (mindestens 45 % Fett)
2 TL Butter
Für die Sauce:
1 kleine Dose geschälte Tomaten (400 g Inhalt)
Salz · schwarzer Pfeffer
2 EL frisch gehackte Petersilie
Außerdem: Butter für die Form

Zubereitungszeit: 30 Min. (+ 25–30 Min. Backen)
Pro Portion: 3590 kJ/860 kcal
34 g E · 27 g F · 108 g K

Vegetarisch · Gut vorzubereiten

➨ Bandnudeln in reichlich Salzwasser nach Packungsangabe bißfest kochen. Dann sehr gründlich kalt abschrekken und abtropfen lassen.

➨ Inzwischen das Gemüse waschen, putzen und bei Bedarf schälen. Möhren und Sellerie klein würfeln, Lauch in feine Streifen, Pilze in Scheiben schneiden. Zwiebel hacken. Estragon abzupfen und hacken. Das Gemüse unter ständigem Rühren im Öl andünsten, mit Brühe aufgießen und bei mittlerer Hitze zugedeckt 7–8 Min. dünsten.

➨ Den Backofen auf 200° vorheizen. Eine feuerfeste Auflaufform fetten. Gemüse, Estragon und Nudeln mischen, salzen, pfeffern und in die Form füllen. Eigelb mit Milch, Salz und Pfeffer verquirlen und darüber gießen. Auflauf mit dem Käse bestreuen und mit der Butter in Flöckchen belegen.

➨ Form in den Ofen (Mitte, Umluft 180°) schieben, Auflauf 25–30 Min. überbacken.

➨ Für die Sauce Tomaten samt Saft in einen Topf geben, mit einer Gabel zerdrücken. Salzen, pfeffern, 10 Min. bei mittlerer Hitze offen leicht köcheln lassen. Petersilie unterrühren, abschmecken. Die Tomatensauce zum Nudel-Gemüse-Auflauf servieren.

Variante:
Dieser Auflauf ist äußerst variabel, denn Sie können ihn sowohl mit anderen Nudelsorten, anderen Käsesorten wie auch mit jedem beliebigen Gemüse zubereiten. Besonders gut schmeckt die Kombination mit Rigatoni, den kleinen Röhrennudeln, blanchierten Broccoliröschen und Räucherkäse. Oder Sie nehmen Spiralnudeln, die Gemüsesorten, die oben im Rezept beschrieben sind und eine Mischung aus Parmesan und Mozzarella.

Tip!
Kaufen Sie Parmesan immer am Stück und reiben ihn dann frisch. Was in Verpakkungen mit geriebenem Parmesan enthalten ist, ist nicht immer echter Parmesan.

Reisnudeln mit Mais und Lauch

Zutaten für 2 Personen:
100 g schmale Reisnudeln
1 rote Chilischote
3 EL geschälte ganze Mandeln
1 dicke Stange Lauch · 2 EL Öl
1 Dose Maiskörner (400 g Inhalt)
2 TL Fünf-Gewürze-Pulver
4 EL Sojasauce

Zubereitungszeit: 30 Min.
Pro Portion: 1960 kJ/470 kcal
9 g E · 15 g F · 80 g K

Schnell · Gelingt leicht

➡ Die Reisnudeln in einer Schüssel mit heißem Wasser übergießen und quellen lassen, bis die übrigen Zutaten vorbereitet sind.
➡ Die Chilischote aufschlitzen, vom Stielansatz und den Kernen befreien, waschen und in Streifen schneiden. Die Mandeln grob hacken.
➡ Den Lauch putzen, aufschlitzen und gründlich waschen. Die Stange längs dritteln, jedes Drittel längs in schmale Streifen schneiden.
➡ Das Öl in einer großen Pfanne erhitzen, die Mandeln darin bei mittlerer Hitze goldgelb anrösten. Die Reisnudeln abtropfen lassen, zusammen mit den Chilistreifen und dem Lauch in die Pfanne geben. 2–3 Min. unter Rühren braten.
➡ Den Mais dazugeben, alles mit Fünf-Gewürze-Pulver und Sojasauce würzen. Noch einmal gut aufkochen lassen, dann sofort servieren.

Buntes Gemüserisotto

Zutaten für 2 Personen:
100 g Zucchini
100 g zarte Möhren
½ kleine rote Paprikaschote
2 Frühlingszwiebeln
75 g Maiskörner (aus der Dose)
1 kleine Zwiebel
1 Knoblauchzehe
1 EL Olivenöl
150 g Risotto-Reis (z.B. Avorio)
600 ml heiße Gemüsebrühe
2 EL Sonnenblumenkerne
3 EL Sahne
Salz · schwarzer Pfeffer
30 g frisch geriebener Parmesan

Zubereitungszeit: 45 Min.
Pro Portion: 3135 kJ/750 kcal
25 g E · 22 g F · 113 g K

Raffiniert · Vegetarisch

➡ Zucchini, Möhren und Paprika waschen, putzen oder schälen. Dann würfeln. Frühlingszwiebeln putzen, waschen und in dünne Ringe schneiden. Mais abtropfen lassen.
➡ Zwiebel und Knoblauch schälen, fein würfeln und im heißen Öl glasig dünsten. Reis untermischen und glasig werden lassen.
➡ Nach und nach die heiße Brühe zum Reis gießen und unter gelegentlichem Rühren 15 Min. bei mittlerer Hitze offen garen.
➡ Das vorbereitete Gemüse und den Mais mit der übrigen Brühe untermischen, alles noch 10 Min. garen.
➡ Sonnenblumenkerne und Sahne zum Schluß dazugeben. Risotto salzen und pfeffern. Mit Parmesan bestreut servieren.

Reisburger mit scharfem Gemüse

Zutaten für 2 Personen:
1 kleine Zwiebel · 1 EL Butter
150 g Risotto- oder Milchreis
3/8 l Gemüsebrühe
2 rote Paprikaschoten
1 rote Chilischote
3 Tomaten
3 EL frisch geriebener Gouda (mindestens 45 % Fett)
2 EL frisch gehackte Kräuter (z. B. Petersilie, Dill)
2 Eigelbe
Salz · weißer Pfeffer
5 EL Öl
1/2–1 TL Honig

Zubereitungszeit: 1 Std.
Pro Portion: 3665 kJ/875 kcal
23 g E · 41 g F · 104 g K

Vegetarisch · Gut vorzubereiten

➡ Zwiebel schälen, sehr fein hacken und in der Butter glasig dünsten. Reis hinzufügen und kurz mitdünsten. Nach und nach die Brühe dazugießen, den Reis bei mittlerer Hitze 15 Min. bißfest garen, dabei ab und zu umrühren. Auf der ausgeschalteten Herdplatte ziehen lassen.

➡ Inzwischen Paprikaschoten und Chili waschen, halbieren und putzen. Dann in kurze und dünne Streifen schneiden. Die Stielansätze der Tomaten entfernen. Die Tomaten kurz überbrühen, häuten, entkernen und würfeln.

➡ Käse und Kräuter unter den Reis mischen, etwas abkühlen lassen. Dann die Eigelbe unterrühren, alles mit Salz und Pfeffer abschmecken.

➡ Aus der Reismasse 4–6 Kugeln formen und etwas flachdrücken. 3 EL Öl in einer Pfanne erhitzen. Reisburger darin bei schwächster Hitze auf jeder Seite 7 Min. braten, bis sie goldbraun sind.

➡ Währenddessen Paprikaschoten, Chillie und Tomaten im übrigen Öl kurz andünsten und zugedeckt bei mittlerer Hitze 5 Min. schmoren lassen. Mit Honig, Salz und Pfeffer scharf-süß abschmecken.

Tip!
Für dieses Rezept brauchen Sie unbedingt Risotto- oder Milchreis, der nach dem Garen klebt und sich daher besonders gut für Klöße und Burger eignet. Langkornreis dagegen wird locker, körnig und klebt nicht.

Variante: Reispfannkuchen
Statt Reisburger können Sie auch Reispfannkuchen zubereiten: 2 Eigelbe, 75 g Mehl, 80 ml Milch und etwas Salz glattrühren. 50 g gegarten Reis (Rund- oder Langkornreis) hinzufügen. Dann so viel Mineralwasser unterrühren, daß ein glatter und dünner Teig entsteht. Diesen 20–30 Min. zugedeckt quellen lassen. Anschließend daraus in heißem Öl oder Butterschmalz 4 goldgelbe Pfannkuchen backen und sofort mit dem scharf-süßen Gemüse servieren.

Bananen-Curryreis mit Zucchini

Zutaten für 2 Personen:
1 Zwiebel
2 EL Sonnenblumenöl
125 g Natur-Langkornreis
300 ml Gemüsebrühe
1 TL Curry
Salz · weißer Pfeffer
500 g kleine Zucchini
200 g Sahne
1/2 TL getrocknete Kräuter der Provence
20 g Mandelblättchen
1 große feste Banane
1 EL Butter
Basilikum oder Majoran zum Garnieren

Zubereitungszeit: 40 Min.
Pro Portion: 3850 kJ/920 kcal
18 g E · 55 g F · 89 g K

Vegetarisch

➡ Zwiebel schälen und klein würfeln. 1 EL Öl in einem Topf erhitzen, die Zwiebelwürfel darin glasig dünsten. Den Reis dazugeben und unter Rühren anbraten, mit der Gemüsebrühe aufgießen. Den Curry und je 1 Prise Salz und Pfeffer hinzufügen. Den Reis bei schwacher Hitze in 30 Min. ausquellen lassen.
➡ Inzwischen die Zucchini waschen, putzen, in 1/2 cm dicke Scheiben schneiden, im übrigen Öl von beiden Seiten anbraten. Dann mit der Sahne aufgießen, salzen, pfeffern und die getrockneten Kräuter dazugeben. Bei schwacher Hitze 10 Min. zugedeckt köcheln lassen.
➡ Inzwischen die Mandelblättchen in einer trockenen Pfanne unter Wenden bei mittlerer Hitze goldbraun rösten, dann herausnehmen. Die Banane schälen, in Scheiben schneiden und in der heißen Butter kurz braten.
➡ Mandelblättchen und Bananenscheiben locker unter den Reis heben. Zucchinigemüse dazu servieren. Mit Kräutern garnieren.

Kartoffelgnocchi mit Käsesauce

Zutaten für 2 Personen:
Für die Gnocchi:
500 g mehligkochende Kartoffeln
Salz
1 Eigelb
weißer Pfeffer
100–125 g Mehl
Für die Sauce:
100 g würziger Bergkäse (mindestens 45 % Fett)
50 ml Milch
50 g Sahne
½ Möhre (etwa 50 g)
1 EL frisch gehackte Petersilie
weißer Pfeffer
eventuell Salz

Zubereitungszeit: 1 Std.
Pro Portion: 2605 kJ/625 kcal
27 g E · 28 g F · 61 g K

Vegetarisch

➡ Die Kartoffeln waschen und in der Schale in wenig Salzwasser in 20–30 Min. zugedeckt weich kochen. Die Kartoffeln abgießen, etwas ausdämpfen lassen, schälen, noch heiß durch die Kartoffelpresse drücken und etwas abkühlen lassen.

➡ Dann das Eigelb mit etwas Salz und Pfeffer verrühren, zur Kartoffelmasse geben. Nach und nach so viel Mehl unterkneten, bis der Kartoffelteig glatt ist und nicht mehr an den Fingern klebt.

➡ Teig zu fingerdicken Rollen formen, in 2–3 cm lange Stücke schneiden, mit dem Gabelrücken behutsam etwas flachdrücken, so daß sie gerillt sind. Gnocchi nebeneinander auf ein Küchentuch legen und 15 Min. ruhen lassen.

➡ Inzwischen für die Sauce den Käse entrinden und grob reiben. Mit der Milch und der Sahne in einen Topf geben und bei schwacher Hitze unter Rühren zuerst schmelzen, dann sämig einköcheln lassen. Die Möhre schälen, putzen, fein raspeln und mit der Petersilie unter die Sauce mischen.

➡ Sauce mit Pfeffer und eventuell etwas Salz (Vorsicht, der Käse ist salzig!) abschmecken. Zugedeckt warm halten.

➡ Gnocchi portionsweise in reichlich kochendes Salzwasser geben und in 4 Min. gar ziehen lassen. Mit einem Schaumlöffel herausheben, abtropfen lassen und mit der Sauce anrichten.

Tip!
Damit die Gnocchi beim Garen nicht zerfallen, ist es besonders wichtig, daß die Kartoffeln mehligkochend sind. In der Regel kommen diese Sorten erst im Spätsommer und Herbst in den Handel, Frühkartoffeln enthalten noch zu wenig Stärke, um die Masse zu binden. Gut ist es immer, 1 Probeklößchen zu garen. Falls es abkocht, muß noch mehr Mehl oder auch Kartoffelstärke an den Teig.

Blitztip!
Für besonders schnelle Gnocchi Kartoffelknödelteig aus der Kühltheke mit etwa 20 % Mehl vermischen und die Gnocchi daraus formen.

Karamelkartöffelchen mit Gemüse

Zutaten für 2 Personen:
400 g möglichst kleine, festkochende Kartoffeln
2 kleine Möhren
1–2 Stangen Staudensellerie
1 ½ EL Butter
Zitronenpfeffer
½ TL getrockneter Thymian
75 ml Gemüsebrühe
Salz · 2 gestr. EL Zucker
2 EL grobgehackte Sonnenblumenkerne

Zubereitungszeit: 35 Min.
Pro Portion: 1215 kJ/290 kcal
7 g E · 14 g F · 34 g K

Vegetarisch

➡ Kartoffeln gründlich waschen und in der Schale zugedeckt in Salzwasser in 20 Min. garen.

➡ Inzwischen Möhren und Sellerie waschen, putzen oder schälen und in bleistiftdicke, etwa 4 cm lange Stücke schneiden.

➡ In einem Topf 1 EL Butter erhitzen, das Gemüse darin kurz andünsten, mit Zitronenpfeffer und Thymian würzen und mit Brühe aufgießen. Zugedeckt bei mittlerer Hitze in 7 Min. bißfest garen. Salzen, herausnehmen und warm stellen.

➡ Kartoffeln abgießen und schälen. Zucker unter Rühren in einem Topf bei mittlerer Hitze schmelzen lassen, bis er goldgelb ist. Übrige Butter hinzufügen und mit 1 Schuß Wasser ablöschen. Kartoffeln in den Karamel geben und zugedeckt 5 Min. schmoren, bis sie schön gebräunt sind. Ab und zu umrühren.

➡ Möhren und Sellerie zu den Kartoffeln geben und unter Rühren noch einmal kurz erhitzen. Alles leicht pfeffern und mit den Sonnenblumenkernen bestreut servieren.

Variante: Kartöffelchen mit Kohlrabi
Anstelle von Staudensellerie schmeckt Kohlrabi gut in der Kombination zu den Möhren und Kartöffelchen. Dann den getrockneten Thymian durch frische Kräuter wie eine Handvoll Kerbelblättchen oder etwas grobgehackte Petersilie austauschen. Die Sonnenblumenkerne lassen sich zur Abwechslung entweder durch Mandelblättchen oder Pinienkerne ersetzen.

Tip!
Karamel bildet sich beim Kochen von Zucker, wenn die Flüssigkeit verdampft und der Zucker bräunlich wird. Je dunkler Sie den Zucker werden lassen, desto intensiver wird er, er kann dann aber auch bitter werden oder gar verbrennen. Aus diesem Grund – um das Verbrennen zu verhindern – gibt man 1 Schuß Wasser zum geschmolzenen Zucker. Und: die Hitze darf nicht zu hoch sein, sonst kann er leicht zu dunkel werden.

Kartoffelauflauf mit Mangold

Zutaten für 2 Personen:
400 g festkochende Kartoffeln
Salz · 400 g Mangold
1 Stange Lauch · 250 g Möhren
1/4 l Gemüsebrühe
50 g Gouda (mindestens 45 % Fett) · 3 EL Butter
1 EL Weizenvollkornmehl
1/8 l Vollmilch
weißer Pfeffer · 1 TL Curry
1 EL Vollkornbrösel
40 g frisch geriebener Parmesan
2 EL frisch gehackte Petersilie

Zubereitungszeit: 40 Min. (+ 15 Min. Backen)
Pro Portion: 2705 kJ/645 kcal
29 g E · 34 g F · 43 g K

Gelingt leicht

➡ Kartoffeln von Wasser bedeckt in 20–30 Min. garen. Schälen und in Scheiben schneiden.
➡ Mangold waschen. Blätter und Rippen gesondert in breite Streifen schneiden. Rippen in Salzwasser 3 Min. blanchieren, die Blätter hinzufügen und weitere 2 Min. blanchieren. Abgießen.
➡ Lauch putzen, waschen, in Ringe schneiden. Möhren schälen und in Scheibchen schneiden. Die Möhren 2 Min. in der Gemüsebrühe garen, Lauch 3 Min. garen. Brühe auffangen.
➡ Gouda raspeln. 1 EL Butter zerlassen, Mehl hellgelb braten, nach und nach mit der Brühe und der Milch aufgießen und 2 Min. köcheln lassen. Gouda untermischen. Mit Salz, Pfeffer und Curry abschmecken.
➡ Den Backofen auf 200° (Umluft 180°) vorheizen. Das Gemüse streifenweise in eine Auflaufform schichten, salzen, pfeffern und die Sauce darüber gießen. Brösel mit Parmesan darüber streuen. Butterflöckchen darauf verteilen. Im heißen Ofen (Mitte) 15 Min. überbacken. Mit Petersilie bestreuen.

Kartoffel-Curry mit Salat

Zutaten für 2 Personen:
500 g vorwiegend festkochende Kartoffeln
1 rote Paprikaschote
2 kleine Zwiebeln
1 Knoblauchzehe · 4 EL Öl
2 TL scharfer Curry
Salz · schwarzer Pfeffer
1/4 l Gemüsebrühe
150 g Kopfsalat · 100 g Joghurt
1 TL gemahlener Koriander
2 EL Schnittlauchröllchen

Zubereitungszeit: 35 Min.
Pro Portion: 1195 kJ/285 kcal
13 g E · 4 g F · 52 g K

Spezialität aus Indien

➡ Kartoffeln waschen, schälen und würfeln. Paprika waschen und in feine Streifen schneiden. Zwiebeln schälen, in Ringe schneiden. Knoblauch schälen.
➡ In einem Topf 2 EL Öl erhitzen. Kartoffeln darin bei mittlerer Hitze unter Wenden 5 Min. braten. Zwiebeln und zerdrückten Knoblauch mit 1 weiteren EL Öl dazugeben und glasig werden lassen. Curry darüber stäuben und 1–2 Min. anschwitzen, die Kartoffeln salzen und pfeffern. Die Brühe angießen, aufkochen lassen und zugedeckt bei schwacher Hitze 10 Min. köcheln lassen.
➡ Salat waschen, putzen und zerzupfen. Joghurt, Koriander, Salz, Pfeffer und übriges Öl verrühren. Salat darin wenden.
➡ Paprika untermischen und alles weitere 5 Min. garen. Schnittlauch darüber streuen. Salat dazu servieren.

Kartoffel-Gratin mit Käse-Nuß-Kruste

Zutaten für 2 Personen:
300 g vorwiegend festkochende Kartoffeln
1 Möhre (etwa 100 g) · Salz
1/2 Knoblauchzehe
schwarzer Pfeffer
frisch geriebene Muskatnuß
200 g Sahne
125 g frisch geriebener Emmentaler (mindestens 45 % Fett)
2 EL gehackte Haselnüsse
1/2 Bund Petersilie
Butter für die Form

Zubereitungszeit: 50 Min.
Pro Portion: 2930 kJ/700 kcal
24 g E · 60 g F · 16 g K

Gut vorzubereiten

➡ Kartoffeln und Möhre waschen, schälen und in 1/2 cm dicke Scheiben schneiden. In kochendem Salzwasser 4 Min. kochen, dann abtropfen lassen.
➡ Den Backofen auf 200° (Umluft 180°) vorheizen. Eine kleine, feuerfeste Form einfetten und mit der Knoblauchhälfte ausstreichen.
➡ Kartoffeln- und Möhrenscheiben überlappend in die Form schichten, mit Salz, Pfeffer und Muskat würzen. Jede Lage mit etwas Sahne begießen und mit geriebenem Käse bestreuen.
➡ Übrigen Käse und Nüsse vermischen. Petersilie waschen, Blätter hacken. 1 EL zum Garnieren abnehmen, Rest unter die Käsemischung mengen, über die Kartoffeln verteilen.
➡ Gratin im heißen Ofen (Mitte) in 20 Min. goldbraun überbacken, mit Petersilie bestreuen.

Paprika-Sauerkraut-Gulasch

Zutaten für 2 Personen:
je 1 rote und grüne Paprikaschote
1 große Kartoffel
1 große Zwiebel
1 EL Öl · 400 ml Gemüsebrühe
1 mittelgroße Dose Sauerkraut (580 g Inhalt)
1–2 EL Paprika, edelsüß
Knoblauchsalz · Pfeffer
100 g saure Sahne
2 EL Schnittlauchröllchen

Zubereitungszeit: 25 Min.
Pro Portion: 1525 kJ/365 kcal
15 g E · 15 g F · 43 g K

Schnell · Gelingt leicht

➠ Die Paprikaschoten waschen, halbieren, putzen und in Streifen schneiden. Die Kartoffel schälen und würfeln. Die Zwiebel schälen und klein würfeln.
➠ Das Öl in einem Topf erhitzen, die Zwiebelwürfel darin glasig werden lassen. Die Paprikastreifen und die Kartoffelwürfel kurz mitdünsten, mit der Brühe ablöschen. Das Sauerkraut untermischen und alles bei mittlerer Hitze fest zugedeckt 15 Min. garen.
➠ Das Gulasch mit Paprikapulver, Knoblauchsalz und Pfeffer würzen und abschmecken. Saure Sahne daraufgeben, mit Schnittlauchröllchen bestreut servieren.

Kartoffeln mit Mais-Avocado-Füllung

Zutaten für 2 Personen:
2 sehr große, vorwiegend festkochende Kartoffeln
Salz
1 Zwiebel · 1 EL Öl
1 Dose Maiskörner (400 g Inhalt)
1 reife Avocado
Salz · schwarzer Pfeffer
1 Prise gemahlener Koriander
2 EL Crème fraîche

Zubereitungszeit: 40 Min.
Pro Portion: 1525 kJ/365 kcal
8 g E · 19 g F · 48 g K

Gelingt leicht · Vegetarisch

➠ Die Kartoffeln waschen und ungeschält in wenig Salzwasser in gut 40 Min. weich garen.
➠ Inzwischen die Zwiebel schälen und klein würfeln. Das Öl in einem kleinen Topf erhitzen, die Zwiebel darin glasig werden lassen. Den Mais abgetropft dazugeben und erhitzen.
➠ Die Avocado halbieren, vom Kern befreien, schälen und klein würfeln, sofort mit dem Mais mischen, nicht mehr kochen lassen. Mit Salz, Pfeffer und Koriander abschmecken.
➠ Die Kartoffeln abgießen und etwas abkühlen lassen, über Kreuz einschneiden und mit der Crème fraîche füllen. Das Mais-Avocado-Gemüse auf Teller geben, die gefüllten Kartoffeln darauf anrichten. Etwas Pfeffer darüber mahlen.

Kartoffel-Auberginen-Pfanne

Zutaten für 2 Personen:
300 g vorwiegend festkochende Kartoffeln
3 EL Olivenöl
Salz · schwarzer Pfeffer
1 kleine Aubergine
2 große grüne Chilischoten
1/2 TL Paprika, edelsüß
1/2 Bund Petersilie
1 Zweig Minze
150 g türkischer Joghurt (3,5 % Fett)

Zubereitungszeit: 40 Min.
Pro Portion: 1020 kJ/245 kcal
6 g E · 15 g F · 22 g K

Gelingt leicht · Spezialität aus der Türkei

➨ Die Kartoffeln waschen, schälen und in 2–3 cm große Würfel schneiden. Das Olivenöl in einer Pfanne nicht zu stark erhitzen, die Kartoffeln hineingeben und offen bei mittlerer Hitze unter häufigem Wenden 15 Min. braten, bis sie rundherum schön gebräunt sind. Salzen und pfeffern.

➨ Inzwischen die Aubergine waschen, putzen und ebenfalls würfeln. Die Chillies waschen, vom Stielansatz und eventuell den Kernen befreien und in breite Ringe schneiden.

➨ Die Auberginenwürfel und die Chiliringe zu den Kartoffeln geben. Alles mit Paprika würzen und weitere 15 Min. unter häufigem Wenden braten.

➨ Die Petersilie und die Minze waschen und abtrocknen. Einige Blättchen zum Garnieren beiseite legen, die restlichen fein hacken und mit dem Joghurt glattrühren. Mit Salz und Pfeffer abschmecken.

➨ Das Kartoffel-Auberginen-Gemüse herzhaft abschmecken. Auf Tellern anrichten, mit Kräuterblättchen bestreuen. Den Joghurt darübergeben oder getrennt dazu reichen.

Tips!

Der cremige türkische Joghurt eignet sich für dieses würzige Gemüsegericht am besten. Sie können aber auch einen anderen Vollmilch-Joghurt verwenden oder Vollmilch-Joghurt mit etwas Crème fraîche glattrühren. Übrigens sollte die Joghurtsauce gut gekühlt serviert werden, dann schmeckt sie zu den heißen, leicht scharfen Kartoffeln am besten.

Solch eine würzig-scharfe Kartoffelpfanne schmeckt ebensogut, wenn Sie die Aubergine durch Paprika- oder Zucchiniwürfel ersetzen. Sie können aber auch einmal eine Mischung aus diesen drei Gemüsesorten verwenden und so für farbliche und geschmackliche Abwechslung sorgen. Zum Schärfen eignet sich statt Chillies auch Sambal oelek oder Harissa.

Kohlrouladen mit Käse-Nuß-Füllung

Zutaten für 2 Personen:
500 g Weißkohl · 1 kleine Zwiebel
50 g Butter · 50 g Pecorino
2 EL Walnußkerne
1 kleines Bund Petersilie
½ Döschen gemahlener Safran
Salz · Pfeffer
½ TL gekörnte Gemüsebrühe
2 Eigelbe · 50 g Mehl
20 g Butterschmalz · 2 EL Sahne

Zubereitungszeit: 30 Min.
(+ 20 Min. Schmoren)
Pro Portion: 3030 kJ/725 kcal
22 g E · 56 g F · 34 g K

Vegetarisch

➡ Den Weißkohl putzen, 4 große Blätter vorsichtig ablösen. Restlichen Weißkohl halbieren, vom Strunk befreien und in ½ cm breite Streifen schneiden. Zwiebel schälen und fein würfeln.
➡ 1 l Salzwasser zum Kochen bringen. Die ganzen Kohlblätter darin 2–3 Min. blanchieren, bis sie geschmeidig sind. Abtropfen lassen. Kochwasser beiseite stellen.
➡ Butter erhitzen. Zwiebel darin glasig dünsten. Kohlstreifen kurz dünsten. Mit 50–75 ml Garflüssigkeit aufgießen, bei mittlerer Hitze zugedeckt 5 Min. dünsten.
➡ Käse fein reiben. Walnußkerne grob hacken. Petersilie waschen, fein hacken.
➡ Kohl mit Safran, Salz, Pfeffer und gekörnter Brühe würzen. Mit Walnüssen, Petersilie, Käse, Eigelben und Mehl mischen.
➡ Die Füllung auf den Kohlblättern verteilen, die Blätter aufrollen und mit Küchengarn verschließen.
➡ In einem Schmortopf Butterschmalz oder Öl erhitzen. Die Rouladen darin andünsten. Mit ½ l Gemüsekochwasser aufgießen und zugedeckt bei mittlerer Hitze 20 Min. garen. Sahne untermischen, Sauce salzen und pfeffern und mit den Rouladen servieren.

Zwiebelbaguette mit Olivencreme

Zutaten für 2 Personen:
2 Baguette-Brötchen
2 Zwiebeln
1 Tomate
2 EL Olivenpaste (aus dem Glas)
2 große Scheiben Emmentaler oder Toggenburger (mindestens 45 % Fett, etwa 80 g)
5 Zweige Petersilie

Zubereitungszeit: 20 Min.
Pro Portion: 2330 kJ/555 kcal
22 g E · 21 g F · 14 g K

Schnell · Vegetarisch

➡ Den Elektrogrill oder den Backofen auf 220° (Umluft 200°) vorheizen.
➡ Die Baguette-Brötchen der Länge nach aufschneiden und unter dem Grill 1–2 Min. rösten.
➡ Die Zwiebeln schälen und in sehr feine Ringe schneiden. Die Tomate waschen und in dünne Scheiben schneiden, dabei vom Stielansatz befreien.
➡ Die Brötchenhälften mit der Olivencreme bestreichen, mit den Zwiebelringen und den Tomatenscheiben leicht überlappend belegen. Die Käsescheiben halbieren und jede Brötchenhälfte mit 1 Scheibe bedecken.
➡ Die Brötchen unter dem Grill oder im heißen Ofen (Mitte) 5–7 Min. backen, bis der Käse geschmolzen und gebräunt ist.
➡ Inzwischen Petersilie waschen, die Blättchen abzupfen. Die Baguettes damit garniert servieren.

Zwiebelkuchen mit Schinken

Zutaten für 2 Personen:
150 g tiefgekühlter Hefeteig
2 EL Öl
500 g Zwiebeln
Salz · schwarzer Pfeffer
Paprika, rosenscharf
50 g roher geräucherter Schinken
75 g frisch geriebener Emmentaler (mindestens 45 % Fett)
Mehl zum Ausrollen

Zubereitungszeit: 15 Min.
Pro Portion: 2550 kJ/610 kcal
23 g E · 33 g F · 57 g K

Für Gäste · Gelingt leicht

➡ Die Hefeteigplatten nebeneinander auf ein Brett oder die Arbeitsfläche legen und unter einem Tuch in 20–30 Min. auftauen lassen.
➡ Den Hefeteig auf leicht bemehlter Fläche rund ausrollen, eine Quicheform von 24 cm Ø mit 1 EL Öl ausstreichen, die Form mit dem Teig auskleiden.
➡ Den Backofen auf 200° (Umluft 180°) vorheizen.
➡ Die Zwiebeln schälen und klein würfeln. Das restliche Öl in einer Pfanne erhitzen, die Zwiebeln darin glasig werden lassen. Mit Salz, Pfeffer und Paprikapulver würzen. Den Schinken klein würfeln und dazugeben, alles auf dem Hefeteig verteilen.
➡ Den Käse aufstreuen, den Zwiebelkuchen im Ofen (Mitte) 20 Min. backen, bis er schön gebräunt ist.

Gemüseterrine mit Couscous

Zutaten für 4 Personen:
200 g Möhren
2 Schalotten
40 g Butter
4 TL gekörnte Gemüsebrühe
1 TL Agar-Agar (Naturkostladen oder Reformhaus)
40 g Couscous
200 g tiefgekühlte Erbsen
Salz
frisch geriebene Muskatnuß
1 Bund Schnittlauch oder Petersilie
2 hartgekochte Eier
Petersilienblättchen zum Garnieren

Zubereitungszeit: 30 Min.
(+ 2 Std. Ruhen)
Pro Portion: 925 kJ/220 kcal
9 g E · 12 g F · 20 g K

Gelingt leicht · Preiswert

➡ Möhren waschen, schälen oder abschaben und in sehr kleine Würfel schneiden. Schalotten schälen und sehr fein hacken.
➡ Butter erhitzen, Schalotten und Möhren darin 2–3 Min. dünsten. $^1/_2$ l Wasser angießen, gekörnte Gemüsebrühe einstreuen und das Gemüse 8–10 Min. bei schwacher Hitze zugedeckt köcheln lassen.
➡ Agar-Agar mit 2–3 EL Wasser anrühren und in die Brühe rühren. Couscous und Erbsen dazugeben und alles zugedeckt bei schwacher Hitze noch 5–7 Min. garen. Das Gemüse soll gerade noch mit Brühe bedeckt sein, eventuell noch etwas Wasser nachgießen.
➡ Das Gemüse mit Salz und Muskat würzen. Schnittlauch oder Petersilie waschen, fein schneiden und unterrühren.
➡ Die gekochten Eier schälen und quer halbieren. Die Eihälften mit der Schnittfläche nach unten in kleine Schälchen (etwa 150 ml Inhalt) legen, die Gemüsemasse darauf verteilen, mit einem Löffel feststreichen und im Kühlschrank 2 Std. kalt und fest werden lassen.
➡ Die Förmchen kurz in heißes Wasser tauchen, die Terrine mit einem Messer vom Rand der Förmchen lösen und auf Teller stürzen. Mit Petersilienblättchen garniert servieren.

Tip!
Couscous ist feiner Weizengrieß, den Sie im türkischen Lebensmittelgeschäft bekommen. Inzwischen gibt es ihn auch vorgekocht, er ist dann sehr schnell fertig. Für diese Terrine sollten Sie vorgekochten nehmen.
Die Terrine können Sie sehr gut schon am Vorabend zubereiten.

Variante:
Statt Möhren und Erbsen schmecken auch Kürbis – geschält, geputzt und in kleine Würfel geschnitten – und grüne Paprikawürfel sehr gut in dieser Terrine.

Blätterteig-Gemüsequiche

Zutaten für eine kleine Springform von 28 cm Ø:
4 Platten tiefgekühlter Blätterteig
1 große Zwiebel · 2 EL Öl
300 g tiefgekühltes Gemüse (z. B. Broccoli, Rosenkohl oder Mischgemüse)
1/4 l Milch
4 EL frisch gehackte Petersilie
2 Eigelbe · Salz
frisch geriebene Muskatnuß
100 g frisch geriebener Emmentaler (mindestens 45 % Fett)

Zubereitungszeit: 20 Min. (+ 20 Min. Backen)
Pro Portion: 2965 kJ/710 kcal
18 g E · 44 g F · 46 g K

Schmeckt auch kalt

➡ Die Teigplatten auftauen lassen.
➡ Die Zwiebel schälen und fein würfeln, dann in dem Öl andünsten. Das Gemüse dazugeben, mit der Milch aufgießen und zugedeckt bei mittlerer Hitze 5–7 Min. dünsten. Falls noch Flüssigkeit vorhanden ist, diese einkochen lassen.
➡ Den Backofen auf 200° (Umluft 180°) vorheizen. Die Teigplatten aufeinanderlegen und zu einem Kreis von etwa 22 cm Ø auswellen. Teig in die Form legen, dabei einen Rand formen und leicht andrücken.
➡ Petersilie, Eigelbe, Salz, Muskat und Käse mit dem Gemüse verrühren und auf dem Teig verteilen.
➡ Die Quiche im Ofen (Mitte) 20 Min. backen, bis die Teigränder hellbraun sind. Etwas ruhen lassen, dann servieren.

Safran-Reis-Pfanne mit Gemüse

Zutaten für 4 Personen:
2 EL Pinienkerne · 6 Schalotten
2 zarte Kohlrabi (je etwa 200 g)
400 g zarte Zucchini
400 g junge Möhren
200 g Frühlingszwiebeln
2 EL Öl · 1 EL Butter
Salz · schwarzer Pfeffer
3/4 l Gemüsefond (aus dem Glas)
250 g Schnellkochreis (8-Min.-Reis)
1 Döschen gemahlener Safran
300 g tiefgekühlte Erbsen

Zubereitungszeit: 30 Min.
Pro Portion: 2500 kJ/600 kcal
20 g E · 16 g F · 96 g K

Raffiniert · Vegetarisch

➡ Pinienkerne bei mittlerer Hitze goldbraun rösten.
➡ Schalotten schälen und würfeln. Kohlrabi, Zucchini und Möhren waschen und putzen oder schälen und in kleine Würfel schneiden. Frühlingszwiebeln waschen und putzen, weiße und hellgrüne Teile getrennt in dünne Ringe schneiden.
➡ Öl und Butter in einer Pfanne erhitzen, Schalotten, Kohlrabi, Zucchini, Möhren und das Weiße der Frühlingszwiebeln hinzufügen, unter Rühren 3 Min. andünsten. Salzen und pfeffern. Mit dem Gemüsefond bis auf 3 EL ablöschen, Reis mit Safran und Erbsen dazugeben. Reis in der offenen Pfanne bei mittlerer Hitze 8–10 Min. quellen lassen.
➡ Frühlingszwiebeln untermischen, Reispfanne mit Salz und Pfeffer abschmekken. Pinienkerne aufstreuen.

Steinpilz-Risotto mit Rucola

Zutaten für 4 Personen:
40 g getrocknete Steinpilze
1 Zwiebel
8 EL Pinienkerne
2 EL Butter · 2 EL Olivenöl
250 g Risotto-Reis
350 ml Gemüsebrühe
2 Bund Rucola
Salz · schwarzer Pfeffer
60 g frisch geriebener Parmesan

Zubereitungszeit: 30 Min.
Pro Portion: 2415 kJ/575 kcal
17 g E · 22 g F · 77 g K

Gelingt leicht

➡ Die Steinpilze in eine hohe Tasse geben und mit 1/2 l heißem Wasser übergießen, einige Minuten quellen lassen.
➡ Die Zwiebel schälen und in kleine Würfel schneiden.
➡ In einer trockenen Pfanne die Pinienkerne bei mittlerer Hitze goldgelb rösten, wieder herausnehmen.
➡ Die Butter und das Olivenöl in die Pfanne geben und leicht erhitzen, die Zwiebelwürfel darin glasig werden lassen. Den Reis hineinstreuen und mit der Zwiebelmischung verrühren, bis die Körnchen glasig aussehen.
➡ Die Brühe angießen und aufkochen lassen. Die Hitze reduzieren, die Brühe vom Reis aufnehmen lassen.
➡ Die Steinpilze (große Pilze vorher zerkleinern) mit ihrem Einweichsud zum Reis geben und diesen bei schwacher Hitze 18–20 Min. garen, bis er die Feuchtigkeit nahezu aufgenommen hat. Dabei gelegentlich durchrühren, damit der Risotto schön sämig wird.
➡ Inzwischen den Rucola waschen und putzen. Einige Blätter zum Garnieren beiseite legen, den Rest grob hacken. Unter den Reis mischen und alles noch einige Minuten garen. Dabei eventuell noch etwas Wasser angießen. Der Reis sollte dann cremig sein, aber noch leichten Biß haben.
➡ Risotto mit Salz und Pfeffer abschmecken, mit Pinienkernen und Parmesan bestreut und mit Rucolablättern garniert servieren.

Tips!
Wenn Sie keinen Rucola bekommen, rühren Sie etwa 100 g gewaschenen und grob zerhackten Blattspinat unter den Reis. Sie können aber auch auf andere Gemüsesorten ausweichen, etwa auf Zucchini oder rote Paprika. Diese Gemüsesorten sollten Sie allerdings vorgaren, damit sie im Risotto nicht zu knackig bleiben. Das Gemüse waschen, putzen und klein würfeln, in einem kleinen Topf in wenig Olivenöl bißfest dünsten.

Wildreispuffer mit Avocadosalat

Zutaten für 4 Personen:
600 ml Gemüsebrühe
300 g Reis-Wildreis-Mischung
200 g frisch geriebener Emmentaler (mindestens 45 % Fett)
3 EL Mehl · 4 feste Tomaten
2 reife Avocados
Salz · schwarzer Pfeffer
4 EL frisch gehackte Petersilie
4 EL Walnußöl
4 EL neutrales Öl
Petersilie zum Garnieren

Zubereitungszeit: 45 Min.
Pro Portion: 3570 kJ/855 kcal
27 g E · 47 g F · 84 g K

Raffiniert · Gut vorzubereiten

➡ Die Brühe in einem kleinen Topf zum Kochen bringen. Den Reis hineingeben und fest zugedeckt bei schwacher Hitze in 20 Min. garen. Den Käse und das Mehl unterrühren und den Reis abkühlen lassen.
➡ Die Tomaten waschen und in Spalten schneiden. Die Avocados halbieren, entkernen und schälen, quer in Spalten schneiden. Avocados und Tomaten auf Tellern anrichten, mit Salz, Pfeffer und der Petersilie bestreuen und mit Walnußöl beträufeln.
➡ Das neutrale Öl in einer oder zwei beschichteten Pfannen erhitzen. Aus der Reismischung 12 dicke Puffer in die Pfanne setzen und bei mittlerer Hitze pro Seite 5 Min. braten. Mit Petersilie garnieren und mit dem Salat anrichten.

Tip!
Normalerweise wird bei der Zubereitung von Puffern verquirltes Ei zum Teig gegeben, hier also zur Reismasse. Da diese Kombination nicht zur Trennkost paßt, sorgt Käse für den Zusammenhalt. Dennoch müssen Sie die Puffer sehr vorsichtig wenden, damit sie nicht auseinanderfallen.

Grünkernmedaillons mit Karamel-Möhren

Zutaten für 4 Personen:
2 Zwiebeln
5 EL Öl
250 g Grünkernschrot
1 l Gemüsebrühe
100 g frisch geriebener Emmentaler (mindestens 45 % Fett)
2 Bund junge Möhren (etwa 600 g)
2 EL Butter
2 EL flüssiger Honig
etwas frischer Kerbel

Zubereitungszeit: 40 Min.
Pro Portion: 2655 kJ/635 kcal
21 g E · 30 g F · 72 g K

Preiswert · Vegetarisch

➡ Die Zwiebeln schälen und in sehr kleine Würfel schneiden. 1 EL Öl in einem Topf erhitzen, die Zwiebelwürfel darin glasig werden lassen. Grünkernschrot dazugeben und leicht anrösten, mit der Brühe ablöschen. Zugedeckt bei ganz schwacher Hitze 10 Min. quellen lassen.
➡ Den geriebenen Käse unter den Schrot rühren und diesen abkühlen lassen.
➡ Inzwischen die Möhren waschen und putzen. Eventuell noch etwas vom Grün dranlassen.
➡ Das restliche Öl in einer großen oder in zwei beschichteten Pfannen erhitzen. Aus der Grünkernmasse 8 Portionen formen, zu dicken Medaillons formen und in die Pfannen geben. Bei mittlerer Hitze gut 5 Min. braten, zwischendurch einmal wenden.
➡ Gleichzeitig die Butter in einem breiten Topf zerlassen, die Möhren darin rundherum anschwitzen. Den Honig dazugeben, etwa 100 ml Wasser angießen und die Möhren fest zugedeckt bei schwacher Hitze 5 Min. dünsten.
➡ Die Möhren und die Grünkernmedaillons zusammen anrichten, mit Kerbel bestreuen.

Tips!
Der Käse sorgt bei der Grünkernmasse für Bindung und dafür, daß die Medaillons beim Braten nicht auseinanderfallen.
Statt mit Grünkern können Sie die feinen Medaillons auch mit anderem Getreideschrot zubereiten, etwa mit Dinkel oder Weizen. Probieren Sie auch einmal eine Getreidemischung. Im Reformhaus bekommen Sie Packungen mit sechs verschiedenen Getreidesorten. Lassen Sie sich die Körner gleich beim Einkauf grob schroten, wenn Sie selbst keine Getreidemühle haben. Bei der Gemüsebeilage zu den Medaillons sollten allein Ihr Geschmack und das saisonale Angebot entscheiden. Wenn es schnell gehen soll, verwenden Sie eine bunte Gemüsemischung aus der Tiefkühltruhe.

Sellerieschnitzel auf Maronencreme

Zutaten für 4 Personen:
2 kleine Knollensellerie (je etwa 600 g)
Salz · 4 EL Crème fraîche
4 EL Vollmilch
schwarzer Pfeffer
1 kleine Prise gemahlener Kardamom
100 g Sesamsamen · 6 EL Öl
500 g geschälte Maronen (vacuumverpackt, aus dem Supermarkt; ersatzweise aus der Dose)
$^1/_2$ l Gemüsebrühe
2 Päckchen gemischte tiefgekühlte Kräuter oder 2–3 EL frisch gehackte Kräuter
2 EL Apfeldicksaft

Zubereitungszeit: 35 Min.
Pro Portion: 2855 kJ/680 kcal
18 g E · 33 g F · 77 g K

Raffiniert

➡ Die Sellerieknollen schälen und in 1–1 $^1/_2$ cm dicke Scheiben schneiden. In einem breiten Topf reichlich Salzwasser zum Kochen bringen, den Sellerie darin 5 Min. vorgaren. Herausheben, gut abtropfen und etwas abkühlen lassen.
➡ In einem tiefen Teller die Crème fraîche mit Milch, Salz, Pfeffer und Kardamom verquirlen. Die Sesamsamen auf einen zweiten Teller geben. Die Selleriescheiben erst in der Crème fraîche, dann im Sesam wenden.
➡ Das Öl in zwei breiten beschichteten Pfannen erhitzen, die Selleriescheiben darin bei mittlerer Hitze von beiden Seiten insgesamt in knapp 10 Min. goldbraun braten. Dabei abfallende Sesamsamen wieder auf die Scheiben geben.
➡ Inzwischen die Maronen zusammen mit der Brühe in einem Topf einmal aufkochen lassen. 6 Maronen beiseite legen, die restlichen mit einem Pürierstab direkt im Topf oder im Mixer pürieren.
➡ Wieder aufkochen lassen, den größten Teil der Kräuter unterrühren. Mit Salz, Pfeffer und Apfeldicksaft abschmecken und noch einmal aufkochen lassen. Eventuell mit etwas Wasser auffüllen, es soll eine dickcremige Sauce entstehen.
➡ Die gebratenen Selleriescheiben zusammen mit der Maronencreme und den beiseite gelegten Maronen anrichten, mit den restlichen Kräutern bestreuen.

Tip!
Gewöhnlich werden Fleisch- und Gemüsescheiben erst in verquirltem Ei und dann in Semmelbröseln oder Sesamsamen gewendet. Da Eier zu den kohlenhydratreichen Speisen innerhalb der Trennkost nicht passen, werden die Selleriescheiben zuerst in einer Mischung aus Crème fraîche und Milch gewendet. Die Sesamsamen haften allerdings beim Braten nicht ganz so gut wie bei der Verwendung von Ei, geben Sie herunterfallende Samen einfach wieder auf den Sellerie.

Zweierlei Spargel mit Kräutersabayon

Zutaten für 4 Personen:
Für das Gemüse:
1 kg weißer Spargel
1 kg grüner Spargel
800 g vorwiegend festkochende Kartoffeln
Salz · 2 EL Butter · Zucker
Für das Sabayon:
1 Bund gemischte Kräuter
6 Eigelbe · 10 EL Sahne
1 TL abgeriebene unbehandelte Zitronenschale
Salz · weißer Pfeffer · Zucker

Zubereitungszeit: 45 Min.
Pro Portion: 1400 kJ/335 kcal
16 g E · 20 g F · 21 g K

Vegetarisch

➠ Spargel waschen, die Enden abschneiden. Den weißen Spargel ganz schälen, den grünen nur im unteren Drittel.
➠ Kartoffeln waschen, in wenig Salzwasser zugedeckt in etwa 30 Min. garen.
➠ Kräuter waschen, trockenschütteln und einige Blättchen beiseite legen, den Rest fein hacken. Weißen Spargel flach in einen Topf legen, mit Wasser bedecken, Butter, etwas Salz und 1 Prise Zucker hinzufügen. Aufkochen lassen und den Spargel 8 Min. kochen lassen. Grünen Spargel hinzufügen und 10 Min. mitkochen lassen. Beide Sorten sollten gerade gar sein.
➠ Währenddessen für die Sauce in einer Metallschüssel Eigelbe, Sahne, Zitronenschale und 8 EL vom Spargelkochwasser verrühren. Im heißen Wasserbad mit einem Schneebesen zu einem cremigen Schaum aufschlagen. Kräuter unterrühren, mit Salz, Pfeffer und 1 Prise Zucker abschmecken.
➠ Kartoffeln schälen, mit Spargel und Kräutersabayon anrichten, mit Kräutern garnieren.

Tagliatelle mit grünem Spargel

Zutaten für 4 Personen:
2 Bund Basilikum
60 g Pecorino
4 Knoblauchzehen
60 g Pinienkerne
2 EL frisch geriebener Parmesan
6 EL Olivenöl
Salz
800 g grüner Spargel
400 g Zuckerschoten
2 EL Butter
1/4 l Gemüsebrühe
schwarzer Pfeffer
400 g Tagliatelle (ohne Ei)
200 g Räucherlachs

Zubereitungszeit: 40 Min.
Pro Portion: 4135 kJ/1000 kcal
46 g E · 45 g F · 98 g K

Raffiniert

➡ Für den Pesto das Basilikum waschen, die Blätter abzupfen. Einige zum Garnieren beiseite legen. Den Pecorino grob zerteilen, die Knoblauchzehen schälen und grob hacken.
➡ Basilikum, Pecorino und Knoblauch mit den Pinienkernen, dem Parmesan und dem Olivenöl im Mixer oder im Mörser fein zerkleinern. Den Pesto mit Salz abschmecken.
➡ Den Spargel und die Zuckerschoten waschen, abtropfen lassen und die Enden abschneiden. Den Spargel in Stücke schneiden.
➡ Die Butter in einer Pfanne erhitzen. Das Gemüse darin unter Rühren andünsten, die Gemüsebrühe angießen und das Gemüse zugedeckt bei mittlerer Hitze in 10 Min. bißfest dünsten. Mit Salz und Pfeffer würzen.
➡ Gleichzeitig 2 l Salzwasser zum Kochen bringen. Die Nudeln darin nach Packungsaufschrift bißfest garen.
➡ Den Lachs in breite Streifen schneiden und mit den abgetropften Tagliatelle und dem Gemüse mischen. Mit Basilikumblättchen garnieren. Den Pesto dazu reichen.

Tip!
Pesto, die wunderbare Kombination aus frischem Basilikum, Pinienkernen, Knoblauch und bestem kaltgepreßtem Olivenöl, stammt aus Ligurien. Man genießt dort selbstgemachte Nudeln mit viel Pesto ohne weitere Begleitung. Unter den Pesto mischt man 3–4 Eßlöffel vom heißen Nudelwasser, ehe man ihn üppig unter die »al dente« gegarte Pasta mischt.
Damit Sie Ihre Freunde öfter mit dieser ligurischen Nudelköstlichkeit verwöhnen können oder wenn Sie die Italien-Fans unter Ihren Freunden mit einem originellen Mitbringsel erfreuen wollen, sollten Sie Pesto auf Vorrat zubereiten. Bis zu 3 Wochen kann man ihn in einem fest verschlossenen Glas im Kühlschrank aufbewahren. Gießen Sie jedoch immer etwas Olivenöl über den Pesto.
Für ein ganz besonderes Mitbringsel schenken Sie dazu noch einen speziellen Kochlöffel zum Herausnehmen der Nudeln und besonders feine Tagliatelle.

Kräutergemüse in Lasagneblättern

Zutaten für 4 Personen:
Salz · 16 Lasagne-Nudelblätter
1 Bund junge Möhren
1 Kohlrabi
1 Bund Frühlingszwiebeln
1 Zucchino
100 ml Gemüsebrühe
1 Bund Basilikum
1 Bund Schnittlauch
200 g Doppelrahm-Frischkäse
schwarzer Pfeffer
250 g Mozzarella
Basilikumblättchen zum Garnieren

Zubereitungszeit: 45 Min.
Pro Portion: 2415 kJ/575 kcal
26 g E · 26 g F · 58 g K

Raffiniert · Preiswert

➡ Den Backofen auf 225° vorheizen. In einem breiten Topf 1–2 l Salzwasser zum Kochen bringen. Die Nudelblätter hineingeben und knapp 10 Min. kochen lassen, in ein Sieb abgießen und gut abtropfen lassen.

➡ Gleichzeitig das Gemüse waschen und putzen, klein würfeln. Das Gemüse zusammen mit der Brühe in einen Topf geben und zugedeckt bei mittlerer Hitze in 10 Min. bißfest dünsten.

➡ Die Kräuter waschen, die Blättchen abzupfen und fein hacken.

➡ Den Frischkäse und die Kräuter zum Gemüse geben, das Gemüse mit Salz und Pfeffer abschmecken.

➡ Vier feuerfeste, eckige Portionsformen mit jeweils 2 Nudelblättern auslegen. Das Gemüse daraufgeben, mit jeweils 2 Nudelblättern abdecken.

➡ Den Mozzarella in dünne Scheiben schneiden und auf die Nudeln legen, alles im Ofen in knapp 10 Min. bräunen. Mit Basilikumblättchen garniert servieren.

Tip!
Dazu italienisches Weißbrot und einen Tomatensalat servieren.

Info!
Fast alle Lasagne-Nudelblätter, die es heute abgepackt zu kaufen gibt, müssen beim Einschichten einer richtigen Lasagne nicht mehr vorgekocht werden. Ein Hinweis auf der Packung, etwa »ohne Kochen«, kennzeichnet dies. Für das hier beschriebene Rezept müssen jedoch auch diese Nudelplatten vorgegart werden, lassen Sie sich nicht von dem Aufdruck auf der Packung irreleiten. Beim Einschichten einer Lasagne kommt stets reichlich Sauce zwischen die Teigplatten und damit ausreichend Feuchtigkeit. Hier kommen die Nudelplatten allerdings mit nur wenig Sauce dazwischen und auch nur für kurze Zeit in den Ofen. Ohne das Vorkochen würden sie nicht weich und auch zu trocken werden.

Möhren und Morcheln mit Kartoffeln

Zutaten für 4 Personen:
15 g getrocknete Spitzmorcheln
800 g festkochende Kartoffeln
Salz · 500 g Möhren
250 g Champignons
2 Schalotten · 40 g Butter
6 EL Gemüsefond (aus dem Glas)
250 g Sahne · 2 EL Öl
schwarzer Pfeffer
1 TL frische Thymianblättchen
2 TL Speisestärke
½ Bund Petersilie

Zubereitungszeit: 45 Min.
Pro Portion: 2235 kJ/535 kcal
9 g E · 33 g F · 49 g K

Raffiniert

➡ Die Morcheln unter fließendem Wasser abbrausen, in 200 ml heißem Wasser 20–30 Min. einweichen.

➡ Inzwischen die Kartoffeln schälen, in ½ cm dicke Scheiben schneiden und in kochendem Salzwasser bei mittlerer Hitze 5 Min. garen. Abgießen und gut abtropfen lassen.

➡ Die Möhren putzen, schälen und schräg in dünne Scheiben schneiden. Die Champignons putzen, mit Küchenpapier abreiben und in Scheibchen hobeln. Die Schalotten schälen und fein würfeln. Die Morcheln abtropfen lassen, das Einweichwasser auffangen, durch eine Filtertüte gießen.

➡ In einer großen Pfanne 30 g Butter erhitzen. Die Schalotten darin glasig dünsten. Erst die Möhren dazugeben und 3 Min. mitdünsten, dann die Champignons und die Morcheln hinzufügen und 3 Min. mitdünsten.

➡ Nach und nach das Morchelwasser, den Gemüsefond und 200 g Sahne einrühren. Offen bei mittlerer Hitze in 7 Min. einkochen lassen.

➡ Währenddessen in einer zweiten Pfanne das Öl und die übrige Butter erhitzen. Die Kartoffeln unter gelegentlichem Wenden in 10 Min. goldbraun braten. Mit Salz, Pfeffer und Thymian würzen.

➡ Die übrige Sahne mit der Stärke verquirlen, unter das Gemüse rühren und einmal aufkochen lassen. Salzen und pfeffern.

➡ Die Petersilie abbrausen, die Blätter abzupfen, hacken und über das Gemüse streuen. Die Bratkartoffeln dazu servieren.

Variante: Gemüse mit Pastetchen

Für Pastetchen 200 g tiefgefrorenen Blätterteig in 10–15 Min. auftauen lassen und auf der bemehlten Arbeitsfläche ½ cm dick ausrollen. 8 runde Plätzchen (8 cm Ø) ausstechen und auf ein kalt abgespültes Backblech legen. Erneut 8 Kreise ausschneiden, aus diesen dann Ringe mit einem 1 cm breiten Rand ausstechen. Mit verquirltem Eigelb auf die Kreise kleben. Aus den Teigresten wieder Ringe ausschneiden und mit Eigelb aufkleben. Backpapierstreifen aufrollen und senkrecht in die Öffnung stellen. Die Pastetchen im heißen Ofen bei 225° (Mitte, Umluft 220°) in 20 Min. goldgelb backen. Das Ragout hineinfüllen.

Scharfe Ingwerbohnen

Zutaten für 2 Personen:
300 g grüne Bohnen (frisch oder tiefgekühlt)
1 getrocknete Chilischote (ersatzweise Cayennepfeffer)
2 EL Sonnenblumenöl
½ TL frisch geriebener Ingwer
1 Prise Zucker
Salz
2 TL Zitronensaft

Zubereitungszeit: 25 Min.
Pro Portion: 550 kJ/130 kcal
4 g E · 8 g F · 11 g K

Raffiniert · Schnell

➨ Frische Bohnen waschen und von den Enden und eventuell auch den Fäden befreien, größere auch halbieren oder dritteln. Tiefgekühlte Bohnen aus der Packung nehmen und etwas antauen lassen. Die Chilischote zerbröseln.
➨ Das Öl in einer Pfanne stark erhitzen. Die frischen oder tiefgefrorenen Bohnen darin unter ständigem Wenden bei mittlerer Hitze in 10–15 Min. bißfest braten. Kurz vor Ende der Garzeit den Ingwer und die Chilischote hinzufügen. Die Bohnen mit Zucker, Salz und Zitronensaft abschmecken.

Glasierte Honig-Schalotten

Zutaten für 2 Personen:
300 g kleine Schalotten
1 EL Butter
1 EL Honig
Salz · schwarzer Pfeffer
1 Prise Paprika, edelsüß
2 EL Schnittlauchröllchen

Zubereitungszeit: 30 Min.
Pro Portion: 755 kJ/180 kcal
4 g E · 5 g F · 31 g K

Für Gäste · Gelingt leicht

➨ Die Schalotten schälen und eventuell in einzelne Zwiebeln zerteilen.
➨ Die Butter in einem Topf schmelzen lassen. Den Honig dazugeben und mit der Butter verrühren, dann die Schalotten einrühren und leicht anschwitzen.
➨ Mit ganz wenig Wasser ablöschen und mit Salz, Pfeffer und Paprika würzen. Die Schalotten fest zugedeckt bei schwacher Hitze knapp 10 Min. dünsten. Dann den Deckel abnehmen, und die Flüssigkeit offen bei stärkerer Hitze etwas einkochen lassen.
➨ Die Schnittlauchröllchen unter die Schalotten mengen und das Gemüse nochmals mit Salz und Pfeffer abschmecken.

Tip!
Hübscher sieht es aus, wenn Sie die Schnittlauchröllchen nicht untermischen, sondern über die Schalotten streuen.

Champignon-Tomaten-Ragout

Zutaten für 2 Personen:
1 große Tomate
350 g Champignons oder Egerlinge
1 kleine Zwiebel
1 EL Butter
1 EL Aceto Balsamico
2 EL Weißwein oder Gemüsebrühe
2 EL Crème fraîche
1 TL frisch gehackter Estragon oder Minze
Zucker · Salz · weißer Pfeffer
Estragon zum Garnieren

Zubereitungszeit: 20 Min.
Pro Portion: 700 kJ/165 kcal
6 g E · 9 g F · 17 g K

Gelingt leicht · Preiswert

➡ Den Stielansatz der Tomate entfernen. Die Tomate kurz überbrühen, häuten, halbieren, entkernen und würfeln. Die Pilze putzen, mit Küchenpapier sauber abreiben und vierteln.
➡ Die Zwiebel schälen und fein würfeln, in der Butter glasig dünsten. Die Pilze hinzufügen und bei starker Hitze unter Rühren 3–4 Min. braten, bis alle Flüssigkeit verdampft ist. Die Tomate unterrühren und noch kurz mitbraten.
➡ Das Ragout mit dem Essig ablöschen. Den Wein hinzufügen. Die Crème fraîche unterrühren und einmal kräftig aufkochen lassen. Estragon oder Pfefferminze unter das Ragout mischen, mit etwas Zucker, Salz und Pfeffer würzig abschmecken und mit Estragon garniert servieren.

Thymian-Lauch in Weißwein

Zutaten für 2 Personen:
1/8 l trockener Weißwein
2 EL Olivenöl
1 Lorbeerblatt
1 Zweig Thymian
1/2 TL Senfkörner · Salz
400 g nicht zu dicke Stangen Lauch
1/2 unbehandelte Zitrone

Zubereitungszeit: 30 Min.
Pro Portion: 730 kJ/175 kcal
5 g E · 8 g F · 10 g K

Preiswert · Gelingt leicht

➡ Den Wein, das Öl, das Lorbeerblatt, den Thymian, die Senfkörner und etwas Salz in einem flachen Topf zum Kochen bringen und anschließend 10 Min. zugedeckt köcheln lassen.
➡ Inzwischen die Lauchstangen putzen, gründlich waschen und in 6–8 cm lange Stücke schneiden.
➡ Dicht nebeneinander in den Sud legen. Zitrone in Scheiben schneiden, auf dem Lauch verteilen. Alles aufkochen und den Lauch zugedeckt bei mittlerer Hitze in 15 Min. bißfest kochen.
➡ Lauchstücke aus dem Sud heben, auf einer Platte anrichten und mit etwas Sud begießen. Noch warm oder kalt servieren.

Maiskölbchen in Tomatencreme

Zutaten für 2 Personen:
1 Zwiebel
1 EL Olivenöl
1 Knoblauchzehe
1 kleine Dose geschälte Tomaten (400 g Inhalt)
2 TL getrockneter Thymian
Salz · schwarzer Pfeffer
1 Dose Maiskölbchen (400 g Inhalt)
2 EL Crème fraîche
eventuell frischer Thymian zum Garnieren

Zubereitungszeit: 20 Min.
Pro Portion: 840 kJ/200 kcal
10 g E · 7 g F · 24 g K

Preiswert · Schnell

➡ Die Zwiebel schälen und fein würfeln. Das Öl in einem Topf erhitzen, die Zwiebel darin glasig werden lassen. Den Knoblauch schälen und dazupressen.
➡ Die Tomaten mit ihrem Saft angießen, die Sauce mit Thymian, Salz und Pfeffer würzen und offen unter häufigem Rühren in 10 Min. einkochen lassen, bis sie cremig ist.
➡ Den Mais abtropfen lassen und unter die Tomatensauce mengen, die Crème fraîche ebenfalls dazugeben. Alles noch 1–2 Min. erhitzen, das Gemüse dann mit Salz und Pfeffer würzig abschmecken und mit Thymian garnieren.

Buntes Zwiebelgemüse

Zutaten für 2 Personen:
1 Stange Lauch
2–3 rote Zwiebeln
1 Gemüsezwiebel
2 EL Olivenöl
2 Knoblauchzehen
1/8 l Gemüsebrühe
100 g Doppelrahm-Frischkäse
Salz · schwarzer Pfeffer

Zubereitungszeit: 30 Min.
Pro Portion: 1655 kJ/395 kcal
9 g E · 24 g F · 38 g K

Preiswert · Gelingt leicht

➡ Den Lauch putzen, der Länge nach aufschlitzen und waschen. Dann trockenschwenken und in Streifen schneiden.
➡ Die roten Zwiebeln und die Gemüsezwiebel schälen. Die roten Zwiebeln in Spalten schneiden, die Gemüsezwiebel klein würfeln.
➡ Das Öl in einem Topf erhitzen, den Lauch und die Zwiebeln darin andünsten. Den Knoblauch schälen und dazupressen, mit der Brühe ablöschen. Das Gemüse zugedeckt bei mittlerer Hitze knapp 5 Min. dünsten, bis es bißfest ist.
➡ Den Frischkäse dazugeben und schmelzen lassen, eventuell die Flüssigkeit offen bei starker Hitze noch etwas einkochen lassen. Das Gemüse mit Salz und Pfeffer abschmecken.

Feiner Broccoli-Flan

Zutaten für 2 Personen:
400 g Broccoli
1 kleine Zwiebel
1 TL Butter · 3 EL Crème fraîche
1 Ei · 1 Eigelb
Salz · weißer Pfeffer
1 Prise gemahlener Koriander
Fett für die Förmchen

Zubereitungszeit: 30 Min.
(+ 30 Min. Garen)
Pro Portion: 875 kJ/210 kcal
13 g E · 12 g F · 12 g K

Für Gäste

➨ Den Broccoli waschen und putzen, Röschen und Stiele voneinander trennen. Die Stiele schälen und klein würfeln.
➨ Die Zwiebel schälen und sehr fein würfeln. Die Butter in einem Topf zerlassen, die Zwiebelwürfel darin glasig werden lassen. Den Broccoli hineingeben und kurz anschwitzen, dann 2 EL Wasser dazugießen und den Kohl bei mittlerer Hitze zugedeckt 7–8 Min. dünsten.
➨ Einige Broccoliröschen zum Garnieren beiseite legen, den restlichen Kohl pürieren. Die Crème fraîche unterrühren, dann auch das Ei und das Eigelb. Mit Salz, Pfeffer und Koriander abschmecken.
➨ Vier Timbalförmchen oder hitzebeständige Tassen fetten, mit der Broccolicreme füllen. Mit gefetteter Alufolie abdecken und in einen Topf stellen.
➨ Wasser angießen, bis es knapp unter den Rand der Förmchen reicht. Aufkochen lassen, die Hitze reduzieren und den Flan zugedeckt bei schwacher Hitze in 30 Min. stocken lassen. Das Wasser darf dabei nicht kochen.
➨ Den Flan aus den Förmchen stürzen, je 2 auf einem Teller anrichten und mit Broccoliröschen garnieren.

Tomaten-Fenchel-Gratin mit Nußkruste

Zutaten für 2 Personen:
300 g Fenchel · Salz
200 g Tomaten
1 TL Fenchelsamen
Salz · schwarzer Pfeffer
60 g gemahlene Haselnüsse
60 g feingeriebener mittelalter Gouda (mindestens 45 % Fett)
1 EL Olivenöl zum Beträufeln
Olivenöl zum Einfetten

Zubereitungszeit: 30 Min.
Pro Portion: 1575 kJ/375 kcal
40 g E · 30 g F · 11 g K

Raffiniert · Für Gäste

➡ Den Fenchel waschen, das Grün abschneiden und beiseite legen. Die Fenchelknollen der Länge nach in knapp 1 cm dicke Scheiben schneiden. Diese in reichlich kochendem Salzwasser 3–4 Min. garen, herausnehmen, gut abtropfen lassen.
➡ Den Backofen auf 225° (Umluft 200°) vorheizen. Die Tomaten waschen und quer in Scheiben schneiden. Fenchelsamen in der Kaffeemühle mahlen oder im Mörser zerstoßen.
➡ Eine ofenfeste Form mit Olivenöl einstreichen. Die Fenchel- und Tomatenscheiben darin dachziegelartig anordnen. Mit Fenchel, Salz und Pfeffer würzen.
➡ Die Nüsse und den Käse locker vermischen und gleichmäßig auf dem Gemüse verteilen. Mit dem Olivenöl beträufeln.
➡ Im Ofen (Mitte) in 15 Min. goldbraun überbacken.
➡ Das Fenchelgrün darüber streuen.

Gratinierte Maiskolben

Zutaten für 2 Personen:
4 Maiskolben
Salz
75 g weiche Butter
1/4 TL getrocknete zerrebelte Chilischoten
schwarzer Pfeffer
1 EL frische Thymianblättchen
4 EL Semmelbrösel
4 EL frisch geriebener Parmesan

Zubereitungszeit: 45 Min.
Pro Portion: 2140 kJ/510 kcal
15 g E · 39 g F · 29 g K

Preiswert · Für Gäste

➡ Die Maiskolben waschen, eventuell zuvor noch von Hüllblättern und Fasern befreien.
➡ In einem großen Topf reichlich Salzwasser aufkochen, 1 TL Butter und die Maiskolben hineingeben. Den Mais gut 10 Min. zugedeckt kochen lassen.
➡ Den Backofen auf 250° (Umluft 220°) vorheizen. Die restliche Butter mit den zerrebelten Chilischoten, Pfeffer und Thymian verrühren. Die Semmelbrösel mit dem Parmesan mischen.
➡ Den Mais abtropfen lassen und eng nebeneinander in eine feuerfeste Form legen. Mit der Butter bestreichen, mit der Bröselmischung bestreuen. Im Ofen (Mitte) 5–10 Min. gratinieren, bis die Oberfläche gebräunt ist.

Tip!
Die Maiskolben lassen sich am besten essen, wenn man auf beiden Seiten Maisspießchen hineinsteckt.

Süßscharfer Mangold

Zutaten für 2 Personen:
250 g Mangold
100 g Sojasprossen
2 Knoblauchzehen
1 Stück frischer Ingwer (5 cm lang)
1 rote Chilischote
2 EL Öl
2 EL Zucker
1/8 l Gemüsebrühe
4 EL Sojasauce
schwarzer Pfeffer

Zubereitungszeit: 25 Min.
Pro Portion: 1050 kJ/250 kcal
10 g E · 10 g F · 32 g K

Gelingt leicht

➠ Den Mangold waschen und putzen. Die Blätter abtrennen und in breite Streifen teilen, die Stiele in dünne Scheiben schneiden. Die Sprossen kalt abspülen und abtropfen lassen.
➠ Den Knoblauch und den Ingwer schälen und hacken. Die Chilischote aufschlitzen, putzen, entkernen, waschen und hacken.
➠ Das Öl in einem Wok oder in einer tiefen Pfanne erhitzen. Knoblauch und Ingwer darin leicht anbraten, dann den Zucker dazugeben. Mit der Brühe ablöschen, Mangold und Sprossen dazugeben und unter Rühren bei mittlerer Hitze knapp 5 Min. garen.
➠ Das Gemüse mit Sojasauce und Pfeffer abschmecken.

Rübchen in Pinienkernsauce

Zutaten für 2 Personen:
500 g kleine weiße Rübchen (z. B. Navets oder Teltower Rübchen)
2 EL Butter
100 ml Gemüsebrühe
50 g Pinienkerne
2 Zweige frischer Estragon
100 g Crème fraîche
Salz · weißer Pfeffer

Zubereitungszeit: 30 Min.
Pro Portion: 1570 kJ/375 kcal
7 g E · 27 g F · 25 g K

Raffiniert · Gelingt leicht

➠ Die Rübchen waschen, schälen und je nach Größe halbieren oder vierteln.
➠ Die Butter in einem Topf zerlassen, die Rübchen darin rundherum anschwitzen. Mit der Brühe ablöschen und das Gemüse bei mittlerer Hitze zugedeckt knapp 10 Min. dünsten.
➠ Inzwischen die Pinienkerne in einer trockenen Pfanne ohne Fett bei mittlerer Hitze goldbraun rösten. Einige Kerne beiseite legen, die restlichen fein hacken. Den Estragon waschen, abtrocknen und die Blättchen hacken.
➠ Crème fraîche, gehackte Pinienkerne und den Estragon zu den Rübchen geben. Bei starker Hitze noch etwas einkochen lassen, dann mit Salz und Pfeffer abschmecken und mit den ganzen Pinienkernen bestreut servieren.

Rosenkohl in Tomatensauce

Zutaten für 2 Personen:
500 g Rosenkohl
1/8 l Gemüsebrühe
2 Frühlingszwiebeln
1 EL Öl
1 Knoblauchzehe
1 kleine Dose Pizzatomaten (400 g Inhalt)
Salz · schwarzer Pfeffer
1 TL getrockneter Oregano

Zubereitungszeit: 30 Min.
Pro Portion: 870 kJ/210 kcal
14 g E · 7 g F · 21 g K

Preiswert

➡ Den Rosenkohl waschen und putzen, die Strünke über Kreuz leicht einschneiden. Zusammen mit der Brühe in einen kleinen Topf geben, aufkochen lassen und den Kohl fest zugedeckt bei mittlerer Hitze in gut 10 Min. knackig dünsten.

➡ Inzwischen die Frühlingszwiebeln waschen, putzen und mit dem zarten Grün in feine Ringe schneiden. Das Öl in einem breiten Topf erhitzen, die Zwiebelringe darin leicht andünsten. Den Knoblauch schälen und dazupressen, dann die Tomaten einrühren. Mit Salz, Pfeffer und Oregano würzen und offen etwas einkochen lassen.

➡ Den Rosenkohl mit seinem Kochsud zu den Tomaten geben und alles noch 5 Min. offen kochen lassen, bis der Rosenkohl gar ist, aber noch Biß hat.

Schnelle bunte Ratatouille

Zutaten für 2 Personen:
1 gelbe Paprikaschote
1 kleine Aubergine
1 Zucchino
1 große Zwiebel
3 EL Olivenöl
2 Knoblauchzehen
1 kleines Paket passierte Tomaten (200 g)
1/8 l Gemüsebrühe
1–2 TL getrocknete Kräuter der Provence
Salz · schwarzer Pfeffer

Zubereitungszeit: 40 Min.
Pro Portion: 1130 kJ/270 kcal
7 g E · 14 g F · 31 g K

Preiswert · Gut vorzubereiten

➡ Das Gemüse waschen und putzen oder schälen. Die Paprikaschote halbieren und in Streifen schneiden. Die Aubergine und den Zucchino längs vierteln, in Scheiben schneiden. Die Zwiebel klein würfeln.

➡ Das Öl in einem Topf erhitzen, die Zwiebel darin glasig werden lassen. Den Knoblauch schälen und dazupressen, dann das übrige vorbereitete Gemüse dazugeben und leicht andünsten.

➡ Die passierten Tomaten und die Brühe dazugeben, gut verrühren, mit Kräutern der Provence, Salz und Pfeffer würzen. Zugedeckt bei schwacher Hitze 20 Min. garen, dann offen noch etwas einkochen lassen.

Gebratene Austernpilze mit Walnüssen

Zutaten für 2 Personen:
400 g Austernpilze
1/2–1 Bund Basilikum
50 g Walnußkerne
75 g Schalotten · 2 EL Öl
Salz · schwarzer Pfeffer
4 EL frisch geriebener Parmesan

Zubereitungszeit: 30 Min.
Pro Portion: 1780 kJ/425 kcal
21 g E · 31 g F · 16 g K

Schnell · Raffiniert

➨ Die Austernpilze mit einem feuchten Tuch oder mit Küchenpapier sauber abreiben. Die unteren Enden der Stiele abschneiden, die Pilzhüte in breite Streifen schneiden.
➨ Das Basilikum waschen, abtrocknen und einige Blättchen beiseite legen, den Rest grob zerschneiden. Die Walnußkerne hacken. Die Schalotten schälen und in feine Würfel schneiden.
➨ Das Öl in einer breiten Pfanne erhitzen, die Schalotten darin glasig werden lassen. Die Pilze dazugeben und rundherum kräftig anbraten, dann das Basilikum und die Nüsse dazugeben und alles noch kurz garen.
➨ Die Pilze mit Salz und Pfeffer abschmecken und mit dem Parmesan und den restlichen Basilikumblättchen bestreut servieren.

Bouillongemüse mit Kümmel

Zutaten für 2 Personen:
500 g gemischtes Wurzelgemüse (Möhren, Knollensellerie, Lauch)
1/2 l Gemüsebrühe
1/2 TL Kümmel · Salz
frisch geriebene Muskatnuß
weißer Pfeffer
1/2 Bund Petersilie

Zubereitungszeit: 30 Min.
Pro Portion: 1005 kJ/240 kcal
11 g E · 5 g F · 39 g K

Preiswert · Gelingt leicht

➨ Das Gemüse waschen und putzen. Möhren und Sellerie in 1 cm große Würfel, Lauch mit dem hellen Grün in 1 cm dicke Scheiben schneiden.
➨ Das Gemüse mit der Brühe, dem Kümmel, etwas Salz und Muskat in einen Topf füllen. Alles aufkochen lassen und bei schwacher Hitze zugedeckt 20 Min. köcheln, bis das Gemüse gerade eben gar ist.
➨ Gemüse mit einem Schaumlöffel aus der Brühe heben und in eine Schüssel füllen. Die Brühe mit Salz und Pfeffer abschmecken, etwas davon über das Gemüse träufeln.
➨ Die Petersilie waschen, trockenschütteln, die Blättchen fein hacken oder auch einige Blättchen ganz lassen und über das Bouillongemüse streuen.

Gefüllte Auberginenröllchen

Zutaten für 2 Personen:
1 große Aubergine (etwa 400 g)
Salz · 3 Zweige Petersilie
1 Zweig frische Minze
1 eingelegte grüne Peperoni
125 g Schafkäse (mindestens 45 % Fett)
schwarzer Pfeffer
Paprika, edelsüß
3 EL Olivenöl
Küchengarn zum Verschließen

Zubereitungszeit: 45 Min. (+ 30 Min. Ruhen)
Pro Portion: 1330 kJ/320 kcal
17 g E · 23 g F · 12 g K

Für Gäste · Spezialität aus der Türkei

➨ Die Aubergine waschen, abtrocknen und längs in sehr dünne Scheiben schneiden. Die Scheiben nebeneinander legen, mit etwas Salz bestreuen und 30 Min. ruhen lassen.
➨ Inzwischen die Kräuter waschen, abtrocknen und hacken. Die Peperoni in kleine Würfel schneiden. Den Schafkäse klein zerbröckeln, mit den Kräutern und den Peperoniwürfeln mischen.
➨ Die Auberginenscheiben mit Küchenpapier abtrocknen, dann mit Pfeffer und Paprika würzen und mit der Schafkäsemischung bestreuen. Dabei an den breiten, runden Enden jeweils einen 2 cm breiten Rand frei lassen.
➨ Die Auberginenscheiben von der schmalen Seite beginnend aufrollen. Mit Küchengarn zusammenbinden.
➨ Das Öl in einer beschichteten Pfanne erhitzen, die Auberginenröllchen darin rundherum anbraten. Vorsichtig wenden, damit möglichst wenig der Käsemischung herausfällt. Die Hitze reduzieren und die Röllchen in knapp 10 Min. rundherum goldbraun braten.

Erdbeer-Mascarpone-Becher

Zutaten für 2 Personen:
50 g Haselnußkerne
250 g Mascarpone
1 TL abgeriebene unbehandelte Zitronenschale
1 TL gemahlene Vanille
500 g vollreife Erdbeeren
2 TL Zitronensaft

Zubereitungszeit: 20 Min.
Pro Portion: 3415 kJ/815 kcal
10 g E · 76 g F · 25 g K

Gut vorzubereiten

➡ Die Haselnüsse grob hacken und in einer trockenen Pfanne bei mittlerer Hitze unter Wenden goldbraun rösten.

➡ Von der Mascarpone 2 EL abnehmen, den übrigen Frischkäse mit der Zitronenschale und der gemahlenen Vanille verrühren.

➡ Die Erdbeeren waschen und mit Küchenpapier abtrocknen. 2 schöne Früchte zum Garnieren zurückbehalten, von den übrigen Erdbeeren die Blütenkelche abzupfen. Knapp die Hälfte der Erdbeeren im Mixer pürieren und mit der Mascarponecreme verrühren. Die ganzen Erdbeeren je nach Größe halbieren oder vierteln und mit dem Zitronensaft beträufeln.

➡ In zwei Dessertbecher schichtweise Erdbeerstücke und Erdbeer-Mascarponecreme füllen. Zuletzt je 1 EL Mascarpone pur darauf setzen, jeweils 1 Erdbeere und die gerösteten Haselnüsse darüber streuen.

Melone mit Pistazienquark

Zutaten für 2 Personen:
400 g reife Zuckermelone
1 Zweig frische Zitronenmelisse
2 EL Pistazienkerne
250 g Speisequark
2 EL Ahornsirup
2–3 EL Zitronensaft

Zubereitungszeit: 15 Min.
Pro Portion: 1070 kJ/255 kcal
15 g E · 10 g F · 29 g K

Schnell · Gelingt leicht

➡ Melone schälen, entkernen und vom Fruchtfleisch 6 dünne Spalten abschneiden, den Rest klein würfeln. Die Melisse abspülen, trockentupfen und die Blätter abzupfen. Ein paar Blättchen beiseite legen, den Rest in feine Streifen schneiden. Die Pistazien grob hacken.

➡ Quark mit Ahornsirup und 2 EL Zitronensaft glattrühren. Die Melonenwürfel, die Pistazien und die Melisse unterheben, eventuell mit dem übrigen Zitronensaft abschmecken.

➡ Pistazienquark und Melonenspalten dekorativ auf Teller anrichten und mit den restlichen Melisseblättchen garnieren.

Tip!
Besonders fein im Geschmack und dekorativ sind Melonen mit orangefarbenem Fruchtleisch, z.B. Kantalup- oder Charentais-Melonen.

Wassermelonensorbet

Zutaten für 2 Personen:
1 Zweig frische Minze
1 EL Zucker · 50 ml Wasser
2 TL Zitronensaft
500 g Wassermelone
1 Msp. Zimt

Zubereitungszeit: 20 Min.
Pro Portion: 585 kJ/140 kcal
1 g E · 1 g F · 35 g K

Preiswert

➡ Die Minze waschen, trockenschütteln und die Blättchen abzupfen. Ein paar zarte Blättchen beiseite legen, den Rest hacken.
➡ Zucker, Wasser, Zitronensaft und gehackte Minze in einem kleinen Topf aufkochen und unter ständigem Rühren 1 Min. köcheln lassen. Den Sirup dann durch ein Sieb gießen.
➡ Melone vierteln, schälen und entkernen. Vom Melonenfleisch 4 schmale Spalten abschneiden, den Rest grob würfeln und mit dem Sirup fein pürieren. Zimt unterrühren. Püree im Gefrierfach 6 Std. gefrieren lassen, dabei stündlich umrühren, oder in der Eismaschine gefrieren lassen.
➡ Melonensorbet in Dessertschälchen oder -gläser verteilen. Mit Melonenspalten und den übrigen Minzeblättchen garnieren.

Tip!
Angerichtetes Dessert mit etwas Orangenlikör beträufeln. Das Sorbet schmeckt auch gut mit Zuckermelone.

Halbgefrorene Sharoncreme

Zutaten für 2 Personen:
1–2 vollreife Sharonfrüchte (je nach Größe etwa 200 g)
1 EL Zitronensaft · 1 TL Zucker
etwas abgeriebene unbehandelte Zitronenschale
1 EL frisch gehackte Pistazien
60 g Magerjoghurt · 60 g Sahne

Zubereitungszeit: 15 Min. (+ 3 Std. Einfrieren)
Pro Portion: 855 kJ/205 kcal
3 g E · 11 g F · 19 g K

Gelingt leicht

➡ Die Sharonfrüchte waschen und vierteln. Ein Viertel zum Garnieren beiseite legen, die übrige Sharon schälen, grob zerteilen und mit dem Zitronensaft und dem Zucker glatt pürieren. Mit geriebener Zitronenschale würzen.
➡ Von den Pistazien 1 TL abnehmen, den Rest mit dem Joghurt unter das Sharonmus rühren. Die Sahne steif schlagen und unterheben. Die Sharoncreme in eine Metallschüssel füllen und zugedeckt im Gefrierfach 3 Std. anfrieren lassen.
➡ Von der halbgefrorenen Creme Nocken oder Klößchen abstechen und auf zwei Teller verteilen. Das beiseite gelegte Fruchtviertel in dünne Spalten schneiden und daneben anrichten. Die übrigen Pistazien darüber streuen.

Tip!
Die Creme können Sie auch aus frischen Himbeeren, Erdbeeren, Heidelbeeren oder Pfirsichen zubereiten.

Himbeermousse

Zutaten für 2 Personen:
300 g tiefgefrorene Himbeeren
1/2 kleine unbehandelte Zitrone
2 TL Puderzucker
1 1/2 Meßlöffel Biobin
100 g Sahne

Zubereitungszeit: 20 Min.
(+ 30 Min. Kühlen)
Pro Portion: 1155 kJ/275 kcal
3 g E · 17 g F · 33 g K

Gelingt leicht · Gut vorzubereiten

➡ Die Himbeeren zugedeckt nach Packungsaufschrift auftauen lassen. Die Zitronenhälfte heiß waschen und abtrocknen, die Schale fein auf einer Reibe abreiben und den Saft auspressen.
➡ Etwa die Hälfte der Himbeeren beiseite legen. Die restlichen Beeren mit einer Gabel gut zerdrücken, Zitronenschale, Zitronensaft, Puderzucker und Biobin unterrühren.
➡ Die Sahne steif schlagen und unter die zerdrückten Himbeeren heben. 30 Min. kalt stellen.
➡ Die Himbeermousse zusammen mit den übrigen Himbeeren anrichten.

Tip!
Biobin ist ein rein pflanzliches Bindemittel und kann die aus tierischen Rohstoffen hergestellte Gelatine ersetzen. Sie bekommen das ungemein ergiebige Biobin in jedem Reformhaus, ein kleiner Meßlöffel liegt in der Dose. Weiterer Vorteil: Es muß nicht erhitzt werden, um die Masse zu gelieren.

Avocado-Kokosnuß-Mousse

Zutaten für 2 Personen:
2 EL Kokosflocken
1 reife Avocado
50 g Zucker
100 g Vollmilchjoghurt
1 TL Zitronensaft
1/4 TL gemahlener Ingwer
1 Prise gemahlene Gewürznelken
6 EL Sahne

Zubereitungszeit: 20 Min.
Pro Portion: 1035 kJ/250 kcal
4 g E · 23 g F · 9 g K

Gelingt leicht · Schnell

➡ Die Kokosflocken in einer beschichteten Pfanne bei mittlerer Hitze goldbraun rösten und beiseite stellen.
➡ Die Avocado halbieren, den Kern entfernen und das Fruchtfleisch mit einem Löffel herausschaben. Die Hälfte vom Zucker, den Joghurt und den Zitronensaft zum Avocadofleisch geben und sofort mit dem Pürierstab glatt pürieren. Mit Ingwer- und Nelkenpulver abschmecken. 1 1/2 EL Kokosflocken untermischen. Die Sahne mit dem übrigen Zucker sehr steif schlagen und unter das Püree heben.
➡ Das Avocadomousse in Dessertschalen füllen. Mit den übrigen Kokosflocken bestreuen und sofort servieren.

Tip!
Sehr hübsch sieht es auch aus, wenn Sie die Mousse vor dem Servieren in die ausgehöhlten Avocadoschalen spritzen.

Orangengelee mit Mandelsahne

Zutaten für 2 Personen:
5 Orangen
1 gehäufter TL Agar-Agar
1 TL Ahornsirup · 150 g Sahne
1 TL Amaretto (ersatzweise 1 TL Vanillezucker)
1 EL geschälte feingeriebene Mandeln

Zubereitungszeit: 20 Min. (+ 2 Std. Kühlen)
Pro Portion: 1650 kJ/395 kcal
12 g E · 25 g F · 28 g K

Gut vorzubereiten

➡ Den Saft von 4 Orangen auspressen und 1/4 l abmessen. Agar-Agar damit verrühren, erhitzen und 2 Min. kochen lassen.
➡ Zwei Glasförmchen von je etwa 150 ml Inhalt kalt ausspülen und den heißen Saft hineingießen. Die Flüssigkeit abkühlen lassen und 2 Std. kühl stellen.
➡ Die übrige Orange mit einem scharfen Messer so schälen, daß die weiße Haut mit entfernt wird. Die Fruchtfilets aus den Trennhäutchen lösen, den Saft dabei auffangen und mit dem Ahornsirup verrühren.
➡ Die Sahne steif schlagen und mit dem Amaretto oder dem Vanillezucker und den gemahlenen Mandeln mischen.
➡ Die Gelees auf Dessertteller stürzen. Mit den Orangenfilets garnieren, den Saft über die Fruchtspalten träufeln. Mandelsahnetupfen daneben setzen.

Tip!
Agar-Agar ist ein pflanzliches Geliermittel aus Rotalgen, das in kalter Flüssigkeit etwas aufquillt, sich aber nur durch ein Aufkochen vollständig löst und erst beim Abkühlen ein festes Gelee bildet. Wundern Sie sich also nicht, wenn das Orangengelee lange flüssig bleibt.

Herbstlicher Obstsalat mit Zimtquark

Zutaten für 2 Personen:
20 g Pistazienkerne
250 g vollreife Zwetschgen
250 g helle Weintrauben
1 säuerliche Birne
200 g Quark (20 % Fett)
4 EL Vollmilch · 1 Prise Zimt

Zubereitungszeit: 15 Min.
Pro Portion: 1685 kJ/405 kcal
15 g E · 12 g F · 58 g K

Schnell · Gelingt leicht

➡ Die Pistazien grob hakken. Das Obst waschen und trockentupfen. Die Zwetschgen vierteln und entsteinen. Die Weintrauben halbieren und gegebenenfalls entkernen. Die Birne vierteln, vom Kerngehäuse befreien und in Spalten schneiden.

➡ Das Obst auf zwei Dessertteller verteilen. Den Quark mit der Milch und dem Zimt cremig rühren und auf das Obst geben. Mit den gehackten Pistazien bestreut servieren.

Tips!
Statt mit Pistazien können Sie das Dessert auch mit gerösteten Mandelstiften bestreuen. Nehmen Sie in jedem Fall nur vollreifes, aromatisches Obst der Saison. Wer auf zusätzliche Süße aber trotzdem nicht verzichten mag, der mischt mit dem Zimt noch 1 TL Ahornsirup unter den Quark. Süßungsmittel wie Honig, Zuckerrohrgranulat oder Ahornsirup gehören nach der Trennkost-Lehre zur Kohlenhydratgruppe.

Gefüllte Schmoräpfel

Zutaten für 2 Personen:
2 süße Äpfel (z. B. Gala)
2 EL Walnußkerne
1 EL Butter
1 EL Rosinen
1 Eigelb
1 EL Doppelrahm-Frischkäse
2 cl Rum oder Rum-Aroma
1 Msp. Zimt

Zubereitungszeit: 30 Min.
(+ 20–25 Min. Garen)
Pro Portion: 1210 kJ/290 kcal
5 g E · 18 g F · 21 g K

Preiswert

➡ Den Backofen auf 220° vorheizen.
➡ Die Äpfel schälen und halbieren. Das Kerngehäuse kreisförmig herausschneiden. Die Apfelhälften nebeneinander in eine Auflaufform setzen. Die Walnußkerne in grobe Stücke brechen.
➡ Die Butter in einem Topf aufschäumen lassen und die Walnußkerne darin bei mittlerer Hitze unter Rühren 2–3 Min. anbräunen. Dann mit den Rosinen, dem Eigelb, dem Frischkäse, dem Rum oder dem Rum-Aroma und dem Zimt verrühren.
➡ Die Füllung auf die Äpfel setzen. 1/8 l Wasser auf den Boden der Form gießen und die Schmoräpfel im Ofen (Mitte, Umluft 200°) 20–25 Min. schmoren.

Tip!
Dieses Dessert schmeckt am besten noch lauwarm.

Panna cotta mit Beerenragout

Zutaten für 2 Personen:
1/2 Vanilleschote · 200 g Sahne
100 ml Vollmilch · 1 EL Zucker
1 1/2 Blatt weiße Gelatine
300 g frische gemischte Beeren
1–2 TL Puderzucker
1–2 TL Zitronensaft

Zubereitungszeit: 30 Min.
(+ 3 Std. Kühlzeit)
Pro Portion: 1980 kJ/475 kcal
7 g E · 32 g F · 29 g K

Spezialität aus Italien

➡ Die Vanilleschote längs halbieren und das Mark herauskratzen. Die Sahne mit der Milch, dem Zucker, dem Vanillemark und der -schote aufkochen und offen bei schwacher Hitze 15 Min. köcheln lassen.

➡ Inzwischen zwei Portionsförmchen (175 ml Inhalt, ersatzweise Tassen) mit kaltem Wasser ausspülen. Gelatine 5 Min. in kaltem Wasser einweichen.

➡ Sahnemischung vom Herd nehmen, Vanilleschote entfernen. Gelatine ausdrücken, unter Rühren in der heißen Mischung auflösen. Masse in die Förmchen gießen.

➡ Panna cotta zum Festwerden 3 Std. oder über Nacht in den Kühlschrank stellen.

➡ Vor dem Servieren die Beeren waschen, putzen. Die Hälfte davon pürieren, durch ein Sieb streichen, mit Puderzucker und Zitronensaft abschmecken. Ganze Beeren unterheben. Förmchen kurz in heißes Wasser tauchen, Panna cotta auf Teller stürzen und mit dem Beerenragout anrichten.

Kaffee-Whisky-Eis mit Honigbananen

Zutaten für 2 Personen:
30 ml frisch gekochter starker Kaffee · 50 ml Milch
1/2 Päckchen Bourbon-Vanillezucker
1 Eigelb · 15 g brauner Zucker
50 g Sahne · 1 EL Whisky
1 Banane
1/2 EL Butter · 1/2 EL Honig

Zubereitungszeit: 30 Min.
(+ 12 Std. Gefrieren)
Pro Portion: 1135 kJ/270 kcal
3 g E · 14 g F · 25 g K

Für Gäste · Gut vorzubereiten

➡ Den Kaffee mit der Milch und dem Vanillezucker in einem Topf verrühren und so stark erhitzen, daß die Flüssigkeit fast kocht.

➡ Eigelb mit dem braunen Zucker schaumig schlagen. Nach und nach die heiße Kaffeemilch dazugießen, dabei ständig schlagen, bis sie leicht schaumig ist.

➡ Die Creme im eiskalten Wasserbad schlagen, bis sie kalt ist.

➡ Die Sahne sehr steif schlagen, mit dem Whisky unter die Kaffeecreme ziehen. In eine Metallschüssel füllen und im Gefrierfach in 12 Std. fest werden lassen, zwischendurch zweimal durchrühren.

➡ Vor dem Servieren die Banane schälen, einmal längs und einmal quer halbieren. In einer Pfanne die Butter und den Honig erhitzen, Banane darin bei mittlerer Hitze 2 Min. braten.

➡ Auf Dessertteller geben, Eiskugeln abstechen und daneben anrichten.

Birnen mit Grieß-Mohn-Bällchen

Zutaten für 2 Personen:
1 große süße Birne (etwa 250 g; z. B. Williams Christ)
30 g Zucker
1/2 Stück Zimtstange
1 Gewürznelke
1/8 l Vollmilch
25 g Hartweizengrieß
1 EL gemahlener Mohn
1 kleines Eigelb · 1 TL Butter
50 g Sahne · 1/2 TL Vanillezucker

Zubereitungszeit: 35 Min.
(+ 2 Std. Kühlen)
Pro Portion: 1625 kJ/390 kcal
5 g E · 15 g F · 49 g K

Für Gäste

➡ Die Birnen schälen und längs halbieren. Blütenansatz und Kerngehäuse entfernen. 1/8 l Wasser mit 20 g Zucker, Zimt und Gewürznelken aufkochen lassen. Birnen darin zugedeckt bei schwacher Hitze 8 Min. dünsten, einmal wenden. Im Sud 2 Std. abkühlen lassen.
➡ Milch mit dem übrigen Zucker aufkochen lassen. Grieß und Mohn einrühren, bei schwacher Hitze 1 Min. köcheln lassen. Vom Herd nehmen, Eigelb und Butter unterrühren, kalt stellen.
➡ Vor dem Servieren je 1 Birnenhälfte mit der Höhlung nach oben auf einen Teller setzen, mit etwas Birnensud beträufeln. Vom Mohnbrei mit einem Eisportionierer Kugeln abstechen, auf die Birnen geben.
➡ Die Sahne mit dem Vanillezucker halb steif schlagen und darüber laufen lassen.

Crème brulée

Zutaten für 2 Personen:
2 TL Pinienkerne
1/2 Vanilleschote
90 g Sahne · 90 ml Vollmilch
2 kleine Eigelbe · 30 g Zucker

Zubereitungszeit: 45 Min.
Pro Portion: 1210 kJ/290 kcal
4 g E · 19 g F · 16 g K

Gut vorzubereiten

➡ Die Pinienkerne hacken und in einer beschichteten Pfanne bei mittlerer Hitze goldbraun rösten.
➡ Vanilleschote längs aufschlitzen, Mark herauskratzen. Beides mit Sahne und Milch so weit erhitzen, daß die Flüssigkeit fast kocht.
➡ Inzwischen die Eigelbe mit 1 EL Zucker schaumig schlagen. Vanilleschote aus der Sahnemilch entfernen, die weiße Sahne-Milch unter die Eigelbe rühren.
➡ Den Backofen auf 175° vorheizen. Eigelbmasse in drei ofenfeste Förmchen (je etwa 1/8 l Inhalt) füllen. In eine Gratinform stellen und diese zur Hälfte mit kochendheißem Wasser füllen.
➡ Im heißen Ofen (Mitte, Umluft 150°) in 25 Min. stocken lassen. Herausnehmen, über Nacht abkühlen lassen.
➡ Den übrigen Zucker auf die Creme streuen, diese in ein kaltes Wasserbad in eine Gratinform stellen und den Zucker unter dem vorgeheizten Grill (oberste Schiene) in 3–4 Min. karamelisieren lassen. Die Pinienkerne aufstreuen.

Fruchtspieße mit Pistazien-Joghurt

Zutaten für 2 Personen:
2 EL ungesalzene Pistazienkerne
½ unbehandelte Zitrone
100 g Magerjoghurt
75 g Crème fraîche
1 TL Honig
100 g Erdbeeren
100 g blaue Weintrauben
2 kleine Kiwis (etwa 125 g)
4 Holzspieße

Zubereitungszeit: 20 Min.
Pro Portion: 1215 kJ/290 kcal
5 g E · 19 g F · 30 g K

Schnell · Gelingt leicht

➡ Die Pistazien fein reiben. Von der Zitrone ¼ TL Schale fein abreiben, den Saft auspressen.
➡ Den Joghurt, die Crème fraîche und den Honig mit den Quirlen des Handrührgeräts cremig schlagen. Nach und nach die Zitronenschale und die Pistazien bis auf 1 TL zum Garnieren unterrühren.
➡ Die Erdbeeren waschen, von den Kelchblättern befreien und längs halbieren. Die Trauben abbrausen und von den Stielen zupfen. Die Kiwis schälen und in Sechstel schneiden. Alle Früchte abwechselnd auf 4 Holzspieße stecken und auf Tellern anrichten. Mit dem Zitronensaft beträufeln. Die Pistaziensauce daneben gießen oder getrennt dazu reichen, mit den beiseite gelegten Pistazien garnieren.

Grüne Grütze mit Wein

Zutaten für 2 Personen:
200 g grüne Stachelbeeren
100 ml Weißwein
1 Stück unbehandelte Zitronenschale
2 EL Zitronensaft
2 Gewürznelken
1 EL Zucker
2 reife Kiwis
1 Blatt weiße Gelatine
100 g Sahne
3–4 Minzeblättchen

Zubereitungszeit: 20 Min.
Pro Portion: 1475 kJ/355 kcal
5 g E · 18 g F · 39 g K

Raffiniert · Gut vorzubereiten

➡ Stachelbeeren putzen und waschen. 100 ml Wasser, Weißwein, Zitronenschale und -saft, Nelken und Zucker erhitzen. Die Beeren darin zugedeckt bei schwacher Hitze 15 Min. dünsten.
➡ Inzwischen Kiwis schälen und würfeln. Gelatine in kaltem Wasser einweichen. Kiwis für die letzte Minute mit zu den Beeren geben. Zitronenschale und Nelken herausfischen.
➡ Ausgedrückte Gelatine in der heißen Grütze auflösen. In Dessertgläser füllen und abkühlen lassen.
➡ Vor dem Servieren Sahne und Minzeblättchen kurz durchmixen. Zur Grütze servieren.

Bananen-Pfannkuchen

Zutaten für 2 Personen:
2 Eigelbe
5 EL Mehl
1 Prise Zimt
1/8 l Milch
1 EL Butter
1 Banane
2 EL ungesalzene Pistazienkerne
4 EL Ahornsirup

Zubereitungszeit: 20 Min.
Pro Portion: 1735 kJ/415 kcal
7 g E · 16 g F · 49 g K

Preiswert · Schnell

➡ Die Eigelbe mit dem Mehl, Zimt und der Milch glattrühren.
➡ In einer unbeschichteten Pfanne die Butter aufschäumen lassen. Den Teig hineingießen und auf der Unterseite bei mittlerer Hitze leicht bräunen.
➡ Die Banane schälen und in schräge Scheiben schneiden, auf den Teig legen. Die Pistazienkerne darüber streuen, den Pfannkuchen wenden und auch auf der Unterseite leicht bräunen.
➡ Den Pfannkuchen in 6 Tortenstücke schneiden und jeweils 3 Stücke auf einem Teller anrichten, mit dem Ahornsirup beträufeln.

Tip!
Statt mit Bananen können Sie die Pfannkuchen auch mit süßen Äpfeln oder Birnen zubereiten.

Gratinierte Beeren mit Quarkschaum

Zutaten für 2 Personen:
1 Pfirsich oder 1 Nektarine
100 g gemischte frische oder tiefgekühlte Beeren (z. B. Brombeeren, Himbeeren, Johannisbeeren)
1 EL Orangensaft
1 Ei · 1 TL Vanillezucker
75 g Magerquark · 50 g Sahne
½ TL Orangenschalen-Aroma (Reformhaus)
1 TL Zitronensaft
1 EL Mandelblättchen

Zubereitungszeit: 25 Min.
Pro Portion: 885 kJ/210 kcal
10 g E · 13 g F · 14 g K

Schnell · Raffiniert

➡ Den Pfirsich heiß überbrühen und häuten oder die Nektarine waschen. Die Frucht halbieren, entsteinen und in schmale Spalten schneiden. Die Beeren abbrausen, putzen und verlesen. Tiefgefrorene Beeren antauen lassen.
➡ Den Backofen auf 250° (Umluft 220°) vorheizen. Die Pfirsich- oder Nektarinenspalten in einer kleinen Gratinform verteilen. Die Beeren darüber streuen, mit Orangensaft beträufeln.
➡ Das Ei trennen. Das Eigelb und den Vanillezucker leicht schlagen, den Quark, die Sahne und das Orangenschalengewürz unterrühren.
➡ Das Eiweiß mit dem Zitronensaft steif schlagen und unterheben. Den Quarkschaum auf den Früchten verteilen, mit den Mandelblättchen bestreuen.
➡ Im heißen Ofen (Mitte) in 7 Min. überbacken.

Grießspaghetti mit Heidelbeersauce

Zutaten für 2 Personen:
200 ml Milch
50 g Sahne · 1 EL Zucker
1 Päckchen Vanillezucker
50 g Hartweizengrieß
1 Eigelb · 1 EL Butter
100 g frische oder tiefgekühlte Heidelbeeren
1 EL Honig · 1 EL Kokosflocken

Zubereitungszeit: 20 Min.
(+ 30 Min. Kühlen)
Pro Portion: 2000 kJ/480 kcal
7 g E · 20 g F · 48 g K

Raffiniert · Gelingt leicht

➡ Die Milch und die Sahne mit Zucker und Vanillezucker in einem Topf aufkochen lassen. Den Grieß einrühren und bei mittlerer Hitze 1 Min. kochen lassen, dann vom Herd nehmen.
➡ Das Eigelb und die Butter unterrühren. Den Brei etwas abkühlen lassen, dann 30 Min. kalt stellen.
➡ Inzwischen die Heidelbeeren in einem Sieb abbrausen und abtropfen lassen, gefrorene Beeren auftauen lassen. Die Beeren mit dem Honig glatt pürieren.
➡ Den Grießbrei durch eine kalt ausgespülte Kartoffel- oder Spätzlepresse drücken und spaghettiartig auf zwei Tellern anrichten. Mit der Heidelbeersauce überziehen und mit den Kokosflocken bestreuen.

Tips!
Das Dessert schmeckt auch als sättigendes Hauptgericht für eine Person. Wer möchte, garniert mit Minze.

Rosinen-Täschchen

Zutaten für 2 Personen:
2 Scheiben backfertiger tiefgekühlter Blätterteig
75 g Rosinen
1 EL flüssiger Honig
75 g Quark (20 % Fett)
1 EL gemahlene Mandeln
1 Msp. gemahlener Anis
etwas abgeriebene unbehandelte Zitronenschale
Zum Bestreichen:
3 EL Milch
1 Prise Kurkuma
Außerdem:
Backpapier für das Blech

Zubereitungszeit: 20 Min.
(+ 15 Min. Backen)
Pro Portion: 1570 kJ/375 kcal
9 g E · 13 g F · 55 g K

Gut vorzubereiten

➨ Die Blätterteigscheiben nebeneinander unter einem Tuch in 10–15 Min. auftauen lassen.
➨ Den Backofen auf 225° (Umluft 200°) vorheizen, ein Backblech mit Backpapier auslegen.
➨ Die Rosinen heiß abspülen und gut abtrocknen, mit dem Honig, dem Quark, Mandeln, Anis und der Zitronenschale verrühren.
➨ Die Rosinenmischung in der Mitte auf die beiden Teigplatten geben. Die Ränder mit etwas Wasser befeuchten und die Teigplatten zu Dreiecken zusammenfalten. Die Ränder mit einer Gabel zusammendrücken, die Täschchen auf das vorbereitete Blech legen.
➨ Die Milch mit Kurkuma glattrühren, die Teigecken damit bestreichen. Im Ofen (Mitte) 15 Min. backen, bis sie gebräunt und aufgegangen sind. Lauwarm oder ganz abgekühlt servieren.

Tips!
➨ Die Ränder der Teigdecken wirklich gut mit einer Gabel zusammendrücken, damit die Füllung fest eingeschlossen ist und sich die Teigränder beim Backen nicht öffnen.
➨ Meist wird Gebäck wie dieses vor dem Backen mit verquirltem Ei bestrichen, damit es später schön golden glänzt und leuchtet. Da Eier im Rahmen der Trennkost nicht zu den kohlenhydratreichen Speisen – und dazu gehören ja diese Teigtäschchen – passen, wird hier mit Kurkuma gefärbte Milch verwendet.
➨ Backen Sie doch gleich eine größere Anzahl der Rosinentäschchen, und frieren Sie das übrige Gebäck ein. So haben Sie jederzeit einen süßen Imbiß zur Hand, der sich zudem bestens zum Mitnehmen an den Arbeitsplatz eignet.

Varianten:
Blätterteigtäschchen wie diese können Sie immer wieder anders füllen.
➨ Statt der Rosinen 1 süßen, kleingeschnittenen Apfel verwenden.
➨ 1 kleine Banane schälen und würfeln, mit Quark und 1 EL Rosinen mischen.
➨ 75 g getrocknete Aprikosen in etwas fruchtigem Rotwein einmal aufkochen. Abtropfen lassen, klein würfeln und statt der Rosinen verwenden.

Feigentarte mit Weinschaum

Zutaten für 2 Personen:
Für die Tarte:
1 Platte tiefgekühlter Blätterteig (etwa 60 g)
3 reife Feigen
2 TL Himbeer- oder Johannisbeergelee
1 EL flüssige Butter
2 TL Vanillezucker
1–2 EL Sahne
Mehl zum Ausrollen
Für den Weinschaum:
2 Eigelbe
1 EL Zucker
100 ml fruchtiger Rotwein

Zubereitungszeit: 40 Min.
Pro Portion: 1700 kJ/405 kcal
5 g E · 22 g F · 41 g K

Schmeckt frisch am besten

➡ Blätterteigplatte auftauen lassen. Anschließend auf wenig Mehl etwa zur doppelten Größe ausrollen. Zwei Teigkreise von etwa 15 cm Ø ausschneiden, mit einer Gabel mehrmals einstechen. Auf ein kalt abgespültes Backblech legen.
➡ Den Backofen auf 200° (Umluft 180°) vorheizen. Die Feigen waschen, abtrocknen und ohne Stielansatz in Scheiben schneiden.
➡ Die Teigböden mit dem Gelee bestreichen und mit den Feigenscheiben rosettenartig belegen. Feigen mit flüssiger Butter bepinseln und mit Vanillezucker bestreuen. Die Teigränder mit Sahne bestreichen. Tartes im Ofen (Mitte) 15–20 Min. backen.
➡ Inzwischen für den Weinschaum Eigelbe, Zucker und Wein in einer Metallschüssel verrühren. Im heißen Wasserbad mit einem Schneebesen so lange schlagen, bis ein dicklicher Schaum entstanden ist.
➡ Die Feigentartes mit dem Weinschaum auf Tellern anrichten und warm servieren.

Nußbiskuit mit Aprikosen

Zutaten für eine kleine Springform von 18 cm Ø (4 Personen):
4 Aprikosen
2 Eier · Salz
2 EL Birnendicksaft
100 g Haselnußkerne oder Mandeln
1 unbehandelte Zitrone
Pergamentpapier für die Form

Zubereitungszeit: 35 Min. (+ 20–25 Min. Backen)
Pro Portion: 1640 kJ/390 kcal
14 g E · 22 g F · 40 g K

Gelingt leicht · Preiswert

➠ Etwa 1/2 l Wasser zum Kochen bringen. Die Aprikosen für 5–10 Min. hineinlegen, dann herausnehmen, mit kaltem Wasser abschrecken und die Haut abziehen. Die Früchte halbieren und vom Kern drehen.

➠ Pergamentpapier in den Boden der Form einspannen. Den Backofen auf 180° vorheizen.

➠ Die Eier trennen. Eiweiße mit 4 EL heißem Wasser und 1 Prise Salz zu steifem Schnee schlagen. Eigelbe nacheinander einrühren und so lange rühren, bis die Masse dickschaumig ist. Den Birnendicksaft einrühren und noch 1–2 Min. weiterrühren.

➠ Nüsse oder Mandeln fein mahlen oder reiben. Zitrone heiß abwaschen und etwa 1 TL Schale dünn abreiben. Nüsse und Zitronenschale vorsichtig unter den Teig heben. Die Masse in die Form streichen. Die Aprikosen darauf verteilen.

➠ Den Biskuit im Backofen (Mitte, Umluft 160°) 20–25 Min. backen. Den Kuchen nach dem Ausschalten noch 5 Min. im Ofen stehenlassen. Dann herausnehmen, auf ein Kuchengitter geben und auskühlen lassen.

Tips!
Der Biskuit schmeckt mit geschlagener Sahne und säuerlichen Früchten ebensogut wie mit cremigen Eiweißdesserts.
Wer möchte, kann zusätzlich noch gedünstete Aprikosenhälften zum Biskuit servieren, das Dessert wird dadurch noch saftiger.
Und der Biskuit läßt sich sehr gut vorbereiten; nach einem Tag Durchziehzeit schmeckt er sogar noch besser als frisch gebacken.

Varianten:
Statt Aprikosen schmecken viele andere Früchte: Versuchen Sie auch einmal Pfirsiche oder Nektarinen (Pfirsiche ebenfalls gehäutet), Zwetschgen oder Pflaumen oder entsteinte Kirschen. Zu Kirschen schmecken Walnußkerne besonders fein.
Nur Früchte, die zur Kohlenhydrat-Gruppe gehören, dürfen Sie nicht nehmen, also keine süßen Äpfel, Bananen, Datteln, Feigen und Trockenfrüchte.

Amerikanischer Käsekuchen

Zutaten für 1 Springform von 26 cm Ø:
1/2 unbehandelte Zitrone
1 TL abgeriebene unbehandelte Orangenschale
600 g Doppelrahm-Frischkäse
200 g Schmand (ersatzweise Crème fraîche)
4 Eigelbe
150 g Ahornsirup
Salz
3 TL Biobin (aus dem Reformhaus)
Backpapier für die Form

Zubereitungszeit: 30 Min. (+ 1 1/2 Std. Backen)
Bei 12 Personen pro Portion: 1030 kJ/245 kcal
4 g E · 20 g F · 13 g K

Preiswert

➨ Den Backofen auf 150° vorheizen. Den Boden der Springform mit Backpapier auslegen.
➨ Die Zitronenhälfte waschen, die Schale dünn abreiben, den Saft auspressen. Zitronensaft und -schale mit der Orangenschale, dem Frischkäse und dem Schmand verrühren.
➨ Die Eigelbe mit dem Ahornsirup schaumig rühren. Die Eigelbcreme mit dem Frischkäse und dem Biobin verrühren.
➨ Die Käsemasse in der Springform glattstreichen. Den Käsekuchen im Ofen (Mitte, Umluft 130°) in 1 1/2 Std. goldbraun backen.
➨ Den Rand des Kuchens sofort mit einem spitzen Messer von der Form lösen. Den Käsekuchen in der Form abkühlen lassen.

Tips!
Typische für den amerikanischen Käsekuchen ist die Verwendung von Doppelrahm-Frischkäse. Sie können aber auch Sahnequark verwenden und statt Schmand Vollmilchjoghurt. Zum Festigen braucht der Kuchen dann 4 TL Biobin.

Variante: Frischkäse-Auflauf mit Früchten
Wenn Sie gerne etwas Süßes als Hauptgericht essen, backen Sie die Frischkäsemasse in einer gebutterten Auflaufform und servieren davor zum Beispiel eine Gemüsesuppe oder im Sommer eine bunte Salatplatte. Weniger amerikanisch, dafür aber fruchtig-saftig schmeckt der Auflauf, wenn Sie ihn mit 3 mürben Äpfeln ergänzen. Die Äpfel halbieren, schälen, vom Kerngehäuse befreien und die runden Seiten mehrmals einschneiden. Die Apfelhälften in die Auflaufmasse drücken.
Wenn Sie den Auflauf ohne Obst backen, essen Sie ein Backpflaumenkompott dazu. Dafür pro Portion 4 Backpflaumen mit 1 Stück Zimtstange und 2 Gewürznelken über Nacht von Wasser bedeckt einweichen, am nächsten Tag im Einweichwasser mit 1 Teelöffel Zukkerrohrgranulat etwa 2 Min. kochen, danach abkühlen lassen.
Der Auflauf reicht für 6 Personen. Berufstätige können sich ein Stück davon als kohlenhydratreiches (und auch preiswertes) Gericht mitnehmen und den Auflauf kalt essen.

Strudelpäckchen mit Aprikosenfüllung

Zutaten für 2 Personen:
4 Aprikosenhälften (frisch oder aus der Dose)
100 g Speisequark
1 Eigelb · 1 EL Zucker
1 EL feingeriebene Mandeln
1 Msp. Vanillemark
1 Msp. abgeriebene unbehandelte Zitronenschale
1 Paket Strudelteig (100 g)
2 EL flüssige Butter
Backpapier für das Blech
wenig Puderzucker zum Bestäuben

Zubereitungszeit: 30 Min. (+ 15 Min. Backen)
Pro Portion: 2030 kJ/485 kcal
13 g E · 25 g F · 57 g K

Für Gäste · Raffiniert

➠ Aprikosenhälften aus der Dose in einem Sieb gut abtropfen lassen. Frische Aprikosen waschen und vom Stein befreien. Den Backofen auf 200° (Umluft 180°) vorheizen. Ein Backblech mit Backpapier auslegen.
➠ Quark mit Eigelb, Zucker, Mandeln, Vanillemark und Zitronenschale verrühren. Aprikosen sehr fein würfeln, unter den Quark mischen.
➠ Den Strudelteig auf einem feuchten Küchentuch ausbreiten und in 4 Quadrate schneiden. Die Füllung in die Mitte der Teigstücke verteilen, die Teigränder über der Füllung zu Päckchen fest zusammendrükken. Die Strudelpäckchen mit einem Pinsel rundherum mit flüssiger Butter bestreichen und nebeneinander auf das Blech setzen.
➠ Die Teigpäckchen im Ofen (Mitte) in 12–15 Min. goldgelb backen.
➠ Zum Servieren je 2 Strudelpäckchen auf einen Teller setzen und mit wenig Puderzucker bestäuben.

Tip!
Falls Sie den Strudelteig in Ihrer Nähe nicht fertig kaufen können, machen Sie ihn einfach selber: 125 g doppelgriffiges Mehl, 2 EL flüssige Butter, 1 Eigelb und 1 Prise Salz in eine Schüssel geben. Nach und nach etwa 60–70 ml lauwarmes Wasser dazugießen und alles leicht verrühren. Den Teig auf leicht bemehlter Arbeitsfläche mit den Händen mindestens 10 Min. durchkneten, bis er elastisch ist und seidig glänzt. Teig zur Kugel formen, mit Öl bestreichen und zugedeckt 30 Min. ruhen lassen. Anschließend auf einem bemehlten Küchentuch so dünn wie möglich ausrollen. Mit den Handrücken unter den Teig fahren und dabei langsam ausdehnen. Der Teig muß zum Schluß so dünn sein, daß man das Stoffmuster darunter erkennen kann. Die dickeren Ränder abschneiden. Diese Teigmenge reicht dann für die doppelte Portion Strudelpäckchen.

Variante:
Anstelle von Aprikosen können Sie auch Beeren, entsteinte Kirschen sowie Apfel- oder Birnenwürfel unter den Quark mischen.

Mandel-Papaya-Kuchen

Zutaten für 1 Springform von 26 cm Ø:
2 vollreife Papayas (je etwa 300 g)
6 Eier · 1 Vanilleschote
1 unbehandelte Zitrone
½ TL gemahlener Ingwer
¼ TL Zimt
200 g geschälte feingeriebene Mandeln
2 TL Zucker
2 Blatt weiße Gelatine
Butter für die Form
geriebene Mandeln zum Ausstreuen

Zubereitungszeit: 40 Min. (+ 45 Min. Backen + 2 Std. Kühlen)
Bei 12 Stücken pro Portion: 535 kJ/130 kcal
10 g E · 5 g F · 14 g K

Gut vorzubereiten

➠ Die Papayas halbieren, Kerne herauslöffeln. Die Hälfte schälen und 200 g Fruchtfleisch abwiegen. Mit dem Pürierstab fein pürieren. Restliches Papayafleisch beiseite stellen.
➠ Die Eier trennen. Eigelbe zum Papayafleisch geben. Die Vanilleschote aufschlitzen, Mark herauskratzen und hinzufügen. Die Zitrone heiß waschen, die Schale fein abreiben, mit dem Ingwer und Zimt zur Eigelbmasse geben und gut verquirlen. Die Mandeln unterrühren.
➠ Den Backofen auf 175° vorheizen. Eine Springform (26 cm Ø) einfetten und mit Mandeln ausstreuen.
➠ Die Eiweiße mit 1 TL Zitronensaft und dem Zucker steif schlagen und unterheben. Den Teig in die vorbereitete Springform füllen und glattstreichen. Im Ofen (Mitte, Umluft 150°) 45–50 Min. backen.
➠ Den Kuchen etwas abkühlen lassen, dann aus der Form lösen und auf einem Kuchengitter völlig erkalten lassen.
➠ Die Gelatine in kaltem Wasser einweichen. Das beiseite gestellte Papayafruchtfleisch mit 8 EL Wasser glatt pürieren. Die Gelatine kurz abgetropft in einem kleinen Topf bei schwacher Hitze auflösen, mit 2 EL Papayamus verrühren, dann unter das übrige Püree mischen.
➠ Den Kuchen auf eine Platte setzen, einen Tortenrand drumherum legen. Das Papayapüree auf dem Kuchen verteilen und 2 Std. kalt stellen, bis es fest ist. Dazu schmeckt am besten geschlagene Sahne mit etwas Zimt.

Tip!
Für einen kleinen Kuchen für zwei die halbe Menge nehmen und in einer kleinen Springform mit 16 cm Ø in 25–30 Min. im heißen Ofen backen.

Dörrobst-Nuß-Törtchen

Zutaten für 4 Stück:
130 g Mehl · 115 g kalte Butter
65 g brauner Zucker
1 Prise Salz · 1 kleines Eigelb
50 g gemischte Trockenfrüchte (z.B. Apfel, Aprikosen, Birnen, Pflaumen)
1 EL Ahornsirup · 1/4 TL Zimt
50 g gehackte Walnüsse
75 g Sahne
100 g Vollmilchjoghurt
4 Walnußhälften zum Belegen
Butter für die Förmchen
Mehl zum Ausrollen

Zubereitungszeit: 30 Min.
(+ 20 Min. Backen)
Pro Stück: 2520 kJ/600 kcal
8 g E · 40 g F · 53 g K

Gut vorzubereiten

➠ Für den Teig 125 g Mehl auf die Arbeitsfläche häufen. Mit 75 g Butter in Flöckchen, 25 g Zucker, Salz und dem Eigelb zu einem glatten Teig verkneten.
➠ 4 Torteletteförmchen von je 10 cm Ø leicht einfetten. Den Teig auf der leicht bemehlten Arbeitsfläche ausrollen, die Förmchen damit auskleiden und den Teig darin kurz kalt stellen.
➠ Den Backofen auf 175° vorheizen. Trockenfrüchte in kleine Würfel schneiden. Restliche Butter und übrigen Zucker mit dem Ahornsirup und Zimt in einem Topf langsam erhitzen. Früchte und Nüsse dazugeben und bei mittlerer Hitze 5 Min. leise kochen lassen.
➠ Die Sahne und das übrige Mehl verquirlen, einrühren und kurz köcheln lassen.
➠ Die Fruchtmasse gleichmäßig auf dem Teig verteilen, mit je 1 Walnußhälfte garnieren. Im Ofen (unten, Umluft 150°) 20–25 Min. backen.
➠ Abkühlen lassen, mit verrührtem Joghurt servieren.

Nektarinen-Kokos-Mix

Zutaten für 2 Personen:
2 EL Kokosflocken
200 ml Milch · 2 reife Nektarinen
2 EL Sanddorn Tropic (aus dem Reformhaus)
6 frische Zitronenmelisse-blättchen
2 EL Zitronensaft

Zubereitungszeit: 20 Min.
Pro Portion: 930 kJ/220 kcal
3 g E · 6 g F · 19 g K

Raffiniert · Preiswert

➡ Die Kokosflocken in einem kleinen Topf ohne Fett bei mittlerer Hitze unter Rühren kurz anrösten. Milch dazugießen und alles unter ständigem Rühren einmal aufkochen, dann abkühlen lassen.

➡ Inzwischen die Nektarinen waschen, abtrocknen, entsteinen und würfeln.

➡ Kokosmilch, die Nektarinen, den Sanddorn und die Zitronenmelisse fein pürieren. Das Getränk mit Zitronensaft abschmecken und in Gläser füllen. Mit den restlichen Melisseblättchen garnieren.

Tip!
Statt Nektarinen schmecken auch Aprikosen, Mango oder Honigmelone gut in diesem Mixgetränk.

Birnenmilch mit Zimt

Zutaten für 2 Personen:
1 reife süße Birne
2 EL Birnendicksaft
½ TL Zimt
400 ml Milch
Für die Gläser:
2 EL Zucker · ½ TL Zimt

Zubereitungszeit: 15 Min.
Pro Portion: 1465 kJ/350 kcal
3 g E · 3 g F · 36 g K

Preiswert · Schnell

➡ Die Birne schälen, vierteln und vom Kerngehäuse befreien. Das Fruchtfleisch sofort kleinschneiden und in einen Mixer geben.

➡ Den Birnendicksaft, das Zimtpulver und die Milch dazugeben und alles gut durchmixen.

➡ Die Ränder von zwei Gläsern mit Wasser befeuchten. Zucker und Zimt auf einem Teller mischen, die Glasränder hineindrücken. Die Birnenmilch in die Gläser gießen, eventuell noch mit etwas Zimt bestreuen. Rasch servieren, damit sie sich nicht zu stark verfärbt.

Tip!
Statt Birne und Birnendicksaft können Sie auch Apfel und Apfeldicksaft nehmen. Den Apfel ganz kurz in wenig Wasser dünsten.

Fitneß-Drink

Zutaten für 2 Personen:
6–8 Erdbeeren
12 cl Papaya-Vollfrucht (6 Schnapsgläser, aus dem Reformhaus)
100 ml Orangensaft (am besten frisch gepreßt)
100 ml Ananassaft
Außerdem:
4 Eiswürfel

Zubereitungszeit: 10 Min.
Pro Portion: 480 kJ/115 kcal
1 g E · 1 g F · 28 g K

Raffiniert · Schnell

➡ Erdbeeren vorsichtig unter fließendem kaltem Wasser waschen, abtrocknen, von den Kelchblättern befreien. 2 schöne Früchte zum Garnieren beiseite legen.

➡ Übrige Beeren mit Papaya-, Orangen- und Ananassaft im Mixer fein pürieren.

➡ Je 2 Eiswürfel in ein hohes Glas geben und den Fitneß-Drink darüber gießen. Je 1 Erdbeere als Dekoration ein-, aber nicht durchschneiden und an den Glasrand stecken.

Tip!
Erdbeeren halten sich nicht lange frisch. Am besten legen Sie sie zum Aufbewahren nebeneinander auf einen Teller und stellen sie in den Kühlschrank.

Beeren-Minze-Saft

Zutaten für 2 Personen:
90 g Erdbeeren
90 g Himbeeren
2 frische Minzezweige
2 TL Zitronensaft
1 TL Vanillezucker
1/4 l Apfelsaft (ohne Zucker)
4–6 Eiswürfel · 2 Cocktailspieße
2 dicke Trinkhalme

Zubereitungszeit: 15 Min.
Pro Portion: 450 kJ/110 kcal
1 g E · 1 g F · 26 g K

Raffiniert · Preiswert

➡ Die Erdbeeren waschen, die Kelchblätter entfernen und 2 schöne Früchte zum Garnieren beiseite legen. Die Himbeeren vorsichtig abbrausen und 4 Beeren abnehmen.

➡ Minze waschen, die Blätter bis auf 2 Blättchen in feine Streifen schneiden. Minze mit Beeren, Zitronensaft und Vanillezucker in den Mixer geben und gründlich pürieren.

➡ Den Apfelsaft dazugießen und alles noch einmal kräftig durchmixen.

➡ Die beiseite gelegten Erdbeeren halbieren und abwechselnd mit den Himbeeren auf die Cocktailspieße stecken.

➡ In zwei hohe Gläser je 2–3 Eiswürfel geben, den Drink einfüllen und je 1 Fruchtspieß darauf legen. Den Drink mit Minzeblättchen garnieren.

Tip!
Wer sich an den Obstkernchen stört, kann das Püree durch ein Sieb passieren.

Heidelbeer-Joghurt-Drink

Zutaten für 2 Personen:
100 g frische oder tiefgekühlte Heidelbeeren
1/2 unbehandelte Orange
1 TL Vanillezucker
200 g kalte Milch · 150 g Joghurt
2 Zweige frische Zitronenmelisse

Zubereitungszeit: 15 Min.
Pro Portion: 1510 kJ/360 kcal
6 g E · 6 g F · 20 g K

Schnell

➡ Frische Heidelbeeren kurz abbrausen und verlesen (tiefgekühlte auftauen lassen). Von der Orangenhälfte 2 dünne Spalten herausschneiden und zum Garnieren beiseite legen. Schale von der Orange fein abreiben, Saft auspressen.
➡ Die Heidelbeeren mit dem Orangensaft und Vanillezucker pürieren.
➡ Orangenschale, Milch und Joghurt kräftig untermixen.
➡ Die Mischung in zwei hohe Gläser gießen. Die Orangenspalten einschneiden und an den Glasrand stecken oder auf den Drink legen. Die Drinks mit Zitronenmelisse garnieren.

Variante: Himbeer-Mango-Buttermilch
150 g Mango schälen und würfeln, mit 100 g Himbeeren, 1 TL Zucker, 2 EL Limetten- oder Zitronensaft und etwas abgeriebener Schale pürieren und passieren. 250 g kalte Buttermilch daruntermixen. Mischung in Cocktailgläser füllen, mit Minze garnieren.

Erdbeer-Orangen-Shake

Zutaten für 2 Personen:
2 Orangen
250 g Erdbeeren
1 Prise gemahlener Ingwer
1 Prise gemahlene Vanille
100 ml gut gekühltes Mineralwasser

Zubereitungszeit: 15 Min.
Pro Portion: 370 kJ/90 kcal
2 g E · 1 g F · 23 g K

Schnell

➡ Den Saft der Orangen auspressen.
➡ Die Erdbeeren waschen und abtrocknen. 2 schöne Beeren mit Grün beiseite legen, die restlichen Beeren von den Kelchblättern befreien, grob zerschneiden, mit dem Pürierstab oder in der Küchenmaschine pürieren und durch ein Sieb streichen.
➡ Das Erdbeerpüree und den Orangensaft mit Ingwer und Vanille mischen und gut durchmixen.
➡ Den Shake in zwei Gläser umfüllen, mit dem Mineralwasser aufgießen. Jeweils 1 Erdbeere einschneiden und an den Rand des Glases stecken.

Tip!
Statt Erdbeeren schmecken auch Himbeeren köstlich.

Möhren-Milch

Zutaten für 2 Personen:
1/2 säuerlicher Apfel (z. B. Boskop)
2–3 TL Zitronensaft
150 ml Möhrensaft
150 ml Sojamilch
2 TL Ahornsirup

Zubereitungszeit: 10 Min.
Pro Portion: 275 kJ/65 kcal
2 g E · 2 g F · 12 g K

Preiswert · Schnell

➡ Die Apfelhälfte schälen, vom Kerngehäuse befreien, fein reiben und mit 1 TL Zitronensaft vermischen.
➡ Geriebenen Apfel, Möhrensaft, Sojamilch und Ahornsirup in einem Shaker oder Schüttelbecher (oder Schraubverschlußglas) gut durchschütteln. Mit dem restlichen Zitronensaft abschmecken.
➡ Möhren-Milch auf zwei Gläser verteilen, mit einem langstieligen Löffel zum Umrühren servieren.

Tips!
Als Gag zwei junge Möhren mit Grün der Länge nach einschneiden und als Garnitur auf den Glasrand setzen.
Wer einen Entsafter zu Hause hat, sollte den Möhrensaft selbst herstellen, die Milch schmeckt dann noch besser und ist zudem vitaminreicher.

Eistee mit Aprikosenmark

Zutaten für 2 Personen:
30 g getrocknete ungeschwefelte Aprikosen
3 TL schwarzer Tee (z. B. Ceylon)
1 Päckchen Bourbon-Vanillezucker
1–2 TL Zucker
6–8 Eiswürfel
2 frische Zitronenmelisseblättchen zum Garnieren
2 Trinkhalme

Zubereitungszeit: 20 Min.
Pro Portion: 320 kJ/75 kcal
1 g E · 1 g F · 19 g K

Schnell · Gelingt leicht

➡ Die Aprikosen in kleine Würfel schneiden, mit 6 EL Wasser in einen kleinen Topf geben, aufkochen und zugedeckt bei schwacher Hitze 5 Min. köcheln lassen. Dann die Aprikosen mitsamt der Dünstflüssigkeit fein pürieren.
➡ Den Tee mit 400 ml kochendem Wasser übergießen. 4 Min. ziehen lassen und abseihen.
➡ Das Aprikosenpüree, den Vanillezucker und den Zucker in den heißen Tee rühren.
➡ Zwei große hohe Gläser zu zwei Dritteln mit Eiswürfeln füllen und den heißen Tee darüber gießen. Mit je 1 Zitronenmelisseblättchen garnieren und mit einem Trinkhalm servieren.

Tip!
Auf die gleiche Art können Sie den Eistee mit Backpflaumen, getrockneten Birnen oder Datteln zubereiten.

Eisgekühlter Kirsch-Drink

Zutaten für 2 Personen:
150 g süße Kirschen
2 EL Zitronensaft
250 g kalter Kefir
1 EL Doppelrahm-Frischkäse
¼ TL gemahlener Ingwer

Zubereitungszeit: 15 Min.
(+ 15 Min. Gefrieren)
Pro Portion: 575 kJ/140 kcal
5 g E · 6 g F · 18 g K

Schnell · Gelingt leicht

➡ Die Kirschen waschen und entsteinen, das geht am besten mit dem Kirschentsteiner. Das Fruchtfleisch zusammen mit dem Zitronensaft im Mixer pürieren.
➡ Kefir, Frischkäse und Ingwer dazugeben, alles nochmals gut durchmixen.
➡ Die Mischung für 15 Min. in das Gefriergerät stellen, dann noch einmal durchmixen und in Gläser umfüllen. Rasch servieren, damit der Kirsch-Drink noch schön kühl und erfrischend schmeckt.

Tip!
Kirschen aus dem Glas dürfen Sie für diesen Drink nicht nehmen, da sie gezuckert sind. Außerhalb der Kirschensaison schmecken Zwetschgen oder Erdbeeren.

Zitronen-Holunderbeer-Tee

Zutaten für 2 Personen:
2 TL schwarzer Tee
1 unbehandelte Zitrone
1/8 l ungesüßter Holunderbeersaft (Reformhaus)
1 TL Zucker
1 Stück Zimtstange (etwa 2 cm)
1 Gewürznelke

Zubereitungszeit: 10 Min.
Pro Portion: 245 kJ/60 kcal
2 g E · 1 g F · 16 g K

Schnell · Gelingt leicht

➡ Tee mit 300 ml kochendem Wasser übergießen und 3–4 Min. ziehen lassen.
➡ Inzwischen die Zitrone heiß waschen, trockenreiben, 2 Scheiben zum Garnieren abschneiden und beiseite legen. Von der übrigen Schale 1 Stück abschneiden, 2 EL Zitronensaft auspressen.
➡ Den Holunderbeersaft mit Zitronensaft und -schalenstück, Zucker, Zimt und Gewürznelke in einen Topf geben und verrühren. Hitzefeste Gläser mit heißem Wasser vorwärmen.
➡ Den fertigen Tee durch ein Sieb dazugießen, alles bis kurz vor dem Siedepunkt erhitzen, aber nicht kochen.
➡ Den Tee durch ein Sieb in die vorgewärmten Gläser abgießen. Die Zitronenscheiben bis zur Mitte einschneiden und an den Rand hängen.

Tip!
Mit Apfel- statt Holunderbeersaft gelingt nach dem gleichen Rezept ein ebenso köstlicher Punsch.

Wein-Orangen-Punsch

Zutaten für 2 Personen:
1 unbehandelte Orange
1 unbehandelte Zitrone
1 Prise Zimt
1 Prise gemahlener Ingwer
1 Prise gemahlener Kardamom
2–3 TL Vanilletee
200 ml trockener Rotwein

Zubereitungszeit: 25 Min.
Pro Portion: 450 kJ/105 kcal
1 g E · 1 g F · 13 g K

Gelingt leicht · Gut vorzubereiten

➡ Die Orange und die Zitrone heiß abwaschen. Von beiden Früchten etwas Schale in feinen Spiralen abschälen und diese zum Garnieren beiseite legen.
➡ Die restliche Orangen- und Zitronenschale fein abreiben, den Saft auspressen. Alles mit Zimt, Ingwer und Kardamom verrühren und in zwei hitzebeständige Gläser oder Tassen geben.
➡ Den Vanilletee mit 1/4 l kochendem Wasser aufbrühen, 5 Min. ziehen lassen, dann abseihen. In einem Topf zusammen mit dem Rotwein erhitzen, aber nicht aufkochen, dann in die beiden Gläser oder Tassen gießen. Mit den Spiralen der Orangen- und der Zitronenschale verzieren.

Gurken-Joghurt-Milch mit Dill

Zutaten für 2 Personen:
200 g Salatgurke
1 Schalotte
3 Zweige Dill
150 g Joghurt
100 ml kalte Milch
Salz · schwarzer Pfeffer
2 Prisen Paprika, rosenscharf
2–3 Spritzer Worchestersauce
2 dicke Trinkhalme

Zubereitungszeit: 15 Min.
Pro Portion: 530 kJ/125 kcal
6 g E · 1 g F · 13 g K

Schnell · Gelingt leicht

➡ Die Gurke waschen, 2 Scheiben abschneiden und zum Garnieren beiseite legen. Die übrige Gurke schälen und kleinschneiden. Die Schalotte schälen und würfeln, mit den Gurkenstücken in den Mixer geben.
➡ Den Dill abbrausen, 2 Dillspitzen zum Garnieren beiseite legen. Die übrigen Blättchen abzupfen, mit dem Joghurt und der Hälfte der Milch in den Mixer geben und alles fein pürieren.
➡ Die übrige Milch angießen. Die Mischung mit Salz, Pfeffer, Paprika und Worchestersauce würzen und alles kurz durchmixen.
➡ Den Drink in zwei Gläser gießen. Die Gurkenscheiben bis zur Mitte einschneiden und an den Glasrand stekken. Mit den übrigen Dillzweigen garnieren und mit den Trinkhalmen servieren.

Tip!
Leichter wird der Drink, wenn Sie statt Joghurt und Milch 250 g Kefir nehmen.

Radieschen-Buttermilch

Zutaten für 2 Personen:
75 g Radieschen
50 ml Rote-Bete-Saft
1 EL Zitronensaft
300 g kalte Buttermilch
Kräutersalz
schwarzer Pfeffer
einige Spritzer Worchestersauce
4 Schnittlauchhalme

Zubereitungszeit: 15 Min.
Pro Portion: 270 kJ/65 kcal
6 g E · 1 g F · 8 g K

Schnell · Preiswert

➡ Die Radieschen von den Stengeln befreien und waschen. Von 1 Radieschen 2 dünne Spiralen schneiden und für die Garnitur beiseite legen. Die übrigen Radieschen klein würfeln und in den Mixer geben. Den Rote-Bete-Saft und den Zitronensaft hinzufügen, alles kurz und kräftig durchmixen.
➡ Die Buttermilch dazugießen, mit Kräutersalz, Pfeffer und Worchestersauce würzen und durchmixen.
➡ Den Schnittlauch abbrausen, in sehr feine Röllchen schneiden und auf einen Teller geben. Den Rand von zwei hohen Gläsern mit Wasser befeuchten und in den Schnittlauch tauchen. Den Drink in die Gläser gießen und die Radieschenspiralen an den Rand hängen. Mit dem übrigen Schnittlauch bestreuen.

Tip!
Die Radieschen durch gemischte frische Kräuter wie Schnittlauch, Petersilie und Dill ersetzen.

Scharfer Tomatencocktail mit Haube

Zutaten für 2 Personen:
400 ml Tomatensaft
Salz · schwarzer Pfeffer
einige Tropfen Tabascosauce
2 Zweige Petersilie
6 Blättchen Basilikum
6 Blättchen Zitronenmelisse
60 g Sahne

Zubereitungszeit: 20 Min.
Pro Portion: 630 kJ/150 kcal
4 g E · 10 g F · 14 g K

Raffiniert · Gelingt leicht

➨ Den Tomatensaft mit Salz, Pfeffer und Tabasco abschmecken und in zwei hohe Gläser gießen.
➨ Die Kräuter waschen und abtrocknen. Einige Blättchen zum Garnieren beiseite legen, die restlichen fein hacken.
➨ Die Sahne steif schlagen, die gehackten Kräuter unterrühren, mit etwas Salz und Pfeffer würzen. Mit einem Spritzbeutel auf den Tomatendrink geben, mit Kräuterblättchen garnieren.

Tip!
Dieser köstliche Drink schmeckt auch als leichte Vorspeise ganz ausgezeichnet.

Möhrendrink mit Zitronenmelisse

Zutaten für 2 Personen:
1 Stück Ingwer (3–5 cm lang)
300 ml Möhrensaft
1–2 Zweige Zitronenmelisse
100 g Joghurt
Salz · weißer Pfeffer
100 ml Mineralwasser

Zubereitungszeit: 10 Min.
Pro Portion: 245 kJ/60 kcal
3 g E · 2 g F · 8 g K

Preiswert

➨ Den Ingwer schälen und sehr fein reiben, mit dem Möhrensaft verrühren.
➨ Die Zitronenmelisse waschen und abtrocknen. Einige Blättchen beiseite legen, die restlichen fein hacken und zum Möhrensaft geben. Den Joghurt dazugeben und alles mit einem Pürierstab durchmixen, anschließend mit Salz und Pfeffer abschmecken.
➨ Den Möhrendrink in zwei hohe Gläser umfüllen, mit Mineralwasser aufgießen und mit Melisse garnieren.

Tip!
Wenn Sie keine feine Reibe zum Zerkleinern des Ingwers haben, können Sie ihn auch durch die Knoblauchpresse drücken.

Gemüsemix

Zutaten für 2 Personen:
250 g gemischtes Gemüse (z. B. Möhre, Sellerie, Lauch, Fenchel, Tomate, Zwiebel)
3 Zweige Petersilie
1 EL Olivenöl
7 EL Gemüsebrühe
6 Basilikumblätter
100 g saure Sahne
schwarzer Pfeffer
Kräutersalz
¼ l eiskalte Milch
2 dicke Trinkhalme

Zubereitungszeit: 30 Min.
Pro Portion: 1400 kJ/335 kcal
9 g E · 12 g F · 19 g K

Gut vorzubereiten

➡ Das Gemüse waschen und putzen oder schälen und klein würfeln. Die Petersilie abbrausen und die Blätter abzupfen.
➡ In einem Topf das Öl erhitzen, Gemüse und Petersilie 3 Min. andünsten. Mit der Brühe aufgießen. Zugedeckt bei schwacher Hitze 10 Min. dünsten. Dann die Mischung glatt pürieren und durch ein Sieb streichen.
➡ Das Gemüsepüree (ergibt etwa 100 ml) in einen Mixer geben. 4 Basilikumblätter abreiben, grob hacken und mit der sauren Sahne dazugeben. Alles gründlich durchmixen.
➡ Die Mischung mit Pfeffer und Kräutersalz würzen. Mit der Milch auffüllen. Den Drink auf zwei Gläser verteilen, mit je 1 oder 2 Basilikumblättern garnieren und mit einem Trinkhalm servieren.

Tip!
Nehmen Sie 100 ml fertigen Gemüsesaft aus dem Glas, wenn Sie keine Zeit haben, das Gemüsepüree selbst zuzubereiten.

Lebensmittel von A-Z: das praktische Trennregister

Die Gruppenzugehörigkeit der Lebensmittel

E = eiweißreich
N = neutral
K = kohlenhydratreich

Ahornsirup (K)
Algen (N)
Amaranth (K)
Ananas (E)
Apfel, sauer (E)
Apfel, süß (K)
Apfeldicksaft (K)
Apfelwein (E)
Aprikosen (E)
Artischocken (N)
Auberginen (N)
Austern (E)
Avocado (N)

Backpulver (K)
Bananen (K)
Beeren, außer Heidelbeeren (E)
Bier (K)
Birne (E)
Birnendicksaft (K)
Blumenkohl (N)
Bohnen, grün (N)
Broccoli (N)
Brombeeren (E)
Brötchen (K)
Brot (K)
Buchweizen (K)
Bulgur (K)
Butter (N)
Buttermilch (N)

Carobpulver (K)
Champagner (E)
Cherimoya (E)
Chicorée (N)
Chillies (N)
Chinakohl (N)
Clementinen (E)
Couscous (K)
Crème double (N)
Crème fraîche (N)

Datteln (K)
Dickmilch (N)
Dinkel (K)

Edelkastanien (K)
Eier, ganz (E)
Eigelb (N)
Eiweiß (E)
Ente (E)
Erbsen, frisch (N)
Erdbeeren (E)
Essig (E)

Feigen (K)
Fenchel (N)
Fisch, gegart und ungeräuchert (E)
Fisch, geräuchert (N)
Fleisch, gegart (E)
Fleisch, roh in kleinen Mengen (N)
Frischkäse (N)
Frühlingszwiebeln (N)

Gans (E)
Garnelen (E)
Gebäck ohne Eiweiß (K)
Geflügel (E)
Geflügelwurst (E)
Geliermittel (N)
Gemüse (N)
Gemüsesaft (N)
Gerste (K)
Getreide (K)
Gewürze (N)
Glasnudeln (K)
Granatapfel (E)
Grapefruits (E)
Grappa (N)
Graupen (K)
Grieß (K)
Grünkern (K)
Grünkohl (N)
Guave (E)
Gurken (N)

Hafer (K)
Hirse (K)
Hagebutten (E)
Haselnüsse (N)
Hefe (N)
Heidelbeeren (N)
Himbeeren (E)
Holunderbeeren (E)
Hummer (E)
Hüttenkäse (N)

Ingwer (N)

Joghurt (N)
Johannisbeeren (E)

Kaffee (N)
Kaki (E)
Kaktusfeige (E)
Karambole (E)
Kartoffeln (K)
Kartoffelstärke (K)
Käse über 45 % Fett i.Tr. (N)
Käse unter 45 % Fett i.Tr. (E)
Kaviar (E)
Kefir (N)
Keimlinge (N)
Kernobst (E)
Kirschen (E)
Kiwi (E)
Knoblauch (N)
Knollensellerie (N)
Kohlrabi (N)
Kokosmilch (N)
Kokosnuß (N)
Korn (N)
Kräuter (N)
Krebsfleisch (E)
Kürbis (N)
Kürbiskerne (N)
Kumquats (E)

Litschi (E)

Mais (K)
Mandarinen (E)
Mandeln (N)
Mango (E)
Mangold (N)
Mascarpone (N)
Matjes (N)
Meeresfrüchte (E)
Meerrettich (N)
Melone (E)
Milch, mager (E)
Milch, teilentrahmt (E)
Milch, vollfett (N)
Mirabellen (E)
Möhren (N)
Mozzarella (N)
Muscheln (E)

Nashi (E)
Nudeln ohne Ei (K)
Nüsse, außer Erdnüsse (N)

Öl (N)
Oliven (N)
Orangeat (K)
Orangen (E)

Papaya (E)
Paprika (N)
Paranüsse (N)
Parmesan (N)
Passionsfrucht (E)
Pastinaken (N)
Pekannüsse (N)
Perlhuhn (E)
Pfirsich (E)
Pflaumen (E)
Physalis (E)
Pilze (N)
Pinienkerne (N)
Pistazien (N)
Preiselbeeren (E)
Puddingpulver (K)
Pute (E)

Quark (N)
Quinoa (K)
Quitten (E)

Radieschen (N)
Räucherlachs (N)
Räucherschinken (N)
Räucherwurst, roh (N)
Reis (K)
Reisnudeln (K)
Reispapier (K)
Rettich (N)
Rhabarber (N)
Ricotta (N)
Roggen (K)
Rohrzucker (K)
Romanesco (N)
Rosenkohl (N)
Rote Bete (N)
Rotkohl (N)
Rotwein (E)
Rotwein, fruchtig (K)

Sahne (N)
Salami (N)
Salat (N)
Sanddorn (E)
Sauerkraut (N)
Saure Sahne (N)
Schafkäse (N)
Schafmilch (N)
Schalotten (N)
Schinken, geräuchert (N)
Schinken, roh (N)
Schlehe (E)
Schmand (N)
Schnecken (E)
Schwarzwurzeln (N)
Seitan (E)
Sekt (E)
Sesamsamen (N)
Sojamehl (E)
Sonnenblumenkerne (N)
Spargel (N)
Spinat (N)
Spitzkohl (N)
Sprossen (N)
Stachelbeeren (E)
Staudensellerie (N)
Steckrüben (N)
Steinobst (E)
Süßkartoffeln (K)

Tapiokastärke (K)
Tatar (E)
Taube (E)
Tee (N)
Teigwaren ohne Ei (K)
Tintenfisch (E)
Tofu (E)
Tomaten (N)
Topinambur (K)
Trockenfrüchte (K)
Truthahn (E)

Ursüße (K)

Walnüsse (N)
Wasser (N)
Weiße Rüben (N)
Weißkohl (N)
Weißwein (E)
Weizen (K)
Weizenkeime (N)
Wildreis (K)
Wirsing (N)
Wurst, gegart (E)

Ziegenkäse (N)
Ziegenmilch (N)
Zitronat (K)
Zitronen (E)
Zitronensaft (E)
Zitrusfrüchte (E)
Zucchini (N)
Zucker (K)
Zuckermais (K)
Zuckerrohrgranulat (K)
Zwetschgen (E)
Zwiebeln (N)

Rezeptregister: Lebensmittelgruppen

Eiweißreich

Kohlenhydratreich

Neutral

Rezeptregister/ Besondere Merkmale

Für Berufstätige

Für Gäste

Preiswert

Schnell

Vegetarisch

Rezeptregister: alphabetisch

Sachregister

Johanna Handschmann
Sie studierte Hauswirtschaft und hat schon viele erfolgreiche Kochbücher im Gräfe und Unzer Verlag geschrieben. Die Expertin auf dem Gebiet der zeitgemäßen gesunden Ernährung gibt ihre Erfahrung auch in Kochseminaren weiter. Ihre Küche ist bekannt für ihre unkomplizierten und leichten, aber trotzdem kreativen und genußvollen Gerichte.

Angelika Ilies
Die gebürtige Hamburgerin mit Wohnsitz in der Nähe von Frankfurt begann ihren Start in die Karriere direkt nach dem Ökotrophologie-Studium – mit einem Umweg über London, wo sie in einem renommierten Verlag Redaktionsalltag erlebte. Zurück im eigenen Land verstärkte sie das Kochressort der größten deutschen Foodzeitschrift. Seit 1989 arbeitet sie erfolgreich als freie Autorin und Food-Journalistin. Ihr Schwerpunkt in diesem Buch sind schnelle und internationale Rezepte.

Martina Kittler
Nach dem Ökotrophologie- und Sportstudium machte sie ihre Leidenschaft Kochen zum Beruf. Fast acht Jahre lang arbeitete sie in der Redaktion der größten deutschen Kochzeitschrift. Seit 1991 schreibt sie freiberuflich Bücher und Artikel für Zeitschriften. Ihre Schwerpunkte: moderne und gesunde Ernährung sowie unkomplizierte Rezepte – ihre Schwerpunkte in diesem Buch.

Brigitta Stuber
Die Foodjournalistin hat nach einem Redaktionsvolontariat ihr Hobby, das Kochen, zum Beruf gemacht. Aktuelle Trends greift sie bei ihrer Arbeit mit Begeisterung auf, wobei ihr gesunde Ernährung und lustvolles Essen gleichermaßen wichtig sind. In ihren Koch- und Backbüchern ist diese Vielseitigkeit bemerkenswert.

Marlisa Szwillus
Die Liebe zum Essen wurde ihr in die Wiege gelegt, denn ihre Eltern legen großen Wert auf gutes Essen und beste Qualität der Lebensmittel. So wuchs die Freude am Kochen und Genießen. Aus dem Hobby wurde Berufung: Studium der Ökotrophologie, dann Redaktion im Kochressort einer großen Frauenzeitschrift. Im Anschluß daran leitete sie mehrere Jahre lang das Kochressort der größten deutschen Food- und Haushaltszeitschrift. Seit 1993 ist sie als freie Food-Journalistin und Kochbuchautorin tätig. Für das vorliegende Buch hat sie nicht nur Rezepte entwickelt, sondern auch die Einführung zur Trennkost erarbeitet.

Michael Brauner, Food Fotografie
Nach Abschluß der Fotoschule in Berlin arbeitete er als Fotoassistent bei namhaften Fotografen in Frankreich und Deutschland und machte sich dann 1984 selbständig. Sein individueller, atmosphärereicher Stil wird überall geschätzt: in der Werbung ebenso wie in vielen bekannten Verlagen. In seinem Studio in Karlsruhe setzt er die Rezepte zahlreicher GU-Titel stimmungsvoll ins Bild.

Redaktion: Dr. Stephanie v.Werz-Kovacs
Lektorat: Cornelia Schinharl
Theorie: Marlisa Szwillus
Versuchsküche: Ursula Eicher, Traute Hatterscheid
Korrektorat: Anke Höhne

Bildnachweis:
Robert Gigler S. 12, 14 re., 15 li. u. re.
Image Bank/Yellow Dog Productions S. 8
StockFood Eising S. 19
Tony Stone/Peter Correz: S. 4 u. 11; Andre Perlstein S. 10
Christian Teubner S. 14 li.
alle weiteren: Michael Brauner

Typografie und Layout: Kraxenberger Kommunikationshaus, München
Satz und Gestaltung: BuchHaus Robert Gigler GmbH, München
Repro: Fotolito Longo, Bozen
Produktion: Ina Hochbach
Druck: Appl, Wemding
Bindung: Conzella, Aschheim-Dornach

ISBN 3-7742-4178-3

Auflage	5.	4.	3.	2.
Jahr	02	01	2000	99

Alle Aufnahmen entstanden auf Agfachrome 100 RS.

Die Temperaturstufen bei Gasherden variieren von Hersteller zu Hersteller. Welche Stufe Ihres Herdes der jeweils angegebenen Temperatur entspricht, entnehmen Sie bitte der Gebrauchsanweisung.

Abkürzungen:

TL	=	Teelöffel
EL	=	Eßlöffel
Msp.	=	Messerspitze
kJ	=	Kilojoule
kcal	=	Kilokalorie